职业教育"十三五"规划教材
高等职业教育新形态一体化教材
高职高专跨境电子商务专业（方向）规划教材

跨境电子商务多平台运营

叶杨翔　吴奇帆　主　编

叶　嫦　副主编

电子工业出版社·
Publishing House of Electronics Industry
北京·BEIJING

内容简介

随着全国跨境电子商务的热潮,越来越多的公司、个人、包括高校的师生都加入各跨境电商平台的行列,包括速卖通、Wish、敦煌网、亚马逊、eBay、Lazada、Cdiscount等平台。该书侧重于速卖通和Wish平台,由浅入深地介绍平台的注册、规则、发布、及推广技巧;后面详细分析了亚马逊、敦煌网、eBay三大平台的注册、发布、等基本操作步骤;最后简单地介绍了Lazada平台和Cdiscount平台,从公司多平台运营的角度分析了如何科学、有效率地进行多平台管理与运作。每个章节均以真实案例导入,以职业训练能力为导向,具有很强的操作性。

本书面对的读者主要是外贸和跨境电子商务行业的从业者,以及各高校内相关电子商务、国贸、跨境电子商务、商务类专业的师生们。

未经许可,不得以任何方式复制或抄袭本书之部分或全部内容。
版权所有,侵权必究。

图书在版编目(CIP)数据

跨境电子商务多平台运营 / 叶杨翔,吴奇帆主编. —北京:电子工业出版社,2017.7
ISBN 978-7-121-32171-9

Ⅰ.①跨… Ⅱ.①叶… ②吴… Ⅲ.①电子商务—高等学校—教材 Ⅳ.① F713.36

中国版本图书馆 CIP 数据核字(2017)第 165495 号

策划编辑:贺志洪(hzh@phei.com.cn)
责任编辑:贺志洪
特约编辑:杨 丽 徐 堃
印 刷:北京虎彩文化传播有限公司
装 订:北京虎彩文化传播有限公司
出版发行:电子工业出版社
     北京市海淀区万寿路 173 信箱   邮编 100036
开 本:787×1092 1/16 印张:15.25 字数:390.4 千字
版 次:2017 年 7 月第 1 版
印 次:2023 年 12 月第 7 次印刷
定 价:42.00 元

凡所购买电子工业出版社图书有缺损问题,请向购买书店调换。若书店售缺,请与本社发行部联系,联系及邮购电话:(010)88254888。
质量投诉请发邮件至 zlts@phei.com.cn,盗版侵权举报请发邮件至 dbqq@phei.com.cn。
本书咨询联系方式:(010)88254609 或 hzh@phei.com.cn。

前言

跨境电子商务作为一种新型的贸易方式,具有良好的发展前景。国家一直在出台相关的政策,支持跨境电子商务的快速发展。2016年中国进出口跨境电子商务(含零售及B2B)整体交易规模达到6.3万亿元,2018年预计将达到8.8万亿元。跨境电子商务使过去专业的、复杂的外贸环节变得简化、透明。

企业急需具备实战经验的跨境电子商务人才,但国内又缺乏相对标准及完善的跨境电子商务教材,笔者团队从2013年开始在高校内开展速卖通实战运营教学,后来又引入Wish实战营,逐渐将各个跨境电子商务平台的运营加入专业课程体系,努力培养具备初步跨境电子商务运营能力的人才。

在编写本书的过程中,我们力求以实操指导的方式,按照各个平台的注册流程、平台规则、产品发布、订单处理等操作流程为编写步骤,以速卖通和Wish、亚马逊、敦煌网、eBay为多平台运营的主要示例平台,Lazada和Cdiscount为简单介绍平台。高校层面在实操课堂中建议以速卖通和Wish作为学生的实战平台,配套让学生掌握其他平台,企业层面可以结合多平台综合运营。

本教材由浙江工贸职业技术学院叶杨翔、吴奇帆担任主编,负责全书的框架设计,拟定编写大纲;浙江东方职业技术学院叶嫦担任副主编。第1章和第3章由浙江工贸职业技术学院吴奇帆编写,第4章由浙江东方职业技术学院叶嫦编写,第2章、第5章、第6章、第7章由浙江工贸职业技术学院叶杨翔编写。

本书在编写过程得到了Wish官方人员Rachael、Judy老师的指点帮助,温州新希望电子商务有限公司谢剑老师、温州东瓯教育培训公司李宇轩校长、温州恒永正电子商务有限公司谢作灵经理,新昌啵啵虎电子商务有限公司黄烨怡经理的意见与建议,在此一一表示感谢。

本书编写过程中参阅了大量的平台资料(速卖通平台、亚马逊平台、Wish平台等),以及网络信息资料(雨果网等),后面参考文献中未能一一列出,在此一并表示真挚的谢意。

跨境电子商务的发展无比迅速,各个跨境电子商务平台的新规则、操作方法永远在迭代更新,本书的内容仅以截稿日前的平台规则为准。由于编写时间紧,任务重,各个平台规则更新太快,书中难免出现一些疏漏和错误,恳请广大读者批评与指正。

编　者

2017年7月于温州

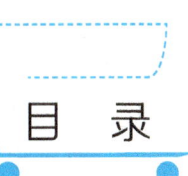

目 录

第1章　多平台的比较 / 001

故事导入 / 001

1.1　跨境电子商务概述 / 002

1.1.1　跨境电子商务的概念 / 003
1.1.2　跨境电子商务的特征 / 003
1.1.3　意义 / 004
1.1.4　跨境电子商务类型 / 005
1.1.5　我国跨境电子商务现状 / 006
1.1.6　全球跨境电子商务及支付交易现状 / 006
1.1.7　影响我国跨境电子商务发展的因素 / 007

1.2　跨境电子商务平台的分类 / 009

1.2.1　以产业终端用户类型分类 / 009
1.2.2　以服务类型分类 / 010
1.2.3　以平台运营方分类 / 010

1.3　不同跨境电子商务平台的简介 / 011

1.3.1　Amazon / 011
1.3.2　eBay / 013
1.3.3　速卖通 / 015
1.3.4　Wish / 017
1.3.5　Lazada / 020
1.3.6　敦煌网 / 021

1.4　Amazon、eBay、速卖通平台的比较　/ 022

本章小结　/ 023

温故知新　/ 023

能力拓展　/ 023

第2章　速卖通平台操作　/ 025

故事导入　/ 025

2.1　平台的规则　/ 027
  2.1.1　发布类规则　/ 027
  2.1.2　交易类规则　/ 031

2.2　产品的发布　/ 033

2.3　物流的设置　/ 046
  2.3.1　邮政物流方式　/ 047
  2.3.2　国际E邮宝　/ 050
  2.3.3　专线物流　/ 051
  2.3.4　速卖通物流的计算与选择　/ 051

2.4　店铺自主营销　/ 052
  2.4.1　限时限量折扣活动　/ 052
  2.4.2　店铺满立减活动　/ 056
  2.4.3　店铺优惠券　/ 059
  2.4.4　全店铺打折　/ 061

2.5　数据分析　/ 063
  2.5.1　行业数据分析　/ 063
  2.5.2　店铺单品数据分析　/ 064

知识链接　/ 066

本章小结　/ 068

温故知新　/ 068

能力拓展　/ 069

第3章　Wish平台操作　/ 071

故事导入　/ 071

3.1　平台认证　/ 073

3.2　产品上传　/ 082
  3.2.1　手动上传产品　/ 082

　　　　3.2.2　CSV 产品批量上传　/ 090

　3.3　订单操作　/ 093

　3.4　物流配送设置　/ 095

　3.5　Wish 知识产权的规定　/ 097

　　　　3.5.1　Wish 仿品违规的常见类型　/ 097

　　　　3.5.2　被判仿品违规所面临的处罚　/ 098

　　　　3.5.3　容易侵权的品牌例子　/ 099

　　　　3.5.4　避免侵权的方法　/ 103

拓展阅读　/ 104

本章小结　/ 110

温故知新　/ 111

能力拓展　/ 111

第4章　eBay 平台操作　/ 114

故事导入　/ 114

　4.1　平台注册　/ 116

　4.2　产品刊登　/ 123

　4.3　平台规则　/ 133

　　　　4.3.1　知识产权违规　/ 133

　　　　4.3.2　刊登违规　/ 135

　　　　4.3.3　交易行为规范　/ 137

　4.4　纠纷处理　/ 138

　　　　4.4.1　类型一：取消交易　/ 138

　　　　4.4.2　类型二：未付款纠纷　/ 139

　　　　4.4.3　类型三："物品未收到"纠纷（INR）　/ 140

　4.5　eBay 卖家保障政策　/ 141

　　　　4.5.1　不良交易记录移除政策　/ 141

　　　　4.5.2　自动五星评价政策　/ 141

拓展材料 4-1　eBay 最佳匹配搜索排序　/ 142

拓展材料 4-2　新卖家等级标准　/ 142

拓展材料 4-3　从 PayPal 中余额提现　/ 144

拓展材料 4-4　eBay 平台 2017 年的政策扶持　/ 145

本章小结　/ 146

温故知新 / 146
能力拓展 / 147

第5章 亚马逊平台操作 / 149

故事导入 / 149

5.1 亚马逊的注册流程 / 150
    5.1.1 前期准备 / 151
    5.1.2 注册流程 / 152
    5.1.3 纳税审核流程 / 157

5.2 产品的上传 / 158

5.3 亚马逊物流 / 162
    5.3.1 中国直发 / 162
    5.3.2 FBA 物流 / 163
    5.3.3 FBA 物流的头程 / 165

5.4 亚马逊的纠纷应对及处理 / 165
    5.4.1 A-To-Z 纠纷 / 165
    5.4.2 Chargeback Claim 纠纷 / 166
    5.4.3 如何应对纠纷 / 167

知识链接 / 168
本章小结 / 174
温故知新 / 175
能力拓展 / 175

第6章 敦煌网平台操作 / 177

故事导入 / 177

6.1 平台认证 / 178

6.2 产品上传 / 181

6.3 敦煌网的物流 / 188
    6.3.1 物流运费模板基础 / 189
    6.3.2 运费模板设置流程 / 190
    6.3.3 DHLink 物流 / 194

6.4 纠纷处理 / 198
    6.4.1 纠纷的分类 / 198
    6.4.2 敦煌网纠纷的投诉类型 / 199

6.5 交易账户 / 200

知识链接 / 202

本章小结 / 204

温故知新 / 205

能力拓展 / 205

第7章 多平台运营管理 / 207

故事导入 / 207

7.1 Cdiscount 平台 / 208

7.1.1 平台介绍 / 208

7.1.2 注册流程介绍 / 209

7.1.3 Cdiscount 卖家须知 / 212

7.2 Lazada 平台 / 213

7.2.1 平台介绍 / 213

7.2.2 开店流程 / 213

7.2.3 Lazada 的订单发货流程 / 215

7.3 多平台运营管理 / 217

7.3.1 趋势 / 217

7.3.2 多平台运营＋独立站 / 218

7.3.3 多平台运营管理的注意问题 / 218

7.4 跨境电子商务多平台管理 ERP / 220

7.4.1 选择 ERP 系统的考虑因素 / 220

7.4.2 店小秘 ERP / 221

卖家故事 / 229

知识链接 / 230

本章小结 / 231

温故知新 / 231

能力拓展 / 232

参考文献 / 234

第1章

多平台的比较

知识目标

▶ 了解现在国内跨境电子商务的现状。
▶ 了解跨境电子商务的不同类型。
▶ 了解主要的跨境电子商务平台，并能基本掌握不同平台之间的区别，选择适合自己的平台。

1.1 跨境电子商务的概述
1.2 跨境电子商务平台的分类
1.3 不同跨境电子商务平台的简介
1.4 Amazon、eBay、速卖通平台的比较

故事导入

针对多平台运营的开展，林福东表示，首先应该在某一平台做出成效后，再发力开展下一个新平台。并且，他建议不同平台以独立的团队分开去做，不要让一个团队通吃所有平台。他们最先是做独立网站的，后来陆续做了亚马逊、eBay、Wish 和速卖通平台。

对于开展路线，他建议每个卖家评估下自己的优势，从最擅长的平台开始切入，然后逐步开展其他平台，他说："先尝试第一个根据地，再开展其他的平台，这样会从容很多。"多平台运营也是最大化自己的销售，毕竟同样的产品在哪里销售都是卖，只是策略不同。他们的策略是，独立站和亚马逊承担打造利润的位置，eBay 和速卖通做清仓，Wish 则作为辅助。

统一品牌的运作是其开展多平台运作的基础,林福东表示,他们只是在选品上不同平台会有不同的侧重点。并且,服装的大体流行趋势是差不多的,只是不同平台客户群体不同,品味不同,因此,这时候就需要更加精准地把握。他谈道:"比如秋冬同样都是穿风衣、羽绒服,亚马逊上可能简约一些的会好卖,速卖通上可能需要价格低、款式新奇特的好卖。"

给希望运营多平台卖家的建议:

1. 一定要抓好一个最核心的平台,作为自己的绝对根据地,保证不管风吹雨打都有利润。

2. 不同平台尽量由不同团队来运营,保证足够专注、专业。

3. 不同平台之间的产品要是关联品类,尽量不要大量开拓SKU,造成很大的管理难题。

4. 要有一个高效的供应链体系来支撑,可以随时灵活补货。

5. 要有一个强大的智能IT系统来支撑整体的运营管理。

 思考题

1. 什么是独立站?
2. 你觉得哪个平台比较适合个人小卖家创业?

 1.1 跨境电子商务概述

随着中国对外贸易受市场需求、资源、劳动力成本等多方面因素影响,中国的对外贸易的综合成本不断攀升,而互联网的跨地域和低成本使得跨境电子商务应需而生。以敦煌网、阿里巴巴为代表的跨境电子商务迅速崛起,帮助中国对外贸易进入新时代,为保持对外贸易稳定持续增长起到了重要作用。与传统外贸相比,跨境电子商务可以有效地节约资源和降低对外贸易的综合成本。跨境电子商务平台为中小型企业进入国际市场开辟了捷径,也为本土知名品牌提供了提升国际知名度的良机。

现阶段,中国跨境电子商务处于发展初期,但其在中国进出口交易总额中占比正在稳步增长。随着跨境电子商务系统的完善和国家扶持政策的出台,跨境电子商务迎来了高速发展期,未来跨境电子商务的整体市场发展潜力巨大。目前,中国跨境电子商务主要交易模式以跨境B2B市场为主,在销售产品方面以服装类、3C类产品为主。通过政府披露数据,以及第三方数据了解,目前我国跨境电子商务以出口交易为主。但随着我国跨境电子商务市场的快速发展,用户跨境消费习惯的逐渐养成以及跨境电子商务企业在产品品类、质量和服务等多方面的提升和完善,我国跨境电子商务市场的自身竞争力会大幅度提升,进出口交易比例也会逐渐趋于平衡。

1.1.1 跨境电子商务的概念

跨境电子商务(Cross-Border Electronic Commerce),简称跨境电商,是指分属不同关境的交易主体,通过电子商务平台达成交易、进行支付结算,并通过跨境物流送达商品、完成交易的一种国际商业活动。

1.1.2 跨境电子商务的特征

跨境电子商务是基于网络发展起来的,网络空间相对于物理空间来说是一个新空间,是一个由网址和密码组成的虚拟但客观存在的世界。网络空间独特的价值标准和行为模式深刻地影响着跨境电子商务,使其不同于传统的交易方式而呈现出自己的特点。跨国电子商务具有如下特征(基于网络空间的分析)。

1. 全球性(Global Forum)

网络是一个没有边界的媒介体,具有全球性和非中心化的特征。依附于网络发生的跨境电子商务也因此具有了全球性和非中心化的特性。电子商务与传统的交易方式相比,其一个重要特点在于电子商务是一种无边界交易,丧失了传统交易所具有的地理因素。互联网用户不需要考虑跨越国界就可以把产品尤其是高附加值产品和服务提交到市场。网络的全球性特征带来的积极影响是信息的最大程度的共享,消极影响是用户必须面临因文化、政治和法律的不同而产生的风险。

2. 无形性(Intangible)

网络的发展使数字化产品和服务的传输盛行。而数字化传输是通过不同类型的媒介进行的,例如数据、声音和图像在全球化网络环境中集中而进行,这些媒介在网络中是以计算机数据代码的形式出现的,因而是无形的。

3. 匿名性(Anonymous)

由于跨境电子商务的非中心化和全球性的特性,因此很难识别电子商务用户的身份和其所处的地理位置。在线交易的消费者往往不显示自己的真实身份和自己的地理位置,重要的是这丝毫不影响交易的进行,网络的匿名性也允许消费者这样做。在虚拟社会中,隐匿身份的便利导致了自由与责任的不对称。

4. 即时性(Instantaneously)

对于网络而言,数据传输的速度与地理距离无关。在传统交易模式下,信息交流方式如信函、电报、传真等,在信息的发送与接收间,存在着长短不同的时间差。而电子商务中的信息交流,无论实际时空距离远近,一方发送信息与另一方接收信息几乎是同时的,就如同生活中面对面交谈。

5. 无纸化(Paperless)

电子商务主要采取无纸化操作的方式,这是以电子商务形式进行交易的主要特征。在电子商务中,电子计算机通信记录取代了一系列的纸面交易文件。用户发送或接收电子信息。由于电子信息以比特的形式存在和传送,整个信息发送和接收过程实现了无纸化。

6. 快速演进(Rapidly Evolving)

互联网是一个新生事物,现阶段它尚处在幼年时期,网络设施和相应的软件协议的未来发展具有很大的不确定性。但税法制定者必须考虑的问题是网络,像其他的新生儿一样,它必将以前所未有的速度和无法预知的方式不断演进。

1.1.3 意义

跨境电子商务作为推动经济一体化、贸易全球化的技术基础,具有非常重要的战略意义。跨境电子商务不仅冲破了国家间的障碍,使国际贸易走向无国界贸易,同时它也正在引起世界经济贸易的巨大变革。对企业来说,跨境电子商务构建的开放、多维、立体的多边经贸合作模式,极大地拓宽了进入国际市场的路径,大大促进了多边资源的优化配置与企业间的互利共赢。对于消费者来说,跨境电子商务使他们非常容易地获取其他国家的信息并买到物美价廉的商品。

1.1.4 跨境电子商务类型

目前根据跨境电子商务模式的不同，平台提供支付结算，跨境物流送达、金融贷款的服务内容均有所不同。在跨境电子商务市场按照商业模式划分，跨境电子商务平台分为B2B、B2C以及C2C三种类型。按平台服务类型划分，跨境电子商务平台分为信息服务平台和在线交易平台。

但在跨境电子商务市场中，跨境B2B模式在整体跨境电子商务行业中尤为重要，扮演着支柱型产业的角色，且跨境B2B平台的交易规模始终占据着整体跨境电子商务市场交易规模的90%以上，跨境电子商务分为出口和进口两类，后者目前在国内主要为海淘服务。

1. 跨境B2B电子商务

B2B电子商务是电子商务的一种模式，是英文Business-to-Business的缩写，即商业对商业，或者说是企业间的电子商务，即企业与企业之间通过互联网进行产品、服务及信息的交换。跨境B2B电子商务是指分属不同关境的企业对企业，通过电商平台达成交易、进行支付结算，并通过跨境物流送达商品、完成交易的一种国际商业活动。

2. 跨境B2C电子商务

跨境B2C电子商务是指分属不同关境的企业直接面向消费个人开展在线销售产品和服务，通过电商平台达成交易、进行支付结算，并通过跨境物流送达商品、完成交易的一种国际商业活动。

跨境B2C平台又分为第三方电商平台和独立电商平台，第三方平台主要以eBay、速卖通为主的交易平台，独立电商平台主要是以兰亭集势为代表的平台。

3. 跨境C2C电子商务

C2C电子商务是个人与个人之间的电子商务，C2C即Customer (Consumer) to Customer (Consumer)，主要通过第三方交易平台实现个人对个人的电子交易活动。跨境C2C电子商务是指分属不同关境的个人卖方对个人买方开展在线销售产品和服务，由个人卖家通过第三方电商平台发布产品和服务售卖商品信息、价格等内容，个人买方进行筛选，最终通过电商平台达成交易、进行支付结算，并通过跨境物流送达商品、完成交易的一种国际商业活动。

1.1.5　我国跨境电子商务现状

随着2015年"互联网＋"时代的来临，跨境电子商务已经站到了资本市场的风口上。跨境电子商务有望成为对冲出口增速下台阶的利器。近年来，随着国际贸易条件的恶化，以及欧洲、日本的需求持续疲弱，中国出口贸易增速出现了下台阶式的减缓。而以跨境电子商务为代表的新型贸易近年来的发展脚步正在逐渐加快，并有望成为中国贸易乃至整个经济的全新增长引擎。

2015年，中国跨境电子商务交易规模为5.4万亿元，同比增长28.6%。其中跨境出口交易规模达4.49万亿元，跨境进口交易规模达9072亿元。中国跨境电子商务的进出口结构比例中出口电商占比83.2%，进口电商占比16.8%。

从结构上看，跨境出口电商的比例将长期高于跨境进口电商的比例，中国跨境电子商务的发展将始终以出口为主，进口为辅。国家近年来力促跨境电子商务的发展，更多旨在扶持传统外贸企业借助互联网的渠道实现转型升级。2015年，中国跨境电子商务的交易模式跨境电子商务B2B交易占比达到88.5%，跨境电子商务B2B交易占据绝对优势，跨境电子商务B2C交易占比11.5%。

未来几年跨境电子商务将快速发展，2017年跨境电子商务交易额将占进出口贸易总额的20%左右。而其中主导仍是出口电商，占比约保持在80%以上，预计未来几年我国出口电商交易规模仍将保持20%~25%的增速，2017年将达到6.64万亿的规模。未来随着跨境物流、支付等环节问题的进一步突破和跨境电子商务企业盈利能力的进一步提升，行业将迎来黄金发展期。

中国报告大厅发布的《2016—2021年跨境电子商务行业深度分析及"十三五"发展规划指导报告》数据也显示，中国跨境电子商务近年交易规模持续增加，在进出口贸易的渗透率正逐年攀升。而在2016年，跨境电子商务行业持续迎来政策利好，国家推动建设跨境电子商务综合试验区，并组织实施国家电子商务示范城市、电子商务重大工程等，这些政策措施都不断为跨境电子商务带来发展新机遇。

1.1.6　全球跨境电子商务及支付交易现状

据《Worldpay 2016全球支付报告》研究显示，预计到2020年中国电子商务市场规模将增长15%，继续保持全球第一大电子商务市场的地位。该报告发现，到2020年，中国电子商务市场总体规模将达到14220亿美元，是美国市场（7790亿美元）的2倍，日本市场（1530亿美元）的9倍，几乎相当于美国、日本、英国（2130亿美元）、加拿大（780亿美元）、法国（1010亿美元）和德国（1050亿美元）电子商务市场的总和。

Pitney Bowes 最近发布了 2016 年全球网络购物报告，调查发现跨境电子商务已经成为一种流行的趋势。消费者经常在国内网购（94%），但是，其中超过 2/3 的消费者（66%）也进行跨境网络购物。新加坡（89%）、澳大利亚（86%）和中国香港地区（85%）是跨境网购消费者数量最多的国家和地区，而日本（34%）和美国（45%）跨境网购还在发展之中。跨境网络购物给零售商和品牌带来巨大的机遇，尤其是韩国、中国和印度跨境网购市场潜力巨大。

1.1.7 影响我国跨境电子商务发展的因素

1. 税收

由于跨境的存在，不同国家之间的实物商品的入关交易必然涉及税收的问题。在过去电子商务中主要涉及的税收有进口关税、进口环节增值税、消费税以及行邮税。在征税的过程中，主要存在以下问题：①由于涉及跨境、网络、物流、海关等多个环节，各个部门之间的信息不能及时共享，加大了税收监管的难度；②境内的消费者通过电商平台购买境外的商品，绝大部分承担的仅仅只是少量的行邮税，并没有缴纳进口相关的其他税款，也导致了国家税收的损失，同时也对国内企业造成不平等的竞争，导致资本外流从而对我国的经济造成不利的影响。

我国在 2016 年 4 月 8 日起，对海淘实行新税制，跨境电子商务零售进口商品不再按物品征收行邮税，而是改按货物征收"关税+进口环节增值税、消费税"的综合课税，同时取消进口环节增值税、消费税的 50 元免征税额。这一改革给各大市场带来了冲击，在一定程度上避免了税款的流失。在新税制中也出台了相关的政策，进一步加强跨境电子商务的监管力度。

2. 支付

无论是消费者从境外购买商品还是商家将自己的产品销往其他国家，在这过程中都会涉及支付问题。各个国家都有自己的货币，外汇之间的转换也是一大问题。在以前，海外购物需要使用 VISA、万事达等双币卡消费，从而国内跨境支付的大部分市场份额基本被进行支付清算的国家卡组织占据。国内的跨境支付机构一直未能占据这一重大市场。直到 2013 年，我国才有相关国家政策出台，但获批的支付平台也不多，只有 20 几家。其中支付宝、财付通等是第一批获得跨境支付试点资格的支付平台，目前处于领先地位。国内政策出台支持，进一步带动了国内的支付行业，也便利了广大商家和消费者。

第三方支付平台的迅猛发展同时与之相伴的是支付行业危险的上升。电子商务网上支付本身就是在虚拟的平台上进行的，因而很容易给不法分子可乘之机，利用黑客技术盗取客户信息。个人隐私以及交易信息的泄露都会给买卖双方带来不同程度的损失，同时降低了彼此对网络交易的信任度与安全感。

3. 物流

制约跨境电子商务发展的一个主要原因就是成本高、物流慢的问题。一直以来，跨境电子商务的物流供应链因为存在众多中间环节并且结算周期长，时常缺乏时效性，阻碍了送货速度的进一步提升。跨境电子商务涉及的中间环节比较多，跨区域的储藏，长距离的运输保存，以及报关报税等都是制约其发展的关键性因素。目前跨境电子商务物流方式有以下5种：邮政小包、国际快递、专线物流、海外仓以及国内快递的跨国业务。

（1）邮政小包：据不完全统计，中国跨境电子商务出口业务70%的包裹都是通过邮政系统投递的，其中中国邮政占据50%左右的份额，香港邮政、新加坡邮政等也是中国跨境电子商务卖家常用的物流方式。其优势是邮政网络基本覆盖全球，比其他任何物流渠道都要广。而且，由于邮政一般为国营企业，有国家税收补贴，因此价格非常便宜。其劣势是一般以私人包裹方式出境，不便于海关统计，也无法享受正常的出口退税。同时，速度较慢，丢包率高。

（2）国际快递：主要是指UPS、FedEx、DHL、TNT这四大巨头，其中UPS和FedEx总部位于美国，DHL总部位于德国，TNT总部位于荷兰。国际快递对信息的提供、收集与管理有很高的要求，以全球自建网络以及国际化信息系统为支撑。其优势有：速度快、服务好、丢包率低，尤其是发往欧美发达国家非常方便。比如，使用UPS从中国寄包裹送到美国，最快可在48小时内到达，TNT发送欧洲一般3个工作日可到达。其劣势有：价格昂贵，且价格资费变化较大。一般跨境电子商务卖家只有在客户强烈要求时效性的情况下才会使用，且会向客户收取运费。

（3）专线物流：一般是通过航空包舱方式将货物运输到国外，再通过合作公司进行目的地所在国国内的配送，是比较受欢迎的一种物流方式。目前，业内使用最普遍的物流专线包括美国专线、欧洲专线、澳洲专线、俄罗斯专线等，也有不少物流公司推出了中东专线、南美专线。EMS的"国际E邮宝"、中环运的"俄邮宝"和"澳邮宝"、俄速通的Ruston中俄专线都属于跨境专线物流推出的特定产品。其优势有：集中大批量货物发往目的地，通过规模效应降低成本，因此，价格比商业快递低，速度快于邮政小包，丢包率也比较低。其劣势有：相比邮政小包来说，运费成本还是高了不少，而且在国内的揽收范围相对有限，覆盖地区有待扩大。

（4）海外仓：是指由网络外贸交易平台、物流服务商独立或共同为卖家在销售目的地提供的货品仓储、分拣、包装、配送的一站式控制与管理服务。卖家将货物存储到当地仓库，当买家有需求时，第一时间做出快速响应，及时进行货物的分拣、包装以及递送。整个流程包括头程运输、仓储管理和本地配送三个部分。目前，由于优点众多，海外仓成为了业内较为推崇的物流方式。比如，今年 eBay 将海外仓作为宣传和推广的重点，联合万邑通推出 Winit 美国仓、英国仓、德国仓。出口易、递四方等物流服务商也大力建设海外仓储系统，不断上线新产品。其优势有：用传统外贸方式走货到仓，可以降低物流成本；相当于销售发生在本土，可提供灵活可靠的退换货方案，提高了海外客户的购买信心；发货周期缩短，发货速度加快，可降低跨境物流缺陷交易率。此外，海外仓可以帮助卖家拓展销售品类，突破"大而重"的发展瓶颈。其劣势有：不是任何产品都适合使用海外仓，最好是库存周转快的热销单品，否则容易造成压货。同时，对卖家在供应链管理、库存管控、动销管理等方面提出了更高的要求。

（5）国内快递的跨国业务：随着跨境电子商务火热程度的上升，国内快递也开始加快国际业务的布局，比如 EMS、顺丰均在跨境物流方面下了功夫。由于依托着邮政渠道，EMS 的国际业务相对成熟，可以直达全球 60 多个国家。顺丰也已开通了到美国、澳大利亚、韩国、日本、新加坡、马来西亚、泰国、越南等国家的快递服务，并启动了中国大陆往俄罗斯的跨境 B2C 服务。其优势有：速度较快，费用低于四大国际快递巨头，EMS 在中国境内的出关能力强。其劣势有：由于并非专注跨境业务，相对缺乏经验，对市场的把控能力有待提高，覆盖的海外市场也比较有限。

1.2 跨境电子商务平台的分类

1.2.1 以产业终端用户类型分类

1. B2B 平台

B2B 跨境电子商务平台所面对的最终客户为企业或集团客户，提供企业、产品、服务等相关信息。目前，中国跨境电子商务市场交易规模中 B2B 跨境电子商务市场交易规模占总交易规模中 90% 以上。在跨境电子商务市场中，企业级市场始终处于主导地位。代表企业有：敦煌网、中国制造、阿里巴巴国际站、环球资源网。

2. B2C 平台

B2C 类跨境电子商务企业所面对的最终客户为个人消费者，针对最终客户以网上零售的方式，将产品售卖给个人消费者。

B2C 跨境电子商务平台同时在不同垂直类目商品销售上也有所不同，如 FocalPrice 主营 3C 数码电子产品，兰亭集势则在婚纱销售上占有绝对优势。B2C 类跨境电子商务市场正在逐渐发展，且在中国整体跨境电子商务市场交易规模中的占比不断升高。在未来，B2C 类跨境电子商务市场将会迎来大规模增长。代表企业有：速卖通、DX、兰亭集势、米兰网、大龙网。

1.2.2 以服务类型分类

1. 信息服务平台

信息服务平台主要是为境内外会员商户提供网络营销平台，传递供应商或采购商等商家的商品或服务信息，促成双方完成交易。代表企业有：阿里巴巴国际站、环球资源网、中国制造网。

2. 在线交易平台

在线交易平台不仅提供企业、产品、服务等多方面信息展示，并且可以通过平台线上完成搜索、咨询、对比、下单、支付、物流、评价等全购物链环节。在线交易平台模式正在逐渐成为跨境电子商务中的主流模式。代表企业有：敦煌网、速卖通、DX、米兰网、大龙网。

1.2.3 以平台运营方分类

1. 第三方开放平台

平台型电商通过线上搭建商城，并整合物流、支付、运营等服务资源，吸引商家入驻，为其提供跨境电子商务交易服务。同时，平台以收取商家佣金以及增值服务佣金作为主要盈利模式。代表企业有：速卖通、敦煌网、环球资源、阿里巴巴国际站。

2. 自营型平台

自营型电商通过在线上搭建平台，平台方整合供应商资源通过较低的进价采购商品，然后以较高的售价出售商品，自营型平台主要以商品差价作为盈利模式。代表企业有：兰亭集势、米兰网、大龙网、FocalPrice。

 不同跨境电子商务平台的简介

1.3.1　Amazon

1. 平台简介

亚马逊 Amazon 平台以产品为王，作为全球电子商务鼻祖，亚马逊对于整个世界的影响力是巨大的。中国外贸人最先接触到的出口跨境电子商务平台也是亚马逊，其主要市场在美国和加拿大。亚马逊对卖家的要求比较高，比如产品品质、品牌等方面的要求，手续也比速卖通复杂。对于成熟的亚马逊卖家，最好先注册一家美国公司或者找一家美国代理公司，然后申请联邦税号。亚马逊的销售模式为 B2B 模式，主要针对企业客户，业务多元化。亚马逊界面如图 1-1 所示。

图 1-1　亚马逊界面

2. 注意事项

第一，选择做亚马逊，最好有比较好的供应商合作资源。供应商品质需要非常稳定，且供应商最好有很强的研发能力。切记，做亚马逊，产品为王。

第二，接受专业培训，了解开店政策和知识。亚马逊的开店过程比较复杂，并且有非常严格的审核制度，如果违规或者不了解规则，不仅会有封店铺的风险，甚至会有法律上的风险。

第三，需要有一台计算机专门用于登录亚马逊账号。这对于亚马逊的店铺政策和运营后期都非常重要。一台计算机只能登录一个账号，否则跟规则会有冲突，用座机验证新用户注册效果最好。

第四，在亚马逊上开展业务需要卖家拥有一张美国的银行卡。亚马逊店铺产生的销售额是全部保存在亚马逊自身的账户系统中的，要想把钱提出来，必须要有美国本土银行卡。

第五，在亚马逊上开设店铺，运营过程中流量是关键指标。亚马逊流量主要分内部流量和外部流量两类，类似于国内的淘宝。同时，应注重SNS社区的营销，通过软文等营销方式也比较有效果。

选择亚马逊平台需要卖家有很好的外贸基础和资源，包括稳定可靠的供应商资源、美国本土人脉资源等。卖家最好有一定的资金实力，并且具有长期投入的心态。

3. 平台优劣势

（1）优势

• 作为电子商务的鼻祖，亚马逊比其他平台都要早创建，拥有庞大的客户群和流量优势，每个月有八千万的流量，以优质的服务著称。

• 具有强大的仓储物流系统和服务，尤其是在北美、欧洲、日本地区。卖家只需要负责出售产品，后期的打包、物流、退换货都由亚马逊提供统一的标准的服务模式，但会产生一些服务费用包括存储费、配送费和其他服务费用，当然卖家也可以选择自己配送。

• 站点联动，比如亚马逊欧洲站点只需要有一个国家的账户就可以面向全欧洲市场销售。

• 提供中文注册界面。

（2）劣势

• 对卖家的产品品质要求高，企业最好有研发能力。

• 卖家必须可以开具发票。

- 对产品品牌有一定的要求。
- 手续较其他平台略复杂。
- 同一台计算机只能登录一个账号。
- 收款银行账号需要注册自美国、英国等国家。

4. 平台服务方案

通常平台有两种 prime 销售方案（会员购物的增值计划）：个人销售方案和专业销售方案。这两种销售方案的区别在于上传的产品数量以 40 个为分界线，个人销售方案免费但是只能上传 40 个之内的产品，另一种是专业销售方案需要支付 39.99 美元的费用但是可以上传 40 个以上的产品。个人销售方案要 90 天才有黄金购物车（buy box），专业销售方案是账号一下来就有黄金购物车（buy box）。另外据其客服介绍，它们在销售的额度上也是有差别的，即销售增长过快时，个人销售方案卖家相对比较容易受到账号审核。

同时，亚马逊还提供增值服务——Fulfillment by Amazon (FBA)，即亚马逊官方物流，亚马逊超过 50% 的客户都是金牌会员。需要支付 99 美元才能成为金牌会员。成为金牌会员后可以享受精准的营销推送服务和快捷的物流服务，实现跨境贸易 2~3 天内送到客户手中。

新人注册亚马逊账号以后，在后期收款时，其银行账号的注册地需要是美国、英国等国家。这里有几个选择，注册一家美国公司或者找一家美国代理公司，然后申请联邦税号。作为外贸人我们一般都有一些海外客户资源，不妨通过他们解决这个问题；实在不行，国内也有一些代理机构提供这样的服务。

总之，选择亚马逊平台，需要供应商具有稳定可靠的产品资源、一定的资金实力、美国本土的人脉资源，并且有长期投入钻研的心态。新人注册成为亚马逊的供应商后最好能接受专业的培训并了解开店政策和知识。亚马逊的开店比较复杂并且有非常严格的审核制度，如果违规或者不了解规则，不仅会受到封店铺的处罚甚至会有法律上的风险。

1.3.2 eBay

1. 平台简介

eBay 的销售模式是 B2C 垂直销售，主要针对个人消费者，在发达国家比较受欢迎。对于 eBay 的理解，基本上可以等同于国内的淘宝。对于从事国际零售的外贸人来说，eBay 的潜力还是巨大的，因为 eBay 的核心市场在美国和欧洲，是比较成熟的市场。相对于亚马逊，eBay 的开店手续不是特别麻烦。不过，eBay 有一个很需要重视的问题：其规则严重偏向于买家。如果产品售后问题严重的话，很容易出现问题。做 eBay 最核心的问题应该是付款方式的选择。一般商家选择的都是 PayPal，但也有一定的风险，特别对于 eBay 来说，经常有这样的实际案例，遇到买卖争议时，eBay 最终是偏向买家的，导致卖家损失惨重。在 eBay 平台上运营成功的关键是选品。所以，做 eBay 前最好做个市场调研，对欧美市场的文化、人口、消费习惯、消费水平等方面进行研究，从而选择有潜力的产品，找一些在 eBay 平台上的热销产品。

2. 平台特点

（1）eBay 的开店门槛比较低，但是需要的材料和手续比较多，比如发票、银行账单等，所以需要对 eBay 的规则非常清楚。

（2）在 eBay 平台上开店是免费的，但上架一个产品需要收钱，这跟国内的淘宝还是有很大的区别。

（3）eBay 的审核周期很长，一开始不能超过 10 个宝贝，而且只能拍卖，需要积累信誉才能越卖越多，因此出业绩和出单周期会比较长。

（4）遇到投诉则是最麻烦的事情，店铺被封掉在 eBay 平台上是经常有的事情，所以卖家所卖产品的质量一定要过关。

（5）eBay 平台有产品的地区优势，比如产品目标市场在欧洲和美国。eBay 操作比较简单，投入不大，适合有一定外贸资源的人做。

3. 平台优势

- 在 eBay 平台上产品排名相对公平，且能得到平台专业的客服支持。
- 新卖家可以靠拍卖来增加曝光率。
- 在 eBay 平台上开店门槛比较低，但规则烦琐，需要研究。

4. 平台劣势

- 买家保护政策强势，遇到买卖争议时平台多半偏向买家，卖家损失惨重。
- 平台的英文界面不友好，上手操作不容易。
- 在平台上运营费用不低，开店虽然是免费的，但上架产品需要收钱，另外，商品成交费用和刊登费用共计 17%。
- 严苛的卖家标准（针对假货等商品），遇到投诉会被封店。
- 一般采用 PayPal 付款，具有一定的风险。

●审核周期长,只能拍卖,产品数量有起始限制,需要慢慢积累信誉才能越卖越多,出单周期也长,需要慢慢积累。

5. 影响平台排名的因素

影响平台排名的因素有:卖家表现、产品数量、更新速度以及产品价格。

6. 适用商户类型

在 eBay 平台上开店适合以下商户:贸易商、有一定 B2C 经验的工厂、品牌经销商。

总之,对于 eBay 平台来说产品优先。是否选择 eBay 首先要考虑产品本身,假如商家的产品目标市场在欧洲和美国,则可以选择 eBay。和 Amazon 比起来,它操作比较简单,投入不大,适合有一定外贸货源的人操作。

1.3.3 速卖通

1. 平台简介

速卖通作为阿里巴巴未来国际化的重要战略产品,已成为全球最活跃的跨境电子商务平台之一,并依靠阿里巴巴庞大的会员基础,成为目前全球产品品类最丰富的平台之一。速卖通的特点是产品的价格比较敏感,低价策略比较明显,这也跟阿里巴巴导入淘宝卖家客户策略有关,很多人现在做速卖通的策略就类似于前几年的淘宝店铺。速卖通界面如图 1-2 所示。

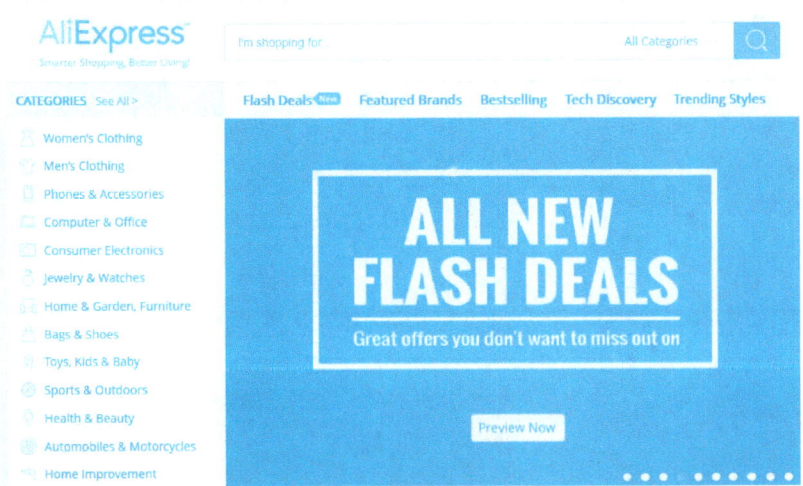

图 1-2 速卖通界面

2. 平台特点

速卖通平台的销售模式是 B2B+B2C 垂直类销售，主要针对企业客户，侧重于新兴市场，其 75% 的海外市场分布在俄罗斯、巴西、美国、西班牙和土耳其。对于俄罗斯市场，截至 2015 年年底，每月登录全球速卖通服务器的俄罗斯人近 1600 万，现在的注册更加火爆。速卖通是阿里巴巴系列的平台产品，整个页面操作中英文版简单整洁，适合初级卖家上手。另外，阿里巴巴一直有非常好的社区和客户培训体系，可以快速入门。速卖通适合初级卖家，尤其是其产品特点符合新兴市场的卖家，产品有供应链优势，寻求价格优势的卖家，最好是供应商直接拿货销售。

3. 平台优势

速卖通平台优势如图 1-3 所示。

- 小订单，大市场。在全球贸易新形势下，买家采购方式正在发生剧烈变化，小批量、多批次正在形成一股新的采购潮流，更多的终端批发零售商直接上网采购。
- 短周期，高利润。卖家直接向终端零售商和网店供货，更短的流通渠道，直接在线支付收款，拓展了产品利润空间，创造更多收益。
- 低成本，高安全。买卖双方在线沟通，下单支付一步到位，国际快递发送货物，缩短交易周期。
- 网站诚信安全体系为交易过程保驾护航，避免货款受骗。

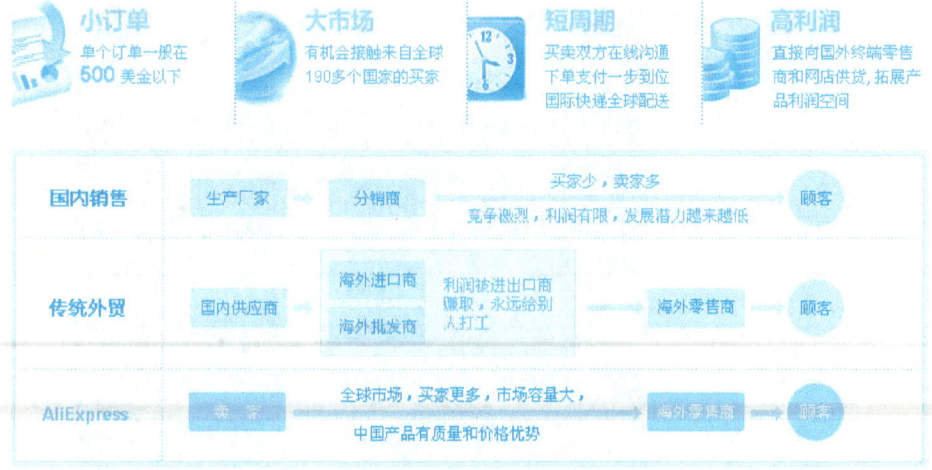

图 1-3　速卖通平台优势

4. 平台劣势

- 价格竞争激烈宣传推广费用高（有直通车功能运用竞价排名）。
- 运营政策偏向大卖家和品牌商，早期进入速卖通平台的门槛并不高，导致大量的低端卖家涌入平台，带来卖家的同时也带来了价格的恶性竞争，给平台带去一些不良的影响。因而速卖通从 2015 年开始转型，从收年费门槛开始引导中国的跨境电子商务企业向跨境电子商务品牌化、品质化发展。2017 年，速卖通继续加大了对卖家的筛选力度。
- 基本不提供客服服务。
- 买家对于平台的忠诚度不高。

5. 平台排名影响因素

平台排名影响因素有卖家评级、价格、产品销量、产品评级。

6. 适用商户类型

在速卖通平台上，适用的商户类型有：垂直类贸易商、工厂转型做 B2C、传统批发商。

总之，速卖通适合产品主推新兴市场（俄罗斯，巴西等）的卖家以及产品有供应链优势且价格优势明显的卖家，最好工厂生产直接销售。贸易商面对小额订单优势不明显。

1.3.4 Wish

1. 平台简介

Wish 是一款根据用户喜好，通过精确的算法推荐技术，将商品信息推送给感兴趣用户的移动优先购物 APP。Wish 平台的销售模式是 B2B＋B2C 垂直类销售。该平台由数据分析起家，主要针对移动端买家，能够根据客户的兴趣推送产品。Wish 的核心竞争力在于对广大商家而言 Wish 的注册非常方便快捷，产品的上传也简单高效，且专注打造移动用户端。Wish 拥有核心"信息关联"技术，其精准的算法，个性化的推送，能够将客户喜欢的产品展现在 APP 移动端。不同用户以及同一用户不同时间在 Wish 平台上登录所看到的界面都是不同的。其用户群为 16～30 岁的活力群体，消费频率及购买力强大。

Wish 目前的主要热门产品类目是 3C、母婴、化妆美容及家居类。针对这些热门品类，2015 年，Wish 进行了改革，先是上线了科技电子产品类 Geek APP 和母婴类 Mama APP，后又推出专门针对"女性经济"的化妆美容类商品的垂直应用 Cute，如今 Wish 已经成为一个全品类的电商平台。

　　Wish 是新兴的基于 APP 的跨境电子商务平台，主要靠价廉物美吸引客户，在美国市场有非常高的人气，核心品类包括服装、饰品、手机、礼品等，大部分都从中国发货。Wish 平台 97% 的订单量来自移动端，APP 日均下载量稳定在 10 万，峰值时可以冲到 20 万。就目前的移动互联网优势来看，Wish 未来的潜力是非常巨大的。Wish 界面如图 1-4 所示。

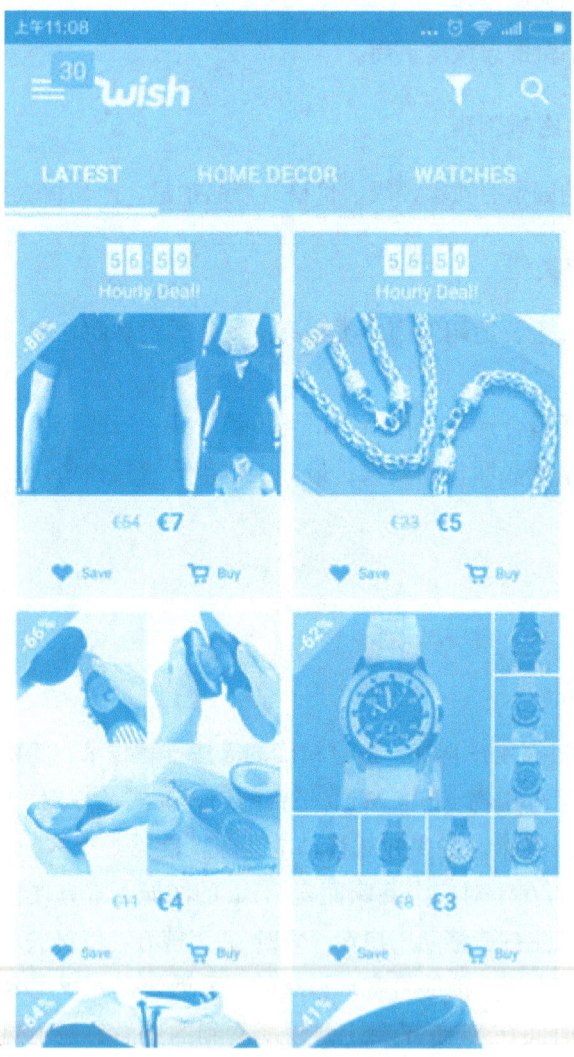

图 1-4　Wish 界面

2. 平台特点

（1）私人定制模式下的销售。Wish 利用智能推送技术，为 APP 客户推送他们喜欢的产品，真正做到点对点的推送。Wish 有一个优点是它一次显示的产品数量比较少，通过这样的精准营销，卖家短期内可以获得销售额的暴增。

（2）移动电商未来真正的王者。其实，Wish 最初仅仅是一个收集和管理商品的工具，后来才发展成一个交易平台，并越来越火爆。对于中小零售商来说，Wish 的成功让大家明白移动互联网的真正潜力。

3. 平台优势

- 良好的本土化支持。
- 上架货品非常简单，主要运用标签进行匹配。
- 利润率非常高、竞争相对公平。
- 精准营销，点对点个性化地推送给客户。
- 客户满意率较高。
- Facebook 引流，营销定位清晰。

4. 平台劣势

- 商品审核时间过长，短则 2 个星期，长则 2 个月。
- 费用较高，15% 商品成交费用和 1.2% 的提现费用。
- 物流解决方案不够成熟。
- 平台的买卖纠纷规则模糊。

5. 影响平台排名的因素

影响平台排名的因素有：标签准确性、产品数量、描述和图片、产品价格。

6. 适用商户类型

Wish 平台适用如下商户类型：贸易商、工厂转型做 B2C、品牌经销商。

根据 Wish 最新的报告显示，其 APP 日均下载量稳定在 10 万，峰值时可以冲到 20 万，目前用户数已经突破 4700 万，相应地，Wish 97% 的订单量来自移动端，就目前的移动互联网优势来看，Wish 未来潜力堪称巨大。

总之，Wish 是一个刚刚兴起的基于 APP 的跨境电子商务平台，最初仅仅是一个收集和管理商品的工具，主要靠价廉物美吸引客户，在美国市场有非常高的人气和市场追随者。Wish 平台核心的产品品类包括服装、珠宝、手机礼品等,大部分供应商来自中国。Wish 的主要竞争力就是价格特别便宜,以及精准化营销模式导致客户的满意率非常高,这也是该平台短短几年发展起来的原因。

1.3.5 Lazada

Lazada 于 2012 年成立,总部设在新加坡,是一家自营模式的电商(所销售的商品只从本公司仓库出货),2013 年秋季开始转型为开放平台(效仿亚马逊,专注于为小商家和零售商打造销售平台,并完善下单和配送流程),由第三方小商家供货。目前 Lazada 已经有 15000 家入驻商家,现在这些小商家占整个网站销售额的 70% 以上。其业务范围覆盖印度尼西亚、马来西亚、菲律宾、新加坡、泰国和越南 6 个东南亚国家,覆盖大约 6 亿消费者。Lazada 是东南亚第一大 B2C 平台,也被称为东南亚版亚马逊平台。Lazada 平台界面如图 1-5 所示。

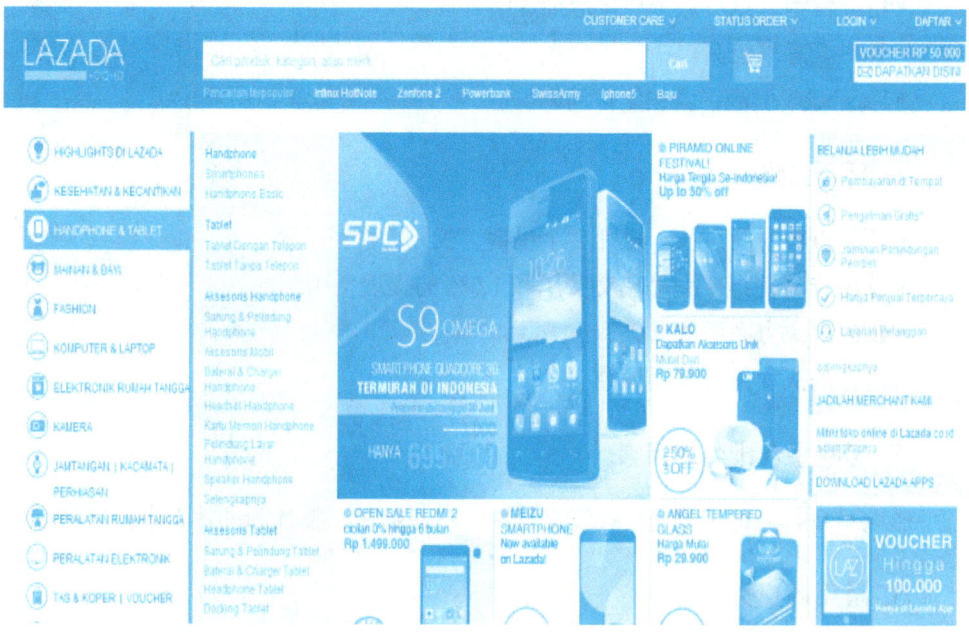

图 1-5　Lazada 界面

Lazada 年经营额已达十亿美元,日均访问量 400 万,入驻 Lazada 平台的商家数超过 1.5 万。Lazada 的移动端销售业务占到了 50% 以上,包括移动端和 Wap 版的网站等,而移动端下载量最高能达到每月 30 万次。毫无疑问东南亚是继中国、印度之后,亚洲最具有诱惑力的电商市场。对于岛国,最方便的购物方式就是网购,而且东南亚国家经济迅速崛起,巨大的消费潜力亟待同等水平的供应能力——根据 2015 年数据统计,目前中国的网络零售普及率为 7%,而东南亚只有 1%,且正在快速复制中国电商模式,其中所暗示的需求缺口不言而喻。

1.3.6 敦煌网

敦煌网是国内首个为中小企业提供 B2B 网上交易的网站如图 1-6 所示。它采取佣金制,免注册费,只在买卖双方交易成功后收取费用。作为中小额 B2B 海外电子商务的创新者,敦煌网采用 EDM(电子邮件营销)的营销模式,低成本高效率地拓展海外市场,自建的 DHgate 平台,为海外用户提供的商品信息,用户可以自由订阅英文 EDM 商品信息,第一时间了解市场最新供应情况。敦煌网"为成功付费"打破了以往的传统电子商务"会员收费"的经营模式,既减小企业风险,又节省了企业不必要的开支。同时避开了与 B2B 阿里巴巴、中国制造网、环球资源、环球市场等的竞争。

在敦煌网,买家可以根据卖家提供的信息来生成订单,可以选择直接批量采购,也可以选择先小量购买样品,再大量采购。这种线上小额批发的物流一般使用快递方式,快递公司在一定金额范围内一般会代理报关。例如,敦煌网与 DHL、联邦快递等国际物流巨头保持密切合作,以网络庞大的业务量为基础,可使中小企业的同等物流成本至少下降 50%。一般情况下,这类订单的数量不会

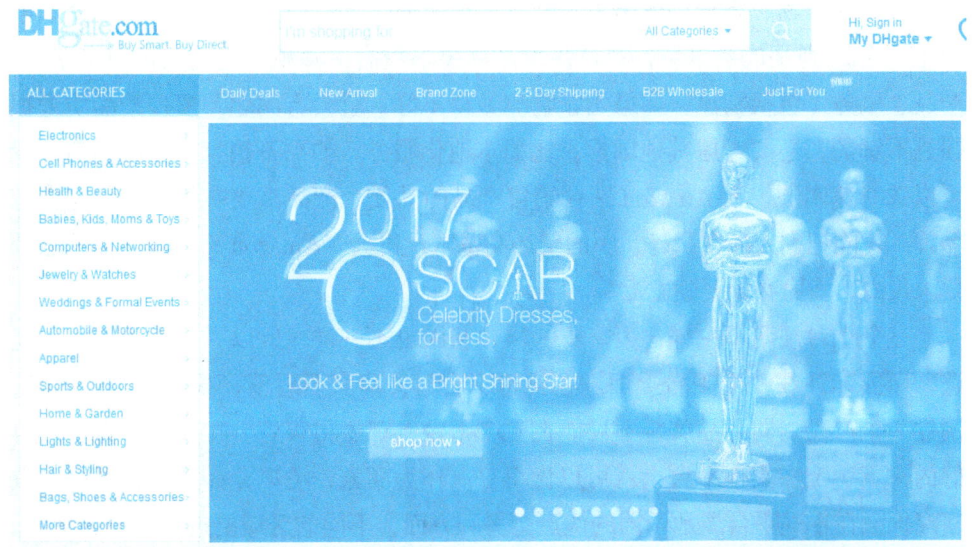

图 1-6 DHgate 平台界面

太大，有些可以省去报关手续。以普通的数码产品为例，买家一次的订单量在十几个到几十个不等。这种小额交易比较频繁，不像传统的外贸订单，可能是半年下一次订单，一个订单几乎就是卖家一年的"口粮"。"用淘宝的方式卖阿里巴巴B2B上的货物"，是对敦煌网交易模式的一个有趣概括。

1.4　Amazon、eBay、速卖通平台的比较

当前，中国大多数跨境电子商务选择 Amazon、eBay、速卖通三个平台，这三个平台各有特点：其中速卖通以"价格为王"，卖家一定要价格低才能有优势；eBay 对卖家的要求更严格些，对产品质量要求较高，但同样也在拼价格，即产品质量要过得去，价格也要有优势；在这三个平台中，对卖家要求最高的是 Amazon，它以产品为驱动，就是产品质量必须要有优势，而且还必须要有品牌才行，如果没有品牌，最好不要去 Amazon 平台开店。

不同群体适合去做不同平台，这跟公司、行业、产品是有关系的。单一品类的产品供应链全，非常有竞争优势，做速卖通很快就可以成功，要是打价格战，其他小卖家没有竞争优势。将产品不停地传上去，再把价格调低，厂家直接以出厂价销售就可以，贸易商根本没利润空间。工厂可以尝试做 eBay 平台，但其门槛较高，因为市场、客户群体是不一样的。速卖通主要以发展中国家、欠发达国家为主，eBay 则是成熟市场，对产品的品质要求较高，其规则是比较偏向买家的，产品、服务，包括物流，如果卖家物流做得不好，就会有问题，仅仅产品质量很强是不够的，还要考虑其他因素，比如本地化服务。如果不怕打价格战的话，就可以选择速卖通。在 Amazon 平台销售产品的品质、产品都要有保证，一定要有品牌，才能把别人挡在门外，小的贸易商基本没机会。Amazon 平台对产品的品牌要求最高，卖家必须要建立品牌。

三个平台规则不一样，策略不一样，基因也不一样，所以尽量不要三个一起选，而要专注在一个平台上面。在挑选平台时，商家要看清，找准位置。而且，同样一个产品、同一品牌，不可能在三个平台上都做得很好。在某个平台上做得好的，不一定在其他平台上就可以做得好。作为商家，可以分品牌，分平台，重新定价，在不同平台展示不同的优点。另一方面，不同的区域要选择不同的平台。即使相同的区域，也有不同的层次和不同的受众。

本章小结

中国对外贸易的综合成本不断攀升,互联网的跨地域和低成本让跨境电子商务应需而生。以敦煌网、阿里巴巴为代表的跨境电子商务迅速崛起,帮助中国对外贸易进入新时代,本章主要介绍了跨境电子商务的类型及主要的几个跨境电子商务平台,同时,有选择性地对它们进行比较分析,通过本章的学习大致从商家自身角度出发了解如何选择适合的平台。

 温故知新

选择题(不定项)

1. 目前跨境电子商务主要的集中物流方式?(　　)
   A. 邮政小包　　　B. 专线物流　　　C. 国际快递　　　D. 海外仓
2. 影响跨境电子商务发展的要素有?(　　)
   A. 产品质量差　　B. 税收　　　　　C. 物流　　　　　D. 支付
3. 速卖通平台店铺排名的因素有?(　　)
   A. 卖家评级　　　B. 价格　　　　　C. 产品销量　　　D. 产品评级
4. 下面哪个平台主要面对东南亚市场客户(　　)?
   A. Wish　　　　　B. Lazada　　　　C. 速卖通　　　　D. 亚马逊
5. 速卖通注册开店需要哪些资料?(　　)
   A. 公司营业执照　B. 法人身份证　　C. 开店考试　　　D. 税务登记证

 能力拓展

【工作任务1】

请分别列举3个以上跨境电子商务B2B、跨境电子商务B2C的平台,并说明平台的优劣势。

【工作任务2】

请分组上网查询下兰亭集势的资料,分组汇报兰亭集势这一跨境电子商务平台的特点、分类、及其自身优劣势。

反馈表

单元名称		姓名		班级		年	月	日

请思考以下问题： 1. 你觉得哪个跨境电子商务平台比较适合小卖家？   2. 速卖通和传统外贸相比，它的优势在哪里？   3. 全球速卖通的买家主要集中在哪些地区和国家？
你认为本单元最有价值的内容是：
你对本单元的教学有何建议，哪些问题是你需要进一步了解或得到帮助的：
教师评价：　A. 熟练应用　　B. 掌握　　C. 熟悉　　D. 了解　　E. 没通过
教师签字

第2章

速卖通平台操作

知识目标

▶ 掌握速卖通平台产品上传的方法与步骤。
▶ 学会优质产品的发布技巧。
▶ 了解速卖通的平台规则。
▶ 掌握基本的纠纷类型及应对。
▶ 学会速卖通基础的物流方式,掌握运费模板的设置。

2.1 平台的规则
2.2 产品的发布
2.3 物流的设置
2.4 店铺自主营销
2.5 数据分析

故事导入

林祈,百科成国际科技有限公司的运营总负责人,在2009年开始了自己的创业之旅,在不断的发展和积累中,逐渐接触到线上销售。他在经历了长期的摸索之后,认定速卖通有着非常良好的前景,并于2014年7月决定开始进军速卖通。由于背靠3C产品资源得天独厚的深圳,他选择了经营平板电脑、手机、遥控设备、FPV等3C类产品。

林祈表示,当前速卖通凭借有效的竞争机制,正在不断提升市场占有率。他选择入驻速卖通,借助之前淘宝和天猫的成功经验,将国内发达的电商模式运用到跨境电子商务中，必定会有一个广阔的前景。正如林祈所预想的那样，在经过一番努力之后，目前林祈的店铺，每天成交额都能超过大多数卖家，有时甚至超过 99% 的卖家。

在运营初期，林祈给自己的定位就是"走品牌路线"，用品牌产品的高质量和相对较低的价格来吸引客户。他表示，品牌类高质量产品代替杂牌产品是一个必然的趋势，国内品牌现在到了以质换量的过渡期，品牌产品容易获得客户满意，更有利于长期发展。凭借品牌产品的高质量和正确的营销策略，林祈获得了大量的曝光率，产品的成交量和排名都得到了提升。

不过，前进的道路总是坎坷的，林祈在店铺运营过程中也遇到过难题。在积累客户评价方面他就花费了很多时间。要与客户沟通，解决客户心中的问题，用服务去感化客户。林祈表示，即使是少数表述问题非常不清楚、抱怨之后不理会回复的客户，也要竭尽全力地去维护，尽可能地满足客户的需求，解决问题。这种对客户负责的真诚服务给林祈带来了意想不到，却又是情理之中的收获。曾经有客户在购物之后，非常满意，在俄罗斯的一个热门论坛发了一篇关于他们产品的文章，结果吸引了很多对那款产品有兴趣的读者前往他们店铺购买。

林祈表示，"在当前竞争激烈的市场下，我们用更优质的产品，更低的价格，更好的服务来获得客户的青睐，同时也可以避免同质化"。

 思考题

1. 什么是全球速卖通？
2. 全球速卖通和传统外贸相比，它的优势在哪里？

全球速卖通平台上的主要卖家由外贸生产型企业、外贸公司、外贸 SOHO①一族组成，这类人群同时也很有可能是 eBay、敦煌网以及淘宝等各类 C2C 平台上做生意的卖家。自 2016 年 2 月开始，速卖通调整策略筛选有实力的卖家，由免费且宽松的入驻政策改为招商准入原则，就是以企业为单位申请入驻速卖通平台，并按要求交纳一定的年费。

速卖通（www.aliexpress.com）是阿里巴巴集团旗下面对全球 220 多个国家和地区的在线跨境电子商务交易平台。和亚马逊、eBay 定位不同，eBay、亚马逊等以品牌商为主，定位欧美高端客户，速卖通更具性价比优势，定位更加平民化，

---

① 外贸 SOHO：SOHO，就是 Small Office and Home Office 的缩写，意指将办公室放在家里或者租用一个小办公室，外贸 SOHO 就是在家办公的外贸人。

目标市场更倾向于俄罗斯、东欧、中东、南美等新兴市场。目前购买力排名前三位的国家和地区分别是俄罗斯、美国和巴西。

 平台的规则

2.1.1 发布类规则

速卖通平台禁止发布任何含有禁限售商品的信息，如果卖家违反平台规则发布禁售、限售和不适宜速递的商品信息，都将会得到一定的处罚。禁止发布的商品如下。

1. 枪支、军警用品、危险武器类

- 生化、化学、核武器、其他大规模杀伤性武器。
- 真枪、弹药、军火及大型武器。
- 枪支、弹药、军火的相关器材及主要部件。
- 仿真枪（如：气枪、发令枪、BB 枪、彩弹枪）、枪配件、鱼枪鱼叉。
- 可致使他人暂时失去反抗能力，对他人身体造成重大伤害的管制器具（如：电击器、辣椒喷雾、弓弩）。
- 管制类刀具（如：弹簧折刀、超长刀、格斗刀、军用刀）。
- 可用于危害他人人身安全的管制器具（如：双节棍、钥匙棍、指节套、甩棍、狼牙棒、浪人叉、飞镖等）。
- 带有宗教、种族歧视的相关商品或信息（如：纳粹）。
- 警服、警徽、警用设备及制品。
- 限售警用品（如：手铐、脚镣、防暴盾牌、防暴头盔、防暴套装等）。

2. 毒品、易制毒化学品、毒品工具类

- 麻醉镇定类和精神药品、致瘾性药物、天然类毒品、合成类毒品、一类易制毒化学品。
- 类固醇、二类易制毒化学品。
- 三类易制毒化学品。

- 毒品吸食工具及配件。
- 帮助走私、存储、贩卖、运输、制造毒品的工具（如：大麻生长灯）。
- 制作毒品的方法、书籍。

3. 易燃易爆、危险化学品类

- 爆炸物。
- 易燃、易爆化学品。
- 剧毒化学品。
- 放射性物质。
- 有毒化学品。
- 消耗臭氧层物质。
- 烟花爆竹、点火器及配件。

4. 反动等破坏性信息类

- 含有反动、破坏国家统一、破坏主权及领土完整、破坏社会稳定，涉及国家机密、扰乱社会秩序，宣扬邪教迷信，或法律法规禁止出版发行的书籍、音像制品、视频、文件资料。
- 恐怖组织、种族歧视。

5. 色情低俗、催情用品类

- 含有色情淫秽内容的音像制品及视频、色情陪聊服务、成人网站论坛的账号及邀请码。
- 儿童色情产品。
- 含露点图片。
- SM(性虐)产品。
- 原味产品。
- 不文明用语。

6. 涉及人身安全、隐私类

- 身份证及其他证明身份的文件（如：出身证明、护照、签证、驾照）。
- 用于监听、窃取隐私或机密的软件及设备。
- 用于非法摄像、录音、取证等用途的设备。
- 盗取或破解账号密码的软件、工具、教程及产物。

- 个人隐私信息及企业内部数据；提供个人手机定位、电话清单查询、银行账户查询等服务。
- 银行信用卡和借记卡、银行卡读卡器及复制器。

7. 药品、医疗器械、美容仪器类

- 药品（包括处方药、非处方药、激素类、放射类药品）。
- 医疗咨询和医疗服务。
- 口服性药。
- 中药材。
- 口服减肥药。
- 医疗器械。
- 美容仪器、美容针、体外诊断试剂。

8. 非法服务、票证类

- 单证，票据（如纺织品配额）。
- 金融服务、金融咨询、非法集资、投资服务、保险服务、银行服务。
- 法律咨询、彩票服务、教育类证书及相关服务。
- 追讨服务、代加粉丝或听众服务。

9. 动植物、动植物器官及动物捕杀工具类

- 人体器官、遗体。
- 国内外重点保护类动物、濒危动物的活体、内脏、任何肢体、皮毛、标本或其他制成品，已灭绝动物与现有国家二级以上保护动物的化石（如CITES和约保护的濒危动物）。
- 猫狗肉、猫狗皮毛、鱼翅、熊胆及其制品。
- 国内外重点保护类植物及制成品（如CITES公约保护的濒危植物）。

10. 涉及盗取等非法所得及非法用途软件、工具或设备类

- 信号屏蔽器（如：干扰器）。
- 盗窃车辆及工具。
- 赌博工具（如：老虎机）。
- 用来获取需授权方可访问的电视节目、网络、电话、数据或其他受保护、限制的服务的译码机或其他设备（如卫星信号收发装置及软件、电视棒）。

- 涉嫌欺诈等非法用途的软件。
- 用来发送垃圾邮件的软件或其他工具。
- 考试作弊工具。
- 可能用于逃避交通管理的商品。

11. 烟草及制品、电子烟类

- 烟草（如：烟丝、烟叶）。
- 卷烟、雪茄等烟草制品。
- 电子烟液。
- 卷烟材料（如：卷烟纸、滤嘴棒、烟用丝束）。
- 电子烟及配件。

12. 收藏类

- 伪造变造的货币以及印制设备。
- 正在流通的货币。
- 贵金属。
- 受国家保护的文物。

13. 虚拟类

- Bitcoin 等虚拟货币。
- iTunes, Xbox, PSN 等账号及用户充值类商品。
- 发布虚拟、无形产品，即无实际物流可追踪的产品。
- 任何服务（除上列的服务以外）。

14. 其他类

- 与运输行业有关的物品（如：飞行员制服、机场地勤人员制服、火车或地铁工作人员制服、公共运输的安全手册）。
- 经权威质检部门或生产商认定、公布或召回的商品，国家明令淘汰或停止销售的商品，过期、失效、变质的商品。
- 禁售音像制品。
- 使用过的化妆品。
- 限售音像制品。
- 禁止在线交易的商品（如：化工品、酒类、保健食品及其他食品（茶叶，咖啡、糖果、坚果、干货除外))。

2.1.2 交易类规则

1. 全球速卖通"成交不卖"规则

成交不卖,指买家对订单付款后,卖家逾期未按订单发货,或买家取消订单并选择卖家原因导致付款未发货。

成交不卖包括如下两种类型:

①买家对订单付款后,卖家未在其设置的发货期内发货导致订单关闭。

②买家对订单付款后,在卖家发货前申请取消订单,同时选择卖家原因。

速卖通对于卖家成交不卖的行为会进行一定程度的处罚,将给予整个店铺不同程度的搜索排名靠后处理;情节严重的,将对店铺进行屏蔽;情节特别严重的,将冻结卖家账户或直接关闭账户。

> **备注:**
> 成交不卖率(如图2-1所示),这一指标是速卖通后台卖家服务指标考核的一项指标,满分10分,其计算公式为
> 成交不卖率=考核期内卖家未全部发货且(卖家发货超时或者买家选择卖家卖家原因并成功取消订单)/成交不卖订单数+全部发货订单数

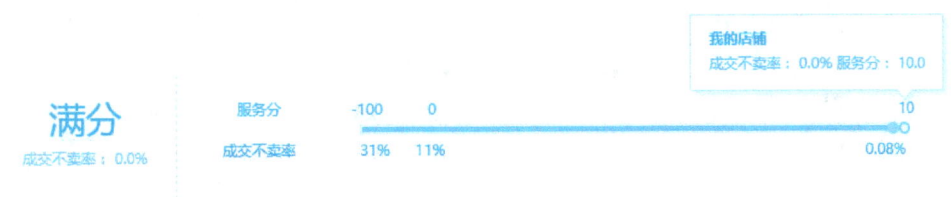

图2-1 成交不卖率

2. 全球速卖通"虚假发货"规则

虚假发货,指在规定的发货期内,卖家填写的货运单号无效或虽然有效但与订单交易明显无关,误导买家或全球速卖通平台的行为。例如:为了规避成交不卖平台会处罚填写无效货运单号或明显与订单交易无关的货运单号等。虚假发货

行为根据严重程度,分为虚假发货一般违规和虚假发货严重违规。

虚假发货严重违规行为包括但不限于以下情形:

①虚假发货订单金额较大。

②买卖双方恶意串通,在没有真实订单交易的情况下,通过虚假发货的违规行为误导速卖通平台放款。

③多次发生虚假发货一般违规行为。速卖通对于虚假发货一般行为处以冻结账户7天的处罚,虚假发货严重违规处以冻结账号30天或关闭账户。

3. 全球速卖通"货不对版"规则

货不对版,指买家收到的商品与达成交易时卖家对商品的描述或承诺在类别、参数、材质、规格等方面不相符。

"货不对版"行为包括但不限于以下情况:

①寄送空包裹给买家。

②订单产品为电子存储类设备,产品容量与产品描述或承诺严重不符。

③订单产品为电脑类产品硬件,产品配置与产品描述或承诺严重不符。

④订单产品和寄送产品非同类商品且价值相差巨大。

速卖通对第一次一般货不对版行为处以冻结账7天,二次及以上违规,冻结账户30天或关闭账户。

4. 全球速卖通"信用及销量炒作"规则

信用及销量炒作,指通过不正当方式提高账户信用积分或商品销量,妨害买家高效购物权益的行为。速卖通对于被平台认定为构成信用及销量炒作行为的卖家,平台将删除其违规信用积分及销量记录且搜索排序靠后处罚,对信用及销量炒作行为涉及的订单进行退款操作,并根据其违规行为的严重程度,分别给予冻结账户30天、冻结账户60天(最严重至冻结账户180天)、清退的处罚。对于第二次被平台认定为构成信用及销量炒作行为的卖家,不论行为的严重程度如何,平台一律作清退处理。

5. 全球速卖通"不正当竞争"处罚规则

不正当竞争指用户发生以下行为:

(1)不当使用他人权利,此行为包含以下两种情形。

①卖家在所发布的商品信息或所使用的店铺名、域名等中不当使用他人的商标权、著作权等权利的。

②卖家所发布的商品信息或所使用的其他信息造成消费者误认、混淆。

（2）卖家通过自身或利用其他会员账户对其他卖家进行恶意下单、恶意评价、恶意投诉的行为，影响其他卖家声誉与正常经营。

2.2 产品的发布

在完成了选品和定价之后，进入产品发布的环节。在网上交易，买家无法看到产品的真实信息，只能根据产品的图片、描述来进行判断，因此真实准确地描述一个产品尤其重要。在速卖通发布一个产品主要包含以下几个步骤。

1. 登录账号

打开速卖通登录界面（见图2-2），输入相关的登录名和登录密码登录到速卖通的账号，进入到后台管理界面（见图2-3）。在这里可以看到速卖通的页面，显示的语言是简体中文，更加方便我们进行操作，当然也可以根据自己的需要选择其他语言。

图2-2 速卖通登录界面

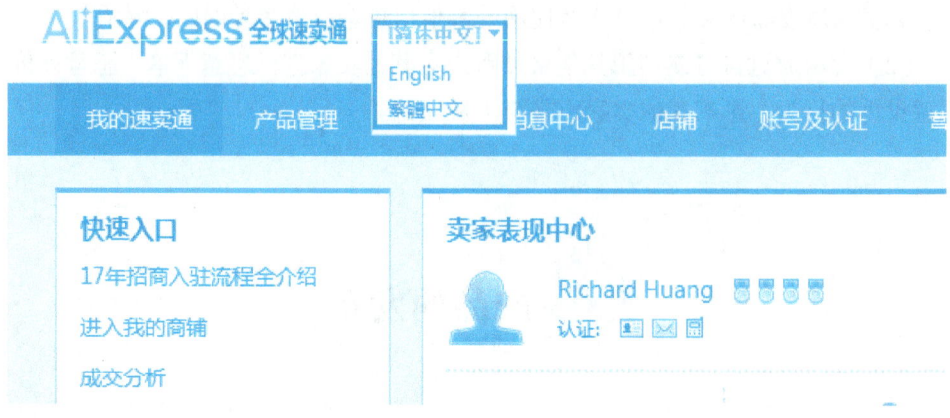

图 2-3　后台管理界面

2. 进入产品发布界面

看到左边的"快速入口"下面有个"发布产品"选项，单击"发布产品"选项，如图 2-4 所示，会进入如图 2-5 所示的界面。

图 2-4　发布产品

3. 选择类目

选择类目有以下两种方法。

（1）类目分类选择

如图 2-6 所示（以发布家装类目一款纸巾架为例子），分别选择一级类目"家

图 2-5 产品发布界面

装(硬装)",二级类目"卫浴设施",三级类目"卫浴五金件",四级类目"纸巾架"。这种选择类目层级的办法适合于很熟悉子类目的卖家,但是有些新手卖家如果记不住类目的层次关系的话,可以选择产品"英文关键词导入类目"的办法(即下面的第二种办法)。

图 2-6 选择类目

(2)英文关键词导入类目

该方法适合于新卖家,可以在搜索框中输入产品的英文关键词,比如毛巾环

(Towel Ring),平台会匹配出适合的子类目,卖家再进行精确选择,操作相对比较快速如图2-7所示。

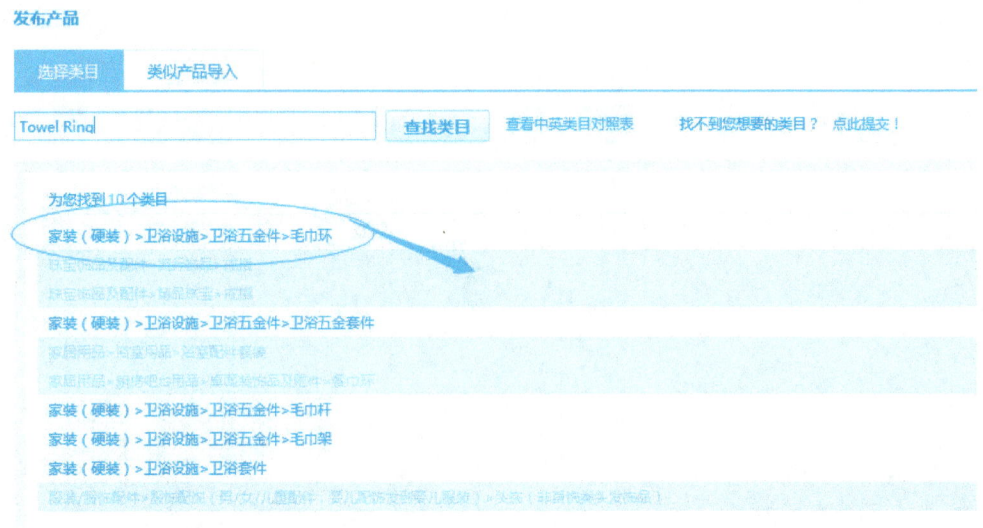

图2-7 英文关键词导入类目

4. 填写产品基本属性

产品属性的填写包含2个方面:系统定义的产品属性和自定义属性。系统定义的产品属性是买家选择商品的重要依据,要详细、准确地填写系统推荐属性和自定义属性,提高曝光机会。而自定义属性的填写可以补充系统属性以外的信息,让买家对您的产品了解得更加全面。

(1)系统定义的产品属性

如图2-8所示的产品属性(以皂液器Soap Dispenser为例),这是系统定义的产品属性,平台对于产品属性填写率在78%以上,完整且正确的产品属性能够提高产品的曝光率。比如第一个选项"品牌",自2017年1月开始,除"部分类目"外,新发布的产品必须选择自己产品所对应的品牌[①]。第二个选项"品种",是系统自动生成的(备注:每个类目产品上传的时候属性都有所差别,这是针对皂液器而言的)。第三个选项"特性",卖家可以根据自己上传产品的具体特性来定,比如选择了"Double Soap Dispenser(双头皂液器)"和"Liquid Soap Dispenserl(液体皂液机)"两个特性。第四个选项"皂液器品种",如图2-9所示,在系统跳出

---

① 速卖通的品牌,卖家可以在线提交资料以申请品牌,也可以提交公司已有的商标注册书等资质审核,只要审核通过后就可以出现在品牌的选择框。

来的"皂液器品种"选择框中选择"Hand Soap Dispenser（手动皂液器）"。第五个选项"主要材质"，如图 2-10 所示，在跳出来的"主要材质"选择框，比如：Ceramic（陶瓷）、Glass（玻璃）、Metal（金属/合金）、Plastic（塑料）、ABS（塑料）、Other（其他）中，选择这款产品对应的具体材料，如 ABS（塑料）。第六个选项"型号"，这里可以填写公司这款产品的具体型号，方便后期订单跟踪管理。

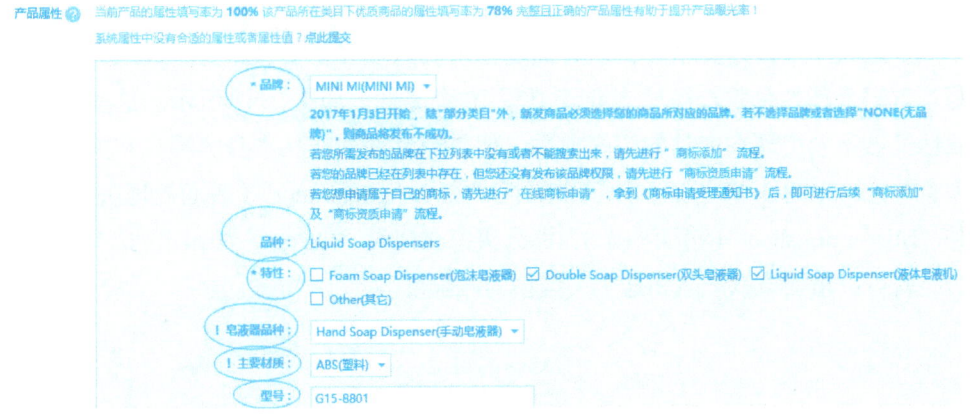

图 2-8 系统定义的产品属性

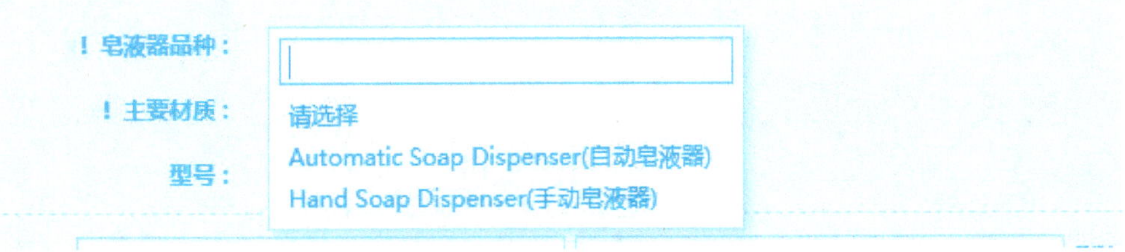

图 2-9 选择手动皂液器

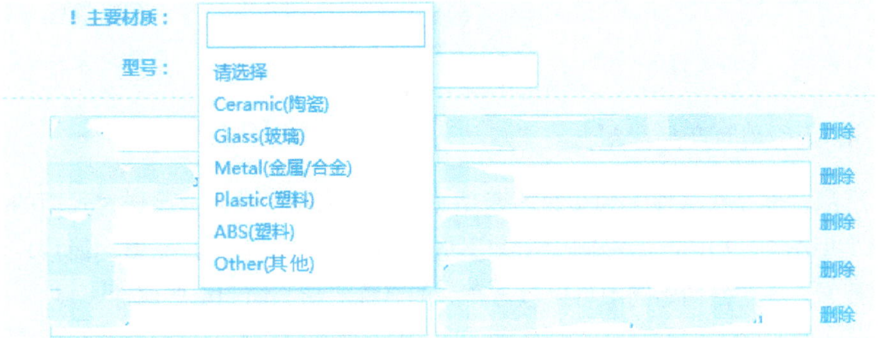

图 2-10 主要材质

> **注意：**
> 卖家需要很熟悉自己上传产品的所有属性，比如材质、品种、特性、等，因为这些系统定义的属性是出现在每款产品的买家界面的。

（2）自定义属性

自定义属性，速卖通后台没有强制要求卖家填写，很多新卖家这里都没有填写。自定义属性每款产品最多允许填写 10 个属性，如图 2-11 所示。这里填写的属性虽然不会出现在产品的买家前端，但是能够增加产品本身的曝光和关键词的搜索曝光，以图 2-11 为例，第三个属性"Surface treatment"（表面处理），填写的是"Mirror polished"（镜面抛光），那么买家在搜索"Mirror Polished"这个搜索词时，就可以增加该款产品和这个关键词的匹配度。

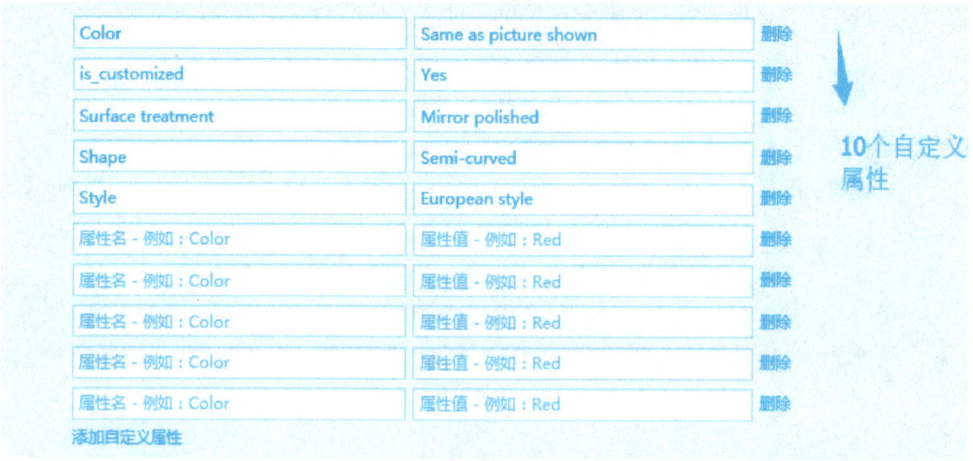

图 2-11　自定义属性

5. 正确填写产品标题

产品标题是买家搜索到卖家的产品并吸引买家点击进入商品详情页面的重要因素（见图 2-12）。产品标题中字数不应太多，要尽量准确、完整、简洁，利于买家搜索。一个好的标题中可以包含产品的名称、核心词和重要属性。

图 2-12　产品标题

速卖通产品标题的制作比较复杂,标题的作用是最大程度覆盖买家可能会搜索的关键词。下面以具体的一款 1688 选款的产品作为例子,详细介绍下应该如何制作优质的速卖通标题。

(1)翻译产品中文标题

1688 产品的中文标题为:厂家直销不锈钢感应皂液器 自动感应皂液器洗手液瓶,产品如图 2-13 所示。

卖家可以打开翻译软件,比如挑选一款在线翻译软件,把中文标题翻译成英文,如图 2-14 所示。在线翻译的结果是"Stainless steel induction soap dispenser, automatic induction soap dispenser, hand sanitizer bottle"。

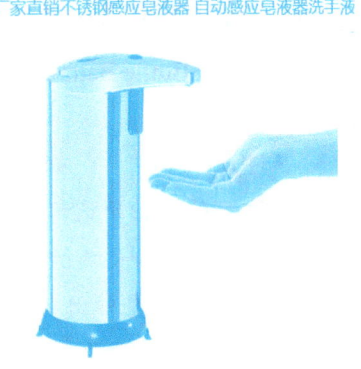

图 2-13 1688 产品中文标题

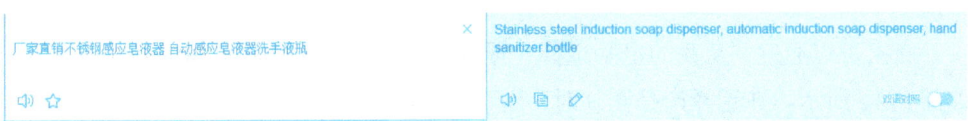

图 2-14 翻译中文标题

(2)审核修改翻译的结果

根据翻译软件翻译出的标题,需要卖家再次审核,删除在速卖通里面没有用的或者翻译不准确的英文单词,比如删除里面的第三个单词 induction,因为这个单词虽然是电磁感应的意思,但是在速卖通里面是几乎没有人会搜索这个单词的。

(3)整理英文标题

卖家结合自己平时的速卖通运营经验,整理得出这款皂液器的标题为:Stainless Steel Soap Dispenser Automatic Hand Sanitizer Bottle(里面删除掉重复的 Soap Dispenser)。

(4)把标题复制到速卖通发布产品的后台

如图 2-15 所示,把英文标题复制到该款产品的发布页面,右边可以看到提示"您还可以输入 66 个字符",说明卖家的标题还有剩余位置。

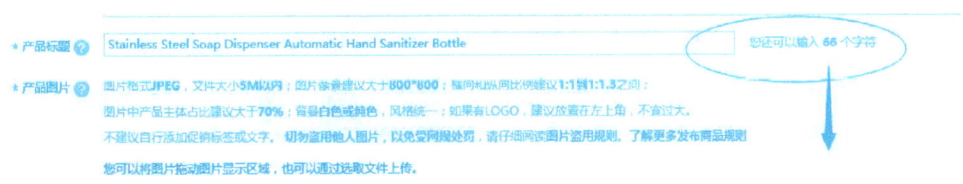

图 2-15 产品标题设置

（5）在标题中加入皂液器的热搜关键词

以上标题还剩余 66 个字符，说明这款产品的标题我们还可以加入很多相关的皂液器的热搜词，比如：Bathroom Accessories（浴室配件）、Shampoo Shower Gel（洗发露沐浴露），因此可以得出如下的标题：Stainless Steel Soap Dispenser Automatic Hand Sanitizer Bottle Bathroom Accessories Shampoo Shower Gel。

> **注意：**
> 这只是基础的速卖通标题制作，卖家如果要制作更加引流的标题，需要根据数据综合的搜索词分析，在标题中加入引流的小语种关键词（比如葡萄牙语），这个知识点在这里不深入分析。

6. 产品图片

商家可以通过"从我的电脑选择"或者"从图片银行选择"来设置产品图片，如图 2-16 所示。在选择产品图片时，可以选择发布多图产品。多图产品的图片能够全方位、多角度地展示产品，大大提高了买家对产品的兴趣。建议上传不同角度的产品图片。多图产品最多可以展示 6 张图片。图片格式 JPEG，文件大小 5MB 以内。图片像素建议大于 800*800，横向和纵向比例建议 1：1 到 1：1.3 之间。图片中产品主体占比建议大于 70%。背景设为白色或纯色，风格统一。如果产品有 LOGO，建议放置在左上角，不宜过大。另外，不建议自行添加促销标签或文字。特别需要注意的是切勿盗用他人图片，以免受到平台的处罚。

7. 最小计量单位

根据产品实际情况进行选择，如图 2-17 所示。注意这里的计量单位是卖家根

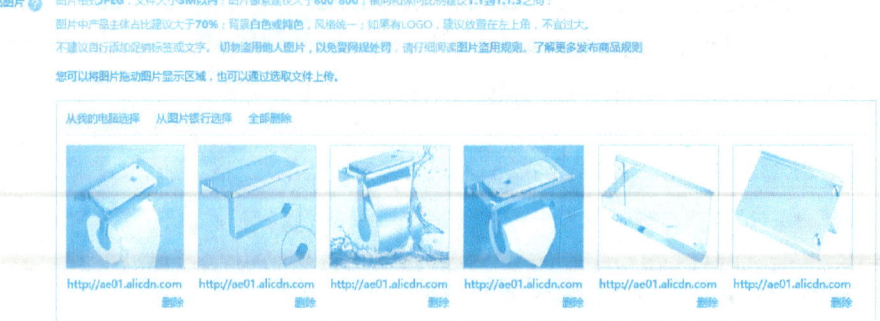

图 2-16　添加产品图片

据自己销售产品的实际情况选择的,比如销售的纸巾盒(卫浴类目)基本都是按照件/个(piece/pieces)计量的,但是不同类目的卖家对应产品的计量单位是不一样的,比如鞋类的卖家肯定选择的是双(pair),所以卖家要根据自己类目真实选择。

图2-17 最小计量单位

8. 价格设置

产品价格有两种:零售价和批发价,如图2-18所示。零售价是指买家页面展示的价格(已包含交易手续费),则卖家实际收入计算公式为

$$\text{卖家实际收入} = \text{零售价} \times (1 - \text{佣金费率})$$

佣金费率有可能发生变化,按实际产品成交时的佣金费率为准,此处展示的实际收入仅为参考收入。

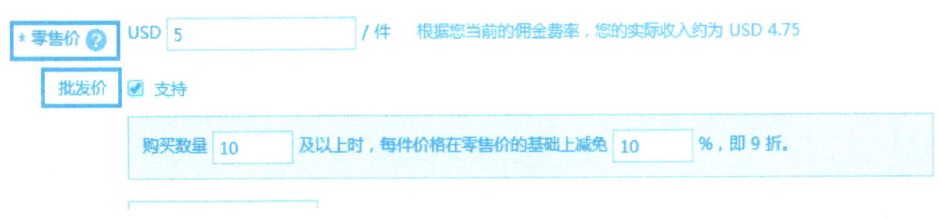

图2-18 价格设置

需要注意的是商家需要合理设置商品价格，如果出现超高价、超低价、运费倒挂等都会被速卖通平台认定为价格作弊，归入违规商品中，当店铺搜索作弊违规商品累计达到一定量后，将给予整个店铺不同程度的搜索排名靠后处理。情节严重的，平台将对店铺进行屏蔽。情节特别严重的，平台将冻结账户或直接关闭账户。

例1：卖家发布一款手机，将价格设置成0.1美元/piece销售，则会被判为超低价销售。

批发价是针对支持批发的商品的，可勾选"支持"选项。你可以在弹出的窗口中设置起批数量和批发价格。批发价格以折扣形式填写。

例2：零售价为$100，"批发价在零售价基础上减免10%，即9折"，表示批发价为$90。

9. 产品库存与发货期

（1）产品库存

这里的库存指的是产品的普通库存量，买家完成付款时会扣减产品的普通库存。当产品存在多个SKU①时，需要对各个SKU设置库存量。比如以一款皂液器为例，它有三个颜色：白色、黑色、橘色，如图2-19所示。每款颜色库存设置成888，请注意这里的每个库存卖家要根据自己实际情况设置，假设其中的白色款式库存没货时，库存要改成0，这样买家就知道白色产品缺货而且无法加入购物车。

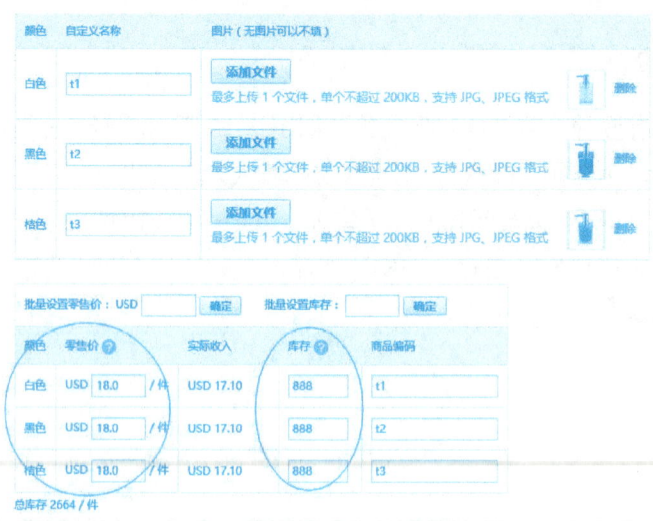

图2-19　多SKU库存

---

① SKU: Stock Keeping Unit，最小库存单位，即库存进出计量的单位。

(2)发货期

发货期(见图2-20)的计算是从买家下单付款成功且支付信息审核完成(出现"发货"按钮)后开始计算的。假设设置的发货时间为3天,买家下单付款成功且"发货"按钮出现后,那么必须在3日内填写发货信息(周末、节假日系统会做相应顺延)。若卖家未在发货时间内填写发货信息,系统会关闭订单,货款将全额退还给买家。因此建议卖家发货后及时在"发货期"内填写发货信息,否则可能会出现货款两失的情况。

图2-20 发货期

例1:发货期为3天,如订单在北京时间星期四下午17:00支付审核通过,则发货超时时间为北京时间星期二下午17:00。

例2:如果发货期为1天,订单在北京时间星期天上午1:00支付审核通过,则发货超时时间为北京星期一上午1:00。

发货期填写范围为1~7天。需要注意的是商家一定要谨慎设置发货期为1天的商品,避免产生成交不卖的现象。

10. 产品简要描述及详细描述

产品的详细描述是让买家全方面了解产品并有意向下单的重要因素。优秀的产品描述能增强买家的购买欲望,加快买家下单速度。

一个好的商品详情页包括:欢迎语、5张以上的详细描述图片、售后服务条款(物流、好评引导、公司介绍等)。

(1)欢迎语

这里的欢迎语可以加入一些"欢迎来到我们店铺,如果需要咨询帮助,请咨询我们"的句子,比如:

Dear

Welcome to Our Store.

Thanks for being here.

For any question, please kindly contact with us.

翻译:欢迎来到我们的店铺,感谢来到这里,如果遇到任何问题,请随时咨询我们。

（2）5张及以上的详细描述图片

卖家可以根据自己类目产品的特性，放置5张以上清晰的产品图，比如正面图、侧面图、细节图，图片上面卖家可以加上一些描述性的文字，如图2-21所示。

图2-21　产品详情图

（3）售后服务条款

这里的售后服务条款包括一些物流运输时间、客户好评引导、公司实力展示、包装的实物图等，因页面容纳不下这里就不做全部的展示，其中相关截图如图 2-22 所示。

11. 包装信息

操作完上面的产品详细描述后，页面鼠标往下走，卖家就可以看到如图 2-23 所示的包装信息，第一个选项"产品包装后的重量"，指的是单品包装后的大概估重（如图 2-23 所示，这款皂液器后台卖家设置的是"0.5"公斤/件），卖家的货物给了邮局后，邮局工作人员会实际称重的，这款产品的实际称重如图 2-24 所示。

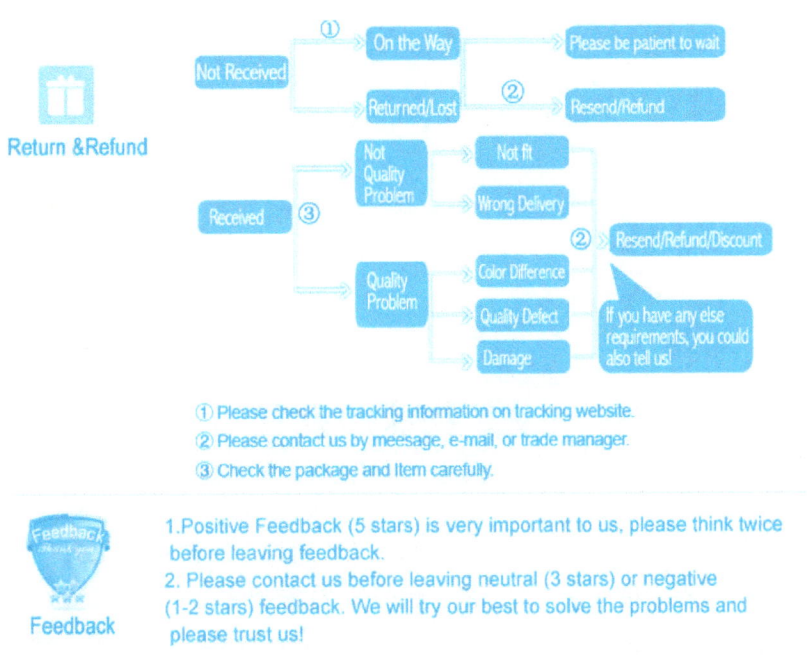

图 2-22　售后服务条款

图 2-23　包装设置

> **备注：**
> 因为现在速卖通卖家做的都是包邮 Free Shipping，都是把运费计算进入产品的售价中，所以卖家后台设置的产品包装后的重量只是个估计重量，不需要很精确，每个订单到邮局或者货代那里都会实际称重，并计算每个国家订单的运费。

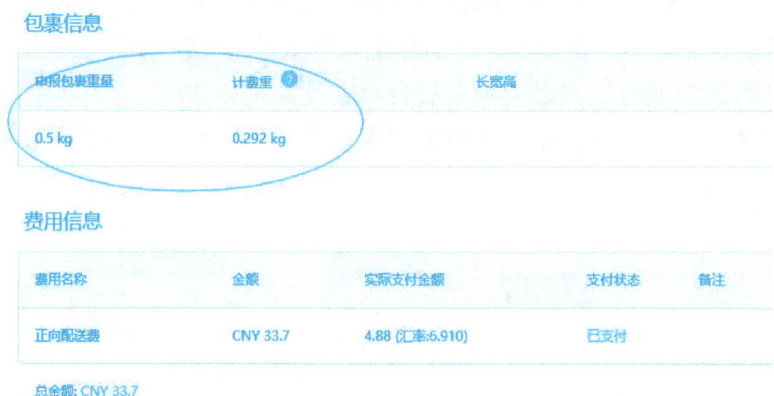

图 2-24　产品的实际称重（0.292kg）

2.3 物流的设置

速卖通的物流方式包括很多方式，如表 2-1 所列（速卖通物流方式），有经济类物流（邮政平邮小包、中外运经济小包等），标准类物流（俄罗斯专线、中东专线、中国邮政挂号小包、中国邮政挂号大包），还有这两年很多卖家开始加入的海外仓物流发货。

表 2-1　部分速卖通物流方式

物流服务等级	线路展示名称（英）	线路展示名称（中）	填写发货通知API service Name
经济	China Post Ordinary Small Packet Plus	中国邮政平常小包＋	YANWEN_JYT
经济	4PX Singapore Post OM Pro	4PX 新邮经济小包	SGP_OMP

续表

物流服务等级	线路展示名称（英）	线路展示名称（中）	填写发货通知API service Name
经济	Correos Economy	中外运—西邮经济小包	SINOTRANS_PY
经济	OMNIVA Economic Air Mail	爱沙尼亚邮政经济小包	OMNIVA_ECONOMY
经济	Posti Finland Economy	速优宝芬邮经济小包	ITELLA_PY
经济	Royal Mail Economy	中外运—英邮经济小包	ROYAL MAIL PY
经济	Ruston Economic Air Mail	中俄航空经济小包	RUSTON_ECONOMY
经济	SF Economic Air Mail	顺丰国际经济小包	SF_EPARCEL_OM
经济	SunYou Economic Air Mail	顺友航空经济小包	SUNYOU_ECONOMY
经济	Yanwen Economic Air Mail	燕文航空经济小包	YNWEN_ECONOMY
简易	AliExpress Saver Shipping	AliExpress无忧物流—简易	CAINIAO_ECONOMY
简易	Correos Seguimiento a Buzon	中外运—西邮简易挂号小包	ESSRM
标准	AliExpress Standard Shipping	AliExpress无忧物流—标准	CAINIAO_STANDARD
标准	139 ECONOMIC Package	139俄罗斯专线	ECONOMIC139
标准	4PX RM	递四方专线小包	FOURPX RM
标准	Asendia	Asendia	ASENDIA
标准	Aramex	中东专线	ARAMEX
标准	Austrian Post	奥地利邮政	ATPOST
标准	Bpost International	比利时邮政	BPOST
标准	CDEK	CDEK俄罗斯专线	CDEK
标准	China Post Registered Air Mail	中国邮政挂号小包	CPAM
标准	China Post Air Parcel	中国邮政大包	CPAP

2.3.1 邮政物流方式

随着近年来"双十一"、"双十二"等促销活动所受到的关注越来越多，外贸业务的增长也发生了巨大的变化。个人和公司都开始转向做国际外贸，并在速卖通、eBay、亚马逊、独立平台网站等进行跨境电子商务贸易。由于跨境贸易中卖家可以选择不同的物流商进行发货，如前所述，不同的物流商有不同的优势，也有自身的一些问题。但是，不可否认的是，邮政小包由于价格较低，邮寄方便，适合2kg以下的包裹等特点，已经成为卖家首选的物流方式。

1. 邮政小包的介绍

"邮政国内小包"业务，是中国邮政集团公司专门针对国内轻小件寄递市场推出的全新产品，重点关注电子商务行业的各类寄递需求，向协议客户提供个性化服务，实行批量交寄、预约投递、上门签收，投递过程短信通知。

国际小包定义：重量在2000克以内，外包装长、宽、高之和小于90厘米，且最长边小于60厘米，通过邮政服务寄往国外的小邮包，可以称为国际小包。国际小包分为普通空邮和挂号[①]两种。前者费率较低，但不提供跟踪查询服务；后者费率稍高，可提供网上跟踪查询服务。

中国邮政小包和香港小包、瑞士小包、瑞典小包、新加坡邮政小包、马来西亚小包等服务一样是针对小件物品的空邮产品，可寄达全球200多个国家的各个邮政网点。它是作为专业的跨国电子商务物流供应商为电子商务卖家提供的又一个服务全面、价格合理的邮递方案。

2. 邮政小包的优势

在国内速卖通或其他平台的外贸业务，卖家可以选择的几种物流方式中，邮政小包优势主要有以下几点：

第一点，通邮范围广。邮政国际小包可以邮寄到全球200多个国家和地区，只要有邮寄的地方都可以送达，大大扩展了速卖通卖家的市场空间，有利于广泛拓展国外市场。另外，其适用的货物范围很广，一般是没有特别限制的，除非是国际违禁品。

第二点，邮寄便捷。邮政小包免去了各种繁杂的手续和单证，包裹直接交接邮寄，且计费方式全球统一，以重量"克"计算费用，不计首重和续重，大大简化了运费核算与成本控制，交寄方便。

第三点，价格优惠。我国的邮政小包与万国邮政联盟合作，相对于其他运输方式（如EMS、四大快递、国内民营快递等）来说，邮政小包服务有绝对的价格优势，卖家采用此种发货方式可最大限度地降低成本，提升价格竞争力。

第四点，全程跟踪查询，安全、掉包率低。包裹发出后可以即时在中国邮政官网实时查询包裹动态，每时每刻都可跟踪到包裹动态，大大方便卖家的查询

---

① 普通空邮，其实就是中国邮政平邮小包，不提供国际物流信息跟踪，没有8元的挂号费；挂号，就是中国邮政挂号小包，卖家要另外支付8元的挂号费，物流信息全程跟踪。

需求。

第五点，通关强。由于我国邮政是与全球邮政合作的，在邮政海关清关时一般不会发生扣关的情况，通常也不会产生其他运费，通关效率很高。

3. 邮政小包的时效

正常情况：16～35天左右到达目的地。

特殊情况：35～60天到达目的地，特殊情况包括节假日、政策调整、偏远地区等。

注意：

邮政小包的时效因为国家的远近、特定目标国家的突发情况（当地国罢工、政局不稳等）都会有很大的不同。尤其是速卖通大促后因为包裹量的暴涨，各个国家的时效就会长很多。卖家应该根据实际情况，积极调整物流方式。

4. 邮政小包的运费表

运费根据包裹重量按克计费，1g起重，每个单件包裹限重在2kg以内。

（1）计费重量单位

一般以每0.5kg（0.5公斤）为一个计费重量单位。

（2）首重与续重

以第一个0.5kg为首重（或起重），每增加0.5kg为一个续重。

通常起重的费用相对续重费用较高如表2-2所列。

表2-2 中国邮政小包价目表

计费区	资费标准（元/kg）不含挂号费	挂号费：8元
1	62	
2	71.5	
3	81	
4	85	
5	90.5	
6	105	
7	110	
8	120	
9	147.5	
10	176	
11	96.3	

（3）包装费

一般情况下，快递公司是免费包装的，提供纸箱、气泡等包装材料，如衣物，不用特别细的包装就可以。

5. 邮政小包的注意事项

国际小包是一项适用于重量2kg以下的物流方式，全球200个国家或地区都可以送达，但由于国家和地区的不同，每个国家邮政海关处理时间有所差别。因此，我们在邮寄国际小包时需要根据规范来邮寄，这样才能准确、安全、快速地送达。那么国际小包发货有哪些要求呢？

①小包必须按照邮政包装规定实行包装，比如不能使用塑料袋和蛇皮袋等包装材料。

②包裹面单上必须有清晰的收件人以及寄件人的名字、电话、地址、邮编等联系方式，收寄件人地址必须是英文，不能是其他语言文字。

③粘贴中国邮政格式的报关单。

④小包报关单上内件物品、数量、重量及价值须由客户填写。

⑤国际航空条款规定的不能邮寄或限制邮寄的所有货物，比如粉末、液体、易燃易爆物品等危险品。

⑥不可发侵权产品、现金及有价证券等。

⑦国际小包单件重量不能超过 2kg，长度不能超过 60cm。

2.3.2　国际 E 邮宝

国际 E 邮宝是中国邮政为适应国际电子商务寄递市场的需要，为中国电商卖家量身定制的一款全新经济型国际邮递产品。目前，该业务限于为中国电商卖家寄件人提供发向美国、俄罗斯、加拿大、英国、法国和澳大利亚的包裹寄递服务，今年 4 月份又增加了乌克兰、以色列、沙特阿拉伯三个国家。

国际 E 邮宝提供两种包裹交运的方式，分别是中国邮政速递人员上门揽收和卖家自送。目前开通的邮政速递人员上门揽收的城市共 32 个，分别是：北京、天津、青岛、苏州、南京、上海、杭州、宁波、义乌、温州、福州、漳州、厦门、广州、深圳、东莞、泰州、金华、莆田、佛山、中山、嘉兴、成都、武汉、沈阳、大连、石家庄、郑州、南阳、昆明、无锡、重庆。国际 E 邮宝的单件限重和邮政小包一样，也是在 2kg 以内，单件包裹的长、宽、高合计不超过 90cm，最长一边不超过 60cm。E 邮宝的价目表如表 2-3 所列。

表 2-3　国际 E 邮宝价目表

国家	价格	计算方式
美国	80/kg+7	每件 7 元挂号费，起重 60 克
澳大利亚	80/kg+25	每件 25 元＋每克 0.08 元
英国	70/kg+25	每件 25 元＋0.07 元/克

续表

国家	价格	计算方式
加拿大	70/kg+25	每件25元+0.07元/克
法国	70/kg+26	每件26元+0.07/克
俄罗斯	100/kg+10	10元/件+0.1元/克，起重50克

2.3.3 专线物流

1. 国际专线物流的概况

目前对于国际专线物流并没有统一的概念解释，一般指的是针对全球范围内，从一个国家到另外一个国家或者某一国家辐射的周边地区，实现高效率、稳定时效的国际物流方式。比如专门到俄罗斯的俄速通专线，到中东的中东专线，到巴西等地的航空燕文专线等。

2. 国际线上专线例子 - 中东专线

中东专线又叫 Aramex 专线，创建于 1982 年。其提供的服务范围包括国际和国内快递、物流和仓储、档案和信息管理、电子商务和网络购物等等。Aramex 在全球 310 多个地方雇佣超过 8,100 多名员工，其强大的联盟网络可覆盖全球。Aramex 的运费包括基本运费和燃油附加费两部分，其中燃油附加费每个月都会变动，以 Aramex 网站或泰嘉网站上公布数据为准。

Aramex 一般是发货两天内可以上网查询，为对客户保证安全性，阿里电商收取货物及操作开单收取运费后，上网前如果发生快件丢件，阿里电商将按照申报价值赔偿客户损失（上限为 100 美元），最高不超过 3 倍运费。Aramex 包裹上网后，在寄递过程中因非客户过失而发生丢失、短少、损毁和延误，阿里电商会协助客户向 Aramex 快递公司申请赔偿。快件损坏或丢失，Aramex 将按申报价值赔偿，最高不超过 100 美元，但对间接损失和未实现的利益不承担赔偿责任。

2.3.4 速卖通物流的计算与选择

速卖通物流方式有很多不同的选择，我们在面对不同的产品订单时，要综合考虑运费、安全度、运送速度以及买家的实际需要等因素，选择适合自己的跨境物流。

因为速卖通物流发的绝大多数都是邮政小包和国际 E 邮宝，下面就以这两个物流方式计算举例。

卖家陈雪在后台收到一个新订单,英国的客户买了两件亲子装,并且已经付款,两件亲子装的重量在 500g。

这个订单的客户是英国的,现在从中国到英国的跨境物流有好几种选择,比如:邮政小包、国际 E 邮宝、商业快递等,我们要做的任务是根据几种选择的运费和物流时间综合选择,选择出最适合这笔订单的跨境物流。

①邮政小包到英国的运费。

英国在邮政小包里面的国家是属于运费 5 区的,那么 1kg 的货物到的运费＝$90.5 \times 0.5 + 8 = 53.25$ 元。所以这笔订单如果通过邮政小包的话,运费大概在 54 元左右。

②国际 E 邮宝到英国的运费。

国际 E 邮宝到英国的资费标准是:25 元＋0.07 元 / 克(见表 2-3)。所以这笔亲子装如果发国际 E 邮宝的话,运费＝$500 \times 0.07 + 25 = 60$ 元。

③如果发商业快递的话,运费都是很贵的,一般走小货的价格都在两三百元左右,不划算。

在综合考虑价格的基础上,这笔订单就选择发国际邮政小包到英国。(除非客户有提出特殊理由)。

2.4 店铺自主营销

前面介绍了速卖通的产品发布等,下面我们来学习下营销活动的设置,卖家需要定时的针对店铺的产品进行针对性的推广活动;比如限时折扣、全店铺打折、店铺优惠券、店铺满立减,以及优秀卖家可以申请的平台活动。下面我们详细介绍下前四种活动,平台活动这里就不做介绍,因为平台活动对于卖家店铺的等级、店铺好评率都有很高的要求,很多卖家没有资格申报。

2.4.1 限时限量折扣活动

限时限量折扣是由卖家自主选择活动商品和活动时间,设置促销折扣及库存量的店铺营销工具。利用不同的折扣力度推新品、造爆品、清库存,是卖家最爱的一款工具。

限时限量折扣由三个板块组成：活动名称、开始时间、和结束时间，这三个模块需要我们填写。活动名称需简单明了，如这个营销工具是推新款的，活动名称就可以直接写成推新款，如果是打造活动款的，活动名称就可以直接写成打造活动款。需要注意的是：开始时间为美国太平洋时间，开始和结束的时间可以根据活动目的来设置，正常情况下，设置一个星期左右为宜，能给客人紧迫感。另外可以给自己有时间来修改和优化产品的页面。如果是清库存的产品，时间可以设置的稍微久一些。

（1）限时限量活动的位置

限时限量折扣的位置在营销中心里面，打开速卖通后台，点击"营销中心"，再点击"店铺活动"，选择"限时限量折扣"，如图2-25所示。注意活动的开始时间和结束时间必须在同一个自然月内，不能跨过两个自然月设置，活动的时间为美国太平洋时间（和中国时间相差15个小时）。

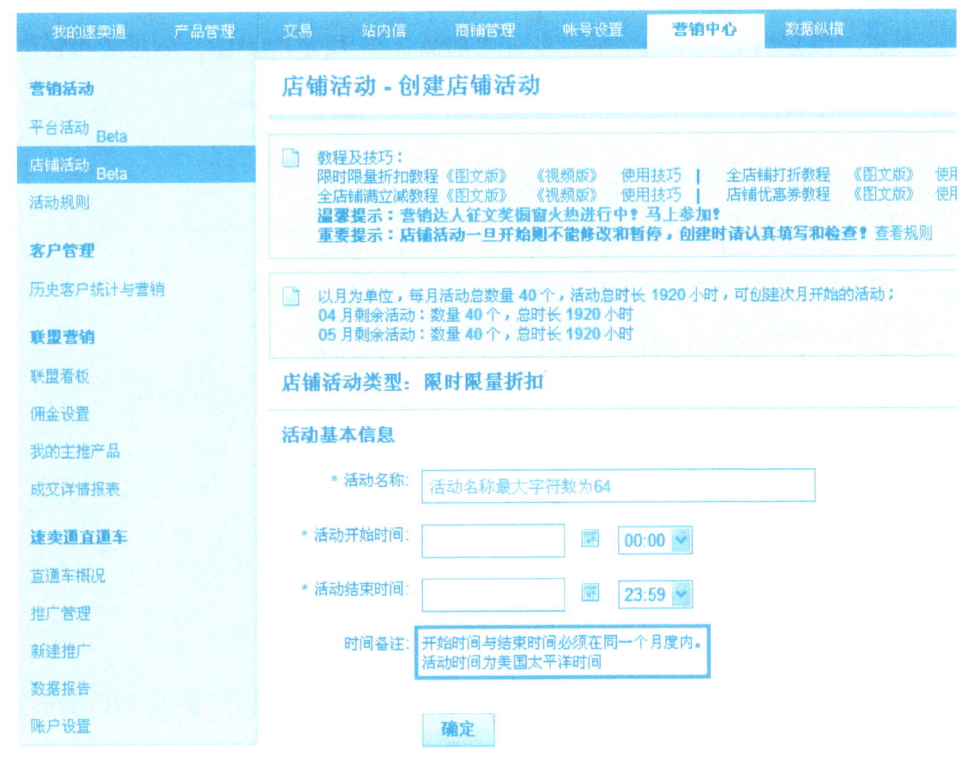

图2-25 限时限量折扣

（2）在图2-25中设置后单击"确定"按钮，进去之后，再单击"创建活动"按钮，如图2-26所示。

图 2-26　创建活动

（3）填写活动名称、时间。

单击"创建活动"按钮之后，会进入如图 2-27 所示的界面，填写活动名称、活动的时间范围设定在一个星期左右，然后单击"确定"按钮。

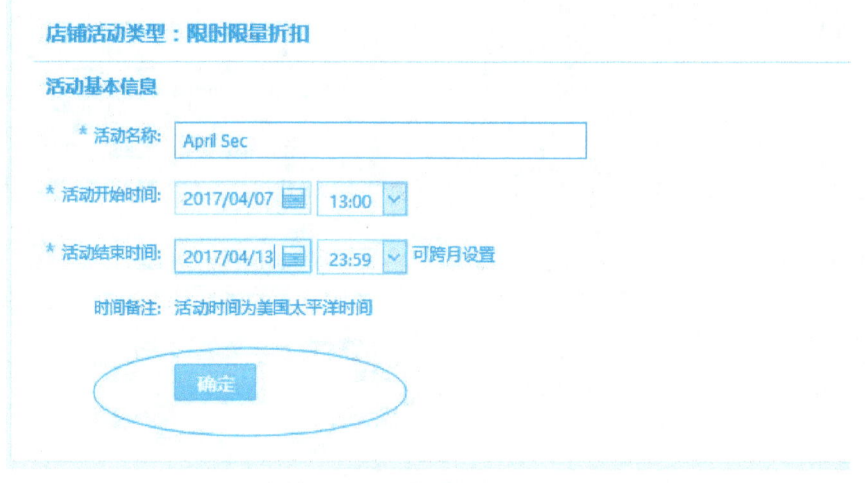

图 2-27　限时限量折扣活动设置

（4）挑选活动产品。上面单击"确定"按钮后，会显示如图 2-28 所示的选择产品界面，卖家可以挑选 40 款产品加入活动。

（5）设置活动折扣力度。在勾选了要做限时折扣的产品之后，就要对产品的折扣价格和活动库存做设置。请注意：手机端的折扣价格要比全站的折扣力度要大，这是平台支持无线端的客户的行为。

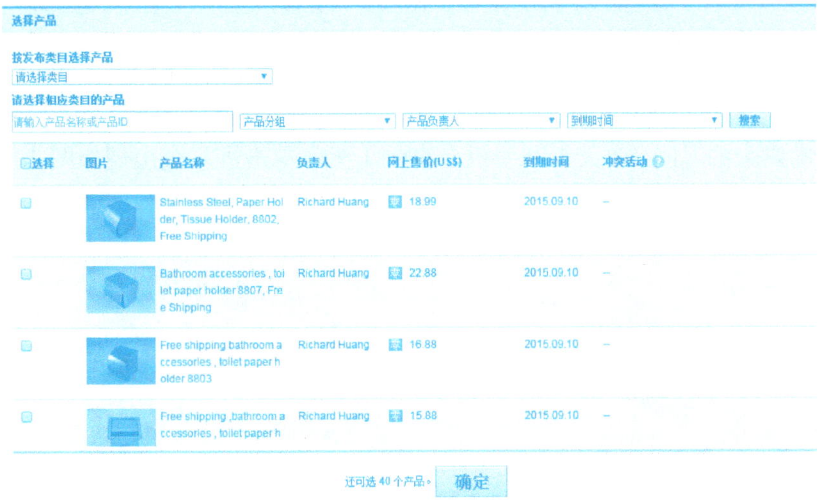

图 2-28 选择产品

如图 2-29 所示，卖家需要针对选择参加活动的产品设置折扣力度，有两种办法可以设置。第一种：比如卖家可以在选中"全选"后将第一行的"全站折扣率"和"手机折扣率"中分别设置 10% 和 11%（"手机专享"折扣力度要高于"全站"折扣力度），以及"活动库存"设置为 50，最后单击"确定"按钮，这样所有的产品都会统一设置成功。第二种办法：卖家可以单击图中每款产品的具体折扣率框（包括"全站"和"手机专享"），可以单独修改里面的力度，修改完后，"促销价"会自动更新显示打折后的价格。注意：促销价不能高于 90 天售卖均价。

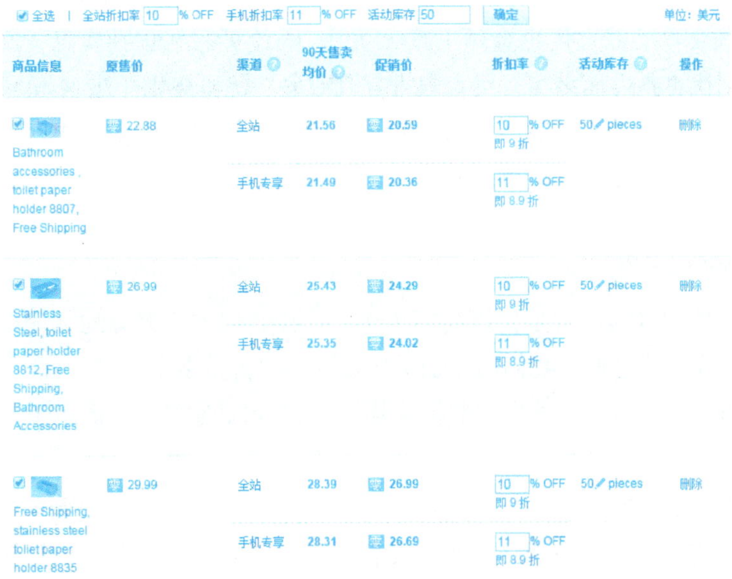

图 2-29 折扣力度设置

6. 活动显示成功

如图 2-30 所示为限时活动效果之一，买家前端可以看到这款纸巾盒的折扣力度、活动剩余的时间（2 天）和手机专享价（买家单击进入会出现如图 2-30 所示提示需要下载 APP 端）。

图 2-30　活动效果之一

2.4.2　店铺满立减活动

全店铺满立减工具是速卖通全新推出的店铺自主营销工具。针对全店铺的商品，在买家的一个订单中，若订单金额超过了设置的优惠条件（满 X 元），在其支付时系统会自动减去优惠金额（减 Y 元）。既让买家感觉到实惠，又能刺激买家为了达到优惠条件而多买，买卖双方互利双赢。优惠规则（满 X 元减 Y 元）由卖家根据自身交易情况设置，正确使用满立减工具可以刺激买家多买，从而提升销售额，拉高平均订单金额和客单价。

1. 店铺客单价

做满立减的目的也就是要提高客单价，这样我们才能充分地利用好这个营销工具。在做满立减之前，我们需要知道店铺的客单价是多少。

第一步，进入后台，单击"数据纵横"，再单击如图 2-31 所示的"成交分析"按钮。

第二步，单击进去后，会看到如图 2-32 所示的界面，鼠标拉到中间位置，可以看到卖家店铺的成交概况，比如：支付金额、访客数、浏览 - 支付转化率，第 4 个指标就是我们要找的"客单价"，USD15.36。这样卖家就了解了自己店铺的客单价在 15 美元左右。那么卖家在设置店铺满立减时,金额就可以设置 20~25 美元的满立减,这样刺激客户多加购物车。

图 2-31 "成交分析"按钮

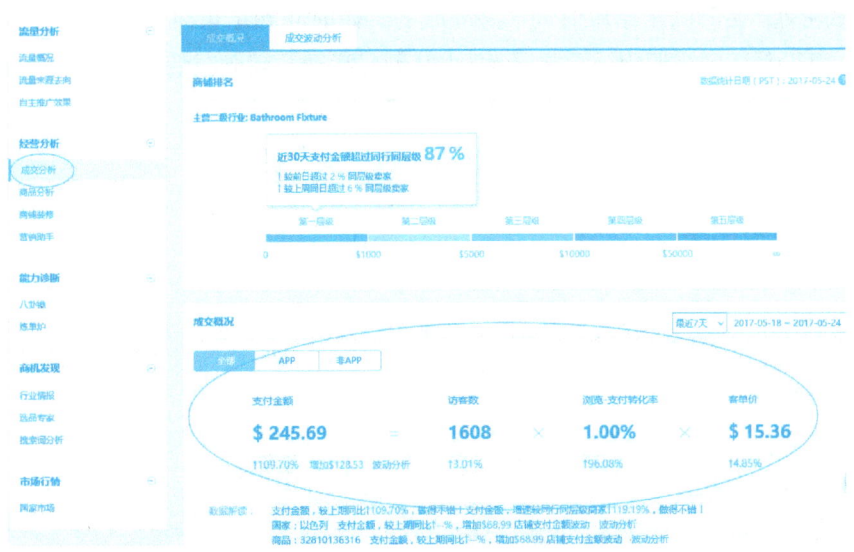

图 2-32 成交分析数据

2. 如何设置满立减

第一步,找到满立减位置,并单击"创建活动"按钮。

如图 2-33 所示,打开"营销活动"→"店铺活动"→"店铺满立减"页面,单击"创建活动"按钮,就可以进行满立减活动的设置页面了。

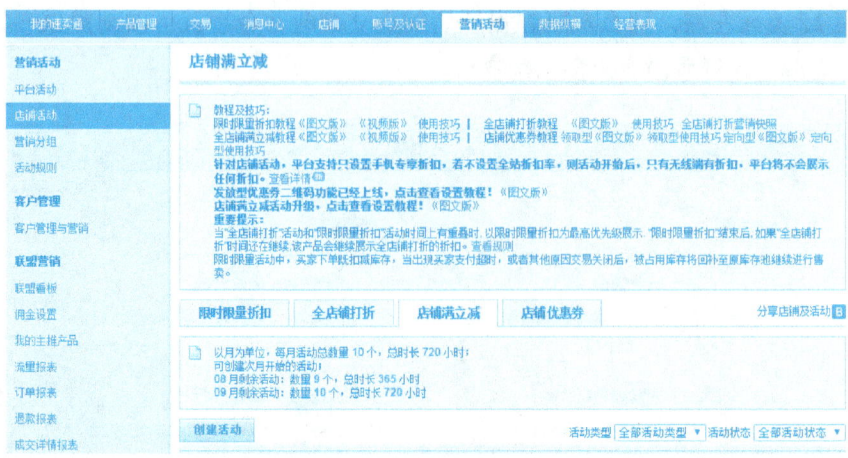

图 2-33 满立减的位置

第二步，填写活动基本信息，如图 2-34 所示。

①活动名称：名称不能用中文，卖家可以按照月份的活动次数来设置名称，比如图 2-34 中的 April Sec，代表公司四月份设置的第二次满立减活动。

②活动开始时间＋结束时间：满立减的开始时间和结束时间都只能在同一个月内。由于系统同步原因，要提早 48 小时创建活动。满立减活动一个月只可以设置 3 个，总时长 720 个小时，卖家要做好时间的规划。

图 2-34 满立减的活动基本信息填写

③活动类型＋选择商品＋满减条件：如图 2-34 所示，以最简单的满减活动为例，选择图片中左边的"全店铺满立减"，选中后，代表整个店铺所有的商品全部加入活动。"满减条件"选项，卖家一般选择"单层级满减"，比如图 2-32 中的"单笔订单金额满"设为 20 美元，订单就"立减" 2 美元。

2.4.3 店铺优惠券

1. 设置目的

我们设置优惠券也一样，在设置之前，必须要知道，我们为什么要设置优惠券？只要自己知道了设置的目的，才能更好地设置优惠券。我们设置优惠券和满立减一样，也是为了提高店铺的客单价，但是它又和满立减不一样，满立减最少要优惠 5 美元，而优惠券不一样，它可以设置小金额的优惠，比如 2 美元、3 美元、4 美元，对于卖家来说，这是比较灵活的。第二个目的是，增加二次营销的机会。其实优惠券在国外是比较流行的，国外的客户是比较受用的。优惠券分两种：一种是速卖通不限条件的优惠券，另外一种是需要满足一定金额才可以使用的。我们把优惠券发放给客户，他们就会想办法把这个优惠券使用掉，这就达到我们二次营销的目的。

2. 优惠券的具体设置

优惠券和满立减一样，也有个数限制，一个月只可以设置 5 个。在月初的时候我们就要仔细规划了，要不然浪费了平台的资源就太可惜了。具体的设置如下：打开"营销中心"→"店铺活动"→"店铺优惠券"（见图 2-35）页面，单击"店铺优惠券"按钮，进入创建优惠券的活动页面。

①单击"添加优惠券"，如图 2-36 所示，进入活动设置页面。

②如图 2-37 所示，"活动名称"文本框，卖家可以设置自己容易辨认的名称，比如 April Sec（代表店铺四月份做的第二次活动）。"活动结束时间"，比如今天是

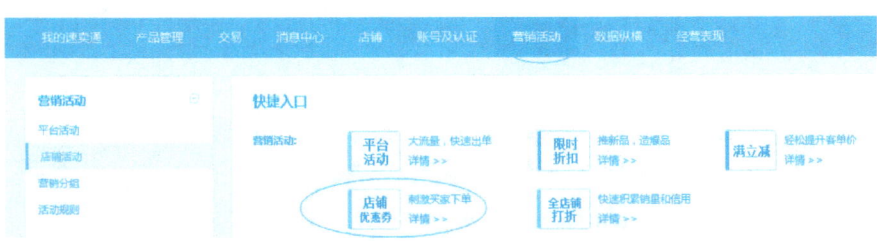

图 2-35 店铺优惠券的位置

跨境电子商务多平台运营

图 2-36 添加优惠券

4月7日,那么活动的结束时间可以选择4月12日(这个时间大概设置在5~7天,不要太长也不要太短)。"面额"即优惠券的金额,卖家可以根据自己店铺商品的价格设置,比如笔者店铺的商品价格都在15美元左右,所以设置2美元的优惠券(预留利润空间)。"发放总数量",这个数量卖家基本都是一次性发送几百张的,比如300、400、500张。"使用条件",这里有两种不同的方式,可以"不限"订单金额直接发送,如图2-37中设置的就是不限金额,那么意味着客户USD2.01

图 2-37 优惠券设置页面

的订单也可以直接使用,第二种方式是设置客户购物金额满到多少,减掉 2 美元。"有效期",这里的时间范围要大于上面选择的结束时间。

③在图 2-37 中,单击"确认创建"按钮后,会跳出活动创建确认界面,如图 2-38 所示,确认好后单击"确认创建"按钮。

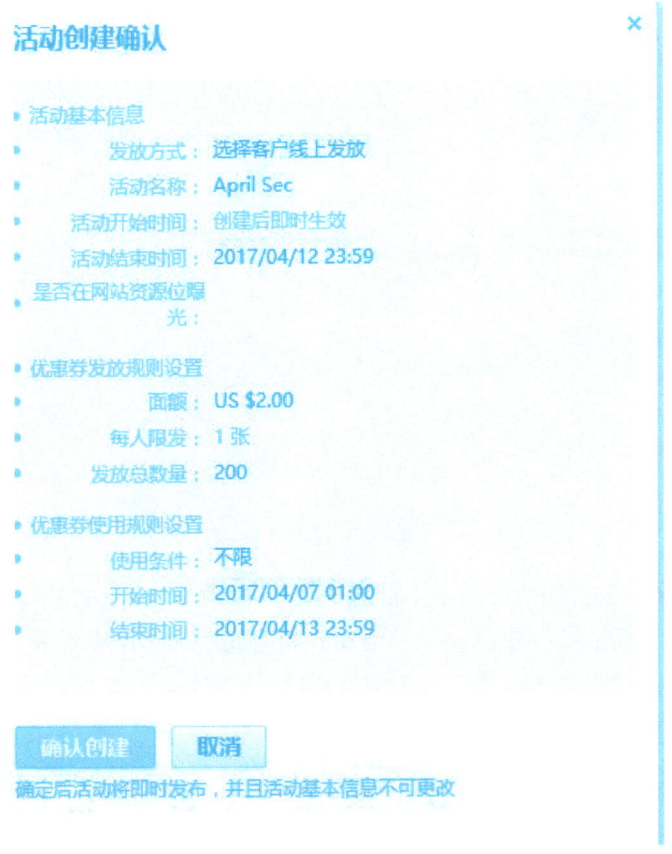

图 2-38　活动创建确认界面

2.4.4　全店铺打折

全店铺打折是店铺自主营销的"四大利器"之一,尤其对于新店铺来说,其作用更为明显,能快速提高店铺的销量和信用,提高店铺的综合曝光率。但是在做全店铺打折前,有三点是我们需要注意的:①全店铺打折的开始时间为美国太平洋时间,创建活动后需要 48 小时才能显示成功;②在做全店铺打折前,必须对我们所有的产品要有一个整体的利润把控,也就是说,每个产品能打多少折,利润有多少,我们必须要清楚,这样才能用好全店铺打折;③我们要注意设置时间,当活动处于等待展示阶段时，它是不能进行修改的，所以我们要做好计划再操作全店铺打折。

由于店铺打折的力度比较大，全店铺打折的时间不宜过长，最好持续时间为5天左右，否则店铺每天都在打折，店铺给客人的印象就是个打折店铺，客人每天都在等你打折，没打折就不下单，从而不利于店铺的长期发展。

①单击"全店铺打折"，再单击"创建活动"，如图2-39所示。

图2-39 创建活动

②设置全店铺折扣活动的基本信息如图2-40所示。"活动名称"，比如June 1（表示店铺六月份的第一次活动）。"活动开始时间"和"结束时间"：时间可以设置为几天左右。"折扣设置"，"全站折扣率"设为5%，"无线折扣率"设为8%，"无线折扣率"要稍微高于"全站折扣率"。

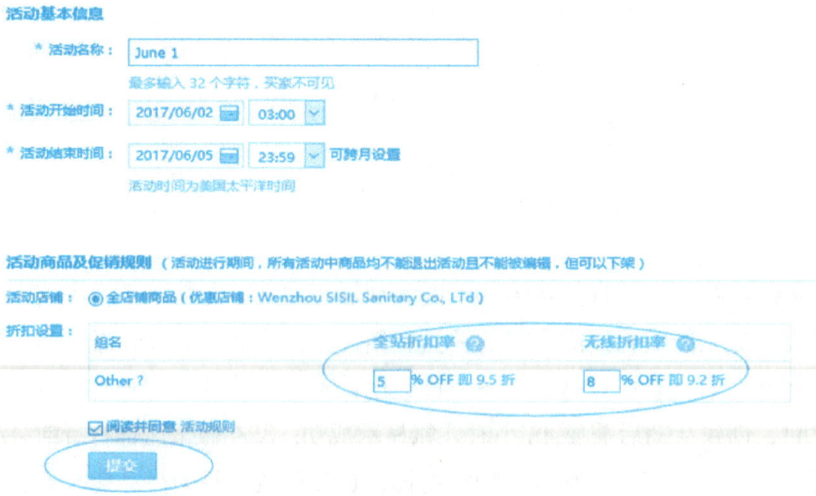

图2-40 设置全店铺折扣活动的基本信息

2.5 数据分析

速卖通平台提供了"数据纵横"工具，其中有庞大的行业数据和卖家自己店铺的所有数据。速卖通数据分析可分为两大块：行业分析选品和店铺商品分析。第一部分是选好行业，选好产品，让店铺发展起来；第二部分是根据繁多的数据指标，针对店铺和产品开展优化工作、营销活动，为店铺的成长提供动力。

2.5.1 行业数据分析

行业对比是指跟相关行业进行数据趋势对比，可以分别从访客数占比、成交额对比、在售商品数占比、浏览量占比、成交订单数占比和供需指数等方面进行对比分析。从中可以看出，随着季节变化，平台发展品类方向也在变化，从而可以加强对某个行业的投入或避开一些竞争过于激烈的红海产品。

单击"数据纵横"→"行业情报"（见图2-41），进去后页面如图2-42所示，它是卫浴设施、厨房设施、五金三个二级类目在2017年2月8日到14日一周内的支付金额占比数据的对比。备注：这个行业的数据对比可以选择7天的，也可以选择30天的，卖家可以自己选择相近的行业进行对比，最多可以选择三个行业比较。

图 2-41 行业情报

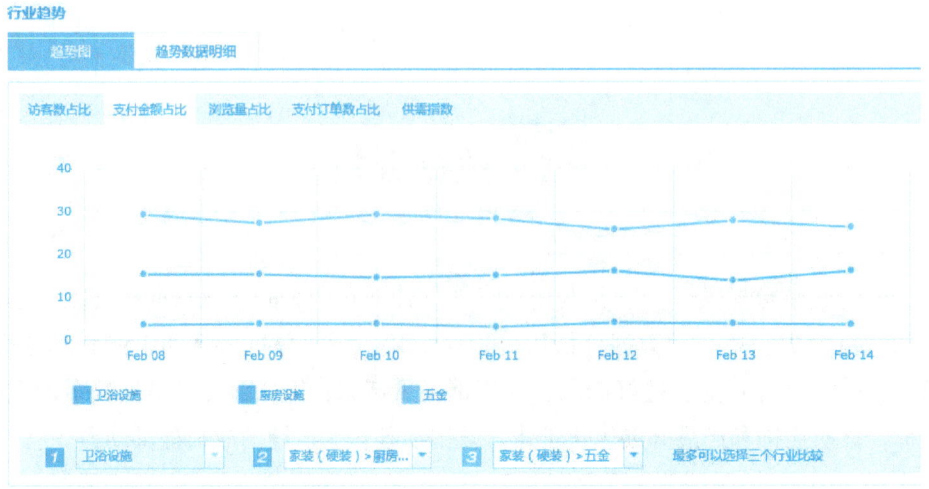

图 2-42　行业趋势分析页面

如图 2-43 所示，在“你现在这样的行业是”处选择的是“卫浴设施”，卖家可以分析流量分析、成交转化分析、市场规模分析这三个指标，还有下面的二级指标，如访客数占比、浏览量占比、支付金额占比、支付订单数占比、供需指数。例如这里的“供需指数”为 47.2%，供需指数可以反映市场的供给和需求的概况，给卖家进入这个行业基本的提示，如果有些行业的供需指数比较高的话，就说明这个行业的市场已经接近于饱和了。

	流量分析		成交转化分析		市场规模分析
	访客数占比	浏览量占比	支付金额占比	支付订单数占比	供需指数
最近7天均值	22.39%	15.58%	15.1%	16.79%	47.2%
环比周涨幅	↑ 6.72%	↑ 3.32%	↑ 0.33%	↑ 8.04%	↓ -8.65%

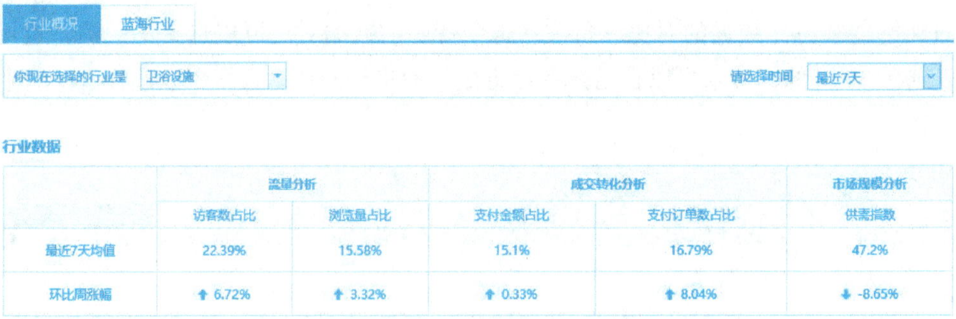

图 2-43　行业概况分析

2.5.2　店铺单品数据分析

1. 自有商品分析的指标

自有商品分析的指标介绍如下：

（1）曝光量：指搜索曝光量，即商品在搜索或者类目浏览下的曝光次数。

（2）浏览量：指该商品被买家浏览的次数。

（3）搜索点击率：指商品在搜索或者类目曝光后被点击的比例，即等于浏览量/曝光量。

（4）访客数：指访问该商品的买家总数。

（5）成交订单数：指该商品在选定时间范围内支付成功的订单数，与选定时间范围内风控关闭的订单数的差值。

（6）成交买家数：指选定时间范围内成功购买该商品的买家数。

（7）成交金额：指该商品在选定时间范围内产生的交易额。

（8）询盘次数：指买家通过该商品点击旺旺与站内信的次数。

（9）成交转化率：指成功购买该商品的买家数占访问买家总数的比值，即等于成交买家数/访客数。

（10）平均停留时间：指买家访问该商品所有详情页面的评价停留时间。

（11）添加购物车次数：指该商品被买家添加到购物车的次数。

（12）添加收藏次数：指该商品被买家收藏的次数。

2. 单品数据分析举例

（1）例子数据分析

如图2-44所示的是某店铺后台的某款单品的数据，图中左边的数据包括站内搜索（30.00%）、站内其他（30.00%）、类目浏览（15.00%）、本店（15.00%）、收藏夹（5.00%）、直接访问（5%），这些数据都是对于该款商品的来源分析，还是

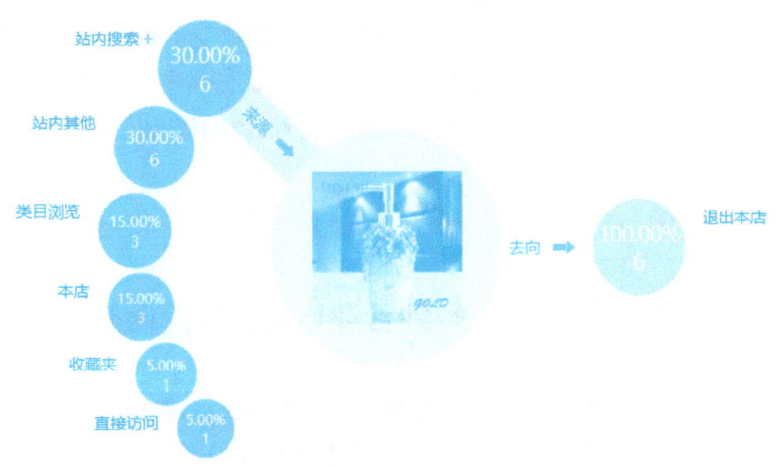

图2-44 某店铺后台的某款单品的数据

比较合理的；但是右边的数据，退出本店（100%），这个数据就很不合理。这说明100%的客户来到这款商品的链接，看了商品之后，没有任何的加购物车、收藏夹、订单或者去到其他商品页面的数据。

这个不正常的退出本店数据，就是"单品跳失率"，指的是顾客通过相应流量入口进来，只访问了一个页面就离开的访问数占总访问数的比例。单品跳失率太高的产品可能存在以下几个方面的原因：价格太高（没有购买欲望）；产品详情页做得不够精美详细；没有相关的产品关联模板推荐。让我们来看一款正常单品数据的产品，可以给卖家一些正确的提示，如图2-45所示。

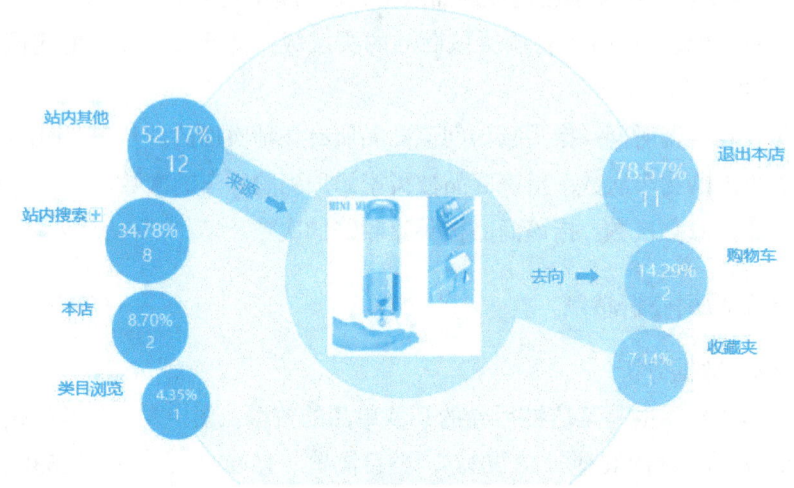

图2-45 正常单品数据的产品示例

图2-45所示单品的数据，看到右边的数据：78.57%"退出本店"、14.29%加入"购物车"、7.14%加入"收藏夹"。这两个单品的数据例子告诉卖家要学会分析店铺每款产品数据，从数据的结果去分析判定产品在哪些方面存在问题，比如价格、产品详情页、产品关联链接等，然后去进行后续的修改优化动作。

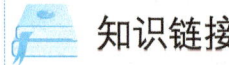知识链接

516新规 – 鞋类、数据线、婚纱行业启用品牌封闭管理规则公告

为了优化本行业市场、提升买家购物体验，平台在近期将优化对鞋行业的管理，实行品牌封闭邀约管理规则。邀约品牌由平台根据品牌成交、消费者评价、市场需求、纠纷情况、市场占有率、行业发展特点等因素从目前商标中筛选，以

供卖家选择经营。

考虑到品牌在平台的饱和度,平台将自通告之日起暂停邀约品牌(商标)的新申请。但接受新店铺提出的新品牌(非现有品牌)申请,审核通过后新品牌可进入邀约品牌清单。

如因平台调整,你计划不再继续经营,则:

(1)可在管理规则正式公布前随时申请退出类目,并获得该经营类目本年年费的全额返还(但为了更好地保障自己的权益,请直接联系"小何在线",而不要自主操作退出类目,否则可能无法获得全额退费),但如因严重违反平台协议规则(如售假、炒销量或严重扰乱平台秩序等任何行为),被关闭账号的,所缴年费全额不予退还。

(2)同时请注意,中途退出经营的卖家账号在同一自然年内无法准入相同经营大类,且在经营大类下3家店铺的店铺名额无法恢复。

关于516新规的补充说明

各位速卖通商家好,自516平台发布即将执行的邀约式准入机制后,速卖通本着客户第一的原则,与平台商家进行了互动。现根据商家反馈发布关于新规的补充说明,欢迎各位商家参与此后的沟通。

此次严格品牌管理是以产品为维度进行的,并不针对特定商家。对入驻品牌,我们主要的评估依据是产品的质量和卖家的经营能力,而不是简单的卖家规模大小。5月16日到6月15日是品牌的公示期。在公示期内,我们欢迎卖家对公示品牌提出意见。

如商家在未发生严重侵权、炒信等违规行为的前提下,因当前经营的品牌未被纳入严格品牌管理而无法经营,可采取以下方式:

(1)可向速卖通提交证明材料,充分证明其所经营的品牌符合速卖通平台"品质化、品牌化"的方向,并拥有良好的市场接受度、品牌影响力,如经速卖通审核通过后,将纳入邀约品牌名单和严格品牌管理之中。

(2)卖家可升级其经营的产品,达到"品质化、品牌化"的要求,具体如取得严格品牌管理的经营授权(数据线卖家),找到好的品质货源和品牌商品(鞋类卖家),或展示自身生产设计能力、稳定的供应链及真实产品图(婚纱类卖家)。在通过速卖通审核后,卖家可以继续以原有店铺或新开店铺在平台上经营。

(3)对于那些没有能力提供优质产品的卖家,速卖通将在接下来举行品牌对接会,协助卖家与符合条件的品牌对接。帮助有经营能力优势的卖家获得机会。

（4）如卖家真的存在大量产品库存，速卖通将倾听其诉求，实地考察库存情况后，考虑合理的解决方案。

本章小结

AliExpress 速卖通是阿里巴巴推出的跨境电子商务 B2C 平台，中国的很多卖家通过这个平台将自己的商品销售给全世界的客户。很多高校这几年也都以速卖通作为学生的实练平台，不过自 2016 年起速卖通在企业认证、商品品牌、类目年费上面推出很多新的规则与门槛。本章主要介绍了速卖通的注册、商品商品、物流模板、营销活动的设置、店铺的数据分析等模块。

温故知新

一、选择题（不定项）

1. 速卖通平台上面不能卖哪种产品？（　　）
   A. 零食　　　　B. 皂液器　　　　C. 手机　　　　D. 鞋子
2. 往俄罗斯发货可以选择哪些跨境物流？（　　）
   A. 国际 E 邮宝　B. 邮政小包　　C. 航空燕文　　D. DHL
3. 下列哪个国家的跨境货物可以走国际 E 邮宝物流？（　　）
   A. 美国　　　　B. 新西兰　　　　C. 冰岛　　　　D. 南非
4. 美国不能发下面哪种物流？（　　）
   A. 邮政挂号小包　　　　B. 邮政平邮小包
   C. 国际 E 邮宝　　　　D. 航空燕文
5. 速卖通后台有哪些营销活动？（　　）
   A. 限时限量折扣　　　　B. 全店铺折扣
   C. 店铺满立减　　　　　D. 优惠券
6. 产品在搜索或者类目曝光后被点击的比例，这个是下面的哪个数据？（　　）
   A. 曝光量　　　B. 点击率　　　　C. 访客数　　　D. 转化率
7. 速卖通后台的限时限量折扣一个月共几个小时？（　　）
   A. 24 小时　　B. 1920 小时　　C. 780 小时　　D. 960 小时

8. 单品跳失率太高主要是因为哪些方面的原因？（ ）
   A. 价格太高　　　　　B. 价格太低
   C. 商品详情页不好　　D. 主图不好

二、判断题

1. 重量在 2kg 以内的小包都可以发国际 E 邮宝。（ ）
2. 中国邮政平邮小包不能发带有电池的产品。（ ）
3. 速卖通平台上现在不可以卖食品类的产品。（ ）
4. 跨境物流可以有很多选择，比如：邮政小包、国际 E 邮宝、专线物流等，卖家可以自己随便选择哪种物流方式。（ ）
5. 国际 E 邮宝可以发到俄罗斯、法国、加拿大、英国、美国、乌克兰、南非等国家。（ ）
6. 速卖通的限时限量折扣活动一旦开始后，产品就不能下架或者删除。（ ）
7. 店铺优惠券的金额没关系，卖家可以自己设置。（ ）
8. 单品的跳失率很高，那说明商品的价格肯定太高，无法吸引客户下订单。（ ）

能力拓展

【工作任务 1】

请在后台发布一款详情商品页优质的产品，货源的图片可以从 1688 寻找，要求：

1. 注意不要侵权。
2. 产品的属性填写率达到 100% 以上。
3. 主图符合要求。
4. 商品详情页合理描述。

【工作任务 2】

请计算一个 1.5kg（售价 20USD）的货物发到俄罗斯的运费（发邮政挂号小包）是多少？（小包运费表如表 2-2 所列）

【工作任务 3】

请分组在后台挑选 10 款产品做一次限时折扣，折扣的时间和力度根据店铺产品的实际情况设置（库存：500）。

反馈表

单元名称		姓名		班级		年	月	日

请思考以下问题：

1. 限时折扣和全店铺打折的时间控制在多久合适？为什么？

2. 单品的数据应该如何分析？什么样的数据说明商品是合理的？

3. 店铺优化券的金额设置多少合适？如何设置？

你认为本单元最有价值的内容是：

你对本单元的教学有何建议，哪些问题是你需要进一步了解或得到帮助的：

教师评价：A.熟练应用　　B.掌握　　C.熟悉　　D.了解　　E.没通过

教师签字

第 3 章

Wish平台操作

知识目标

- ▶ 了解 Wish 平台的运营规则。
- ▶ 了解 Wish 平台注册流程。
- ▶ 掌握 Wish 平台产品上传的方法与步骤。
- ▶ 掌握 Wish 订单操作流程。
- ▶ 掌握 Wish 平台产品物流配置。
- ▶ 掌握 Wish 知识产权的规定。

3.1 平台认证
3.2 产品上传
3.3 订单操作
3.4 物流配送设置
3.5 Wish 知识产权的规定

故事导入

以往说"大卖家",多数人会认为是久经沙场的老将,但跨境电子商务的低门槛让越来越多的年轻人能够参与其中。金尚宇,花名大金,深圳广信隆科技有限公司合伙人;前有棵树 Wish 运营主管,独立操作 Wish 平台,三个月销售额突破 80 万美元;后辞职创业至今,单干一个月后日订单量就突破千单。以下是他的供述。

我学的是日语专业,最开始接触的是 eBay 客服,5 个月之后调岗做 eBay 业务,后来公司改革开始做 Wish。其实之前我也没接触过跨境电子商务,一个偶然的机会,Wish 公司总监来招商,才接触到这个平台。Wish 给我发来个文档,我就自己去摸索,不到一周就开始出单了,不到半个月订单就开始涨,涨到 100 单。现在还在 eBay 上开店,过完年打算往亚马逊发展。

我们公司什么产品都有,就像百货那样。现在我们有一个大账号,还有两个小账号,大账号做综合类的产品,小账号做专业化的店铺,比如 3C 品类、服装品类。

现在客户看你卖得好,但是评价不好,可能就不会继续购买了,所以我们就专心做产品。卖家在选品时要找别人没有的、市场竞争比较小的产品,拿好的货源,保证产品的质量。我们现在主要是代理其他品牌,接下来如果量大我们就会去整合资源,做自己的品牌和商标。

我认为,Wish 作为一个新平台,不可能像 eBay、亚马逊那样拥有完善的制度和政策,它需要一个慢慢完善的过程。在这个过程中,卖家要主动规避一些风险,避免去开发有可能侵权的产品。例如现在产品图片不能带明星,卖家尽量自己去拍些图片,外观相似,容易误导顾客的产品尽量不要上。如果你的图片和其他名牌很相似,可能产品还没上就被罚款了。

我也希望 Wish 方面能把侵权的政策说明得详细点,具体到哪些方面侵权了,是外观、商标还是其他方面。这样卖家也可以明白自己需要改进的地方,进一步完善和净化平台。

思考题

1. Wish 平台比较重视哪些方面的因素?
2. 你觉得 Wish 平台适合个人小卖家创业吗?

Wish 是一款根据用户喜好,通过精确的算法推荐技术,将商品信息推送给感兴趣用户的移动优先购物 APP。Wish 的核心竞争力在于对广大商家而言 Wish 的注册非常方便快捷,产品的上传也简单高效,且专注打造移动用户端。不同用户以及同一用户不同时间在 Wish 平台上登录所看到的界面都是不同的。用户群为 16~30 岁的活力群体,消费频率及购买力强大。

 平台认证

1. 进入注册页面

首先完成平台的商户注册，在注册页面，需要完整、准确地填写注册信息。先登录卖家首页（网址为 china-merchant.Wish.com），单击 Wish 首页"免费使用"按钮，如图 3-1 所示，进入注册页面。

图 3-1　Wish 注册页面

2. 开始创建 Wish 商户账户

根据平台提示，填写账户信息，主要包括邮箱地址、店铺名称、密码等，如图 3-2 所示。注意店铺名称不能含有"Wish"的字样，店铺名称一旦确定将无法更改。密码必须不少于 7 个字符，并且包含字母、数字和符号，例如："password100@store"。完成后单击"创建你的店铺"进入下一步。

3. 添加联系方式

根据平台提示按照实际情况输入姓氏、名字、地址（必须精确到××街××号××楼××层××室，地址第二行为选填项）、国家、省份、城市、邮政编

图 3-2 创建店铺

图 3-3 添加联系方式

码。此外，还需输入联系电话，若使用的是中国的电话号码，国家代码为"86"。单击"下一页"按钮继续注册流程，如图 3-3 所示。

4. 店铺情况

根据平台的要求选择您运营的其他平台，如选择"速卖通"或"亚马逊"，再输入该平台店铺的 URL 链接，然后在"您的店铺去年营业额是多少？"文本框中以美元为单位填写已有店铺去年的营业额,如图 3-4 所示。此外,在"您的库存/仓库位置是哪里?"下拉列表中选择商户仓库所在国家和城市,并选择 Wish 平台销售的"产品类别"。备注:因为 Wish 平台目前是没有类目限制的,所以下面的类目选择可以全部勾选。设置完成后,单击"进入我的店铺"按钮。

图 3-4 店铺情况

5. 开通店铺

单击"进入我的店铺"按钮后,会看到图 3-5 所示的界面,显示已经完成了开启 Wish 店铺的前两个步骤。接下来根据平台提示完成注册的第三步"确认您的邮箱地址"。注意:必须完成表内所有步骤才能完成整个注册流程。

6. 确认邮箱

首先进行邮箱地址的确认,单击"确认您的邮箱地址"后面的"开始"按钮,跳转到图 3-6 所示页面,此时,检查邮箱,会收到一封如图 3-7 所示的邮件,单击"Confirm Your Email"按钮完成邮箱确认直接跳转到商户后台。注册步骤表内的第三步显示已完成。

如果邮箱未收到 Wish 注册的相关邮件,再次确认邮箱地址是否正确并单击图

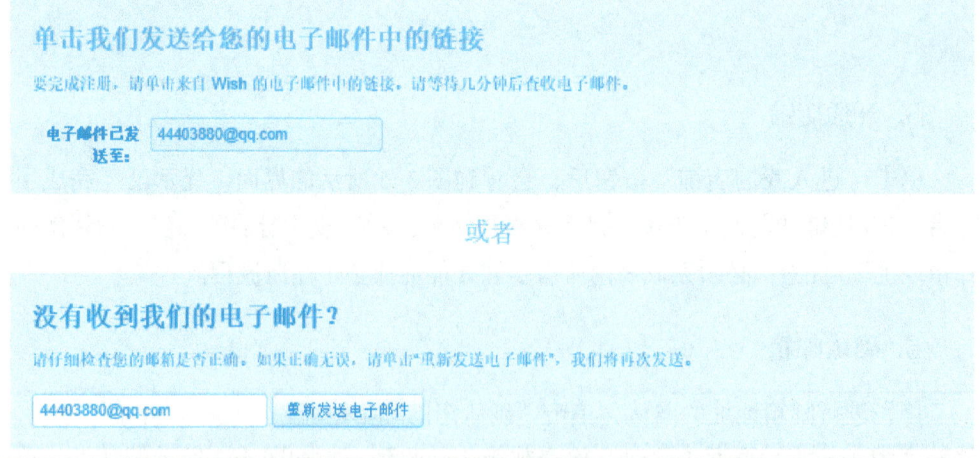

图 3-5 开通店铺

确认您的邮箱地址

图 3-6 确认邮箱

3-6 中所示"重新发送电子邮件"按钮。同时,进一步检查邮箱的安全设置,以免确认邮件被屏蔽或在"垃圾邮件"内。若仍然无法收到邮件,则需要尝试更换

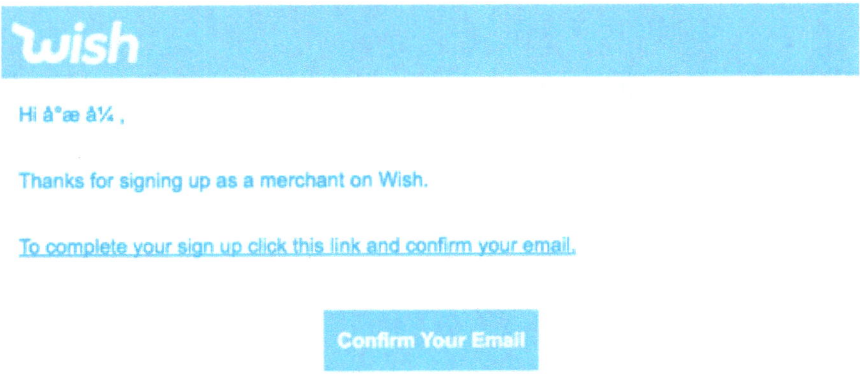

第 3 章　Wish 平台操作

图 3-7　邮件

邮箱或联系客户经理。

7. 确认电话号码

单击注册步骤表的第四步"确认您的电话号码"后的"开始"按钮会跳转到图 3-8 所示页面，点击"发送代码"后，手机会收到一条来自 Wish 的短信。在"输入您的代码"文本框中输入短信内的验证码并单击"提交"按钮之后，手机会收到短信告知电话号码已验证成功。若手机未收到验证码，则需要再次确认您的电话号码是否正确，并单击"发送代码"按钮。若商户手中没有手机号码，请单击"还没有手机号码？"按钮，然后根据图 3-9 示例输入您的电话号码，输入后单击"立即呼叫我"，接到电话后再输入您在电话内听到的语音 PIN 码进行验证。

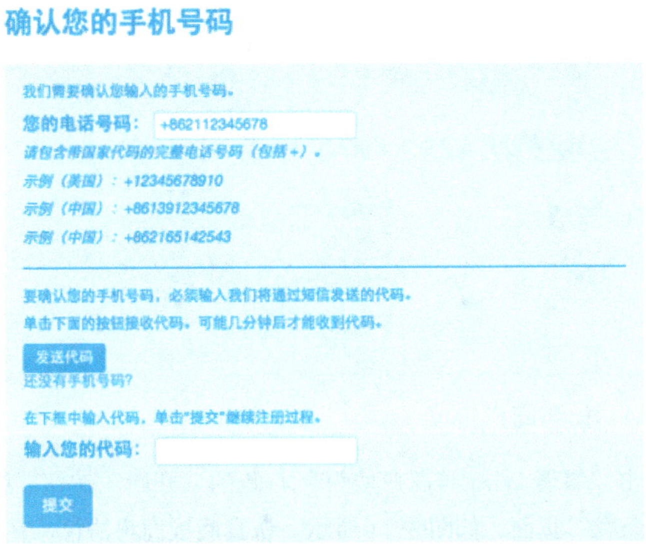

图 3-8　手机确认

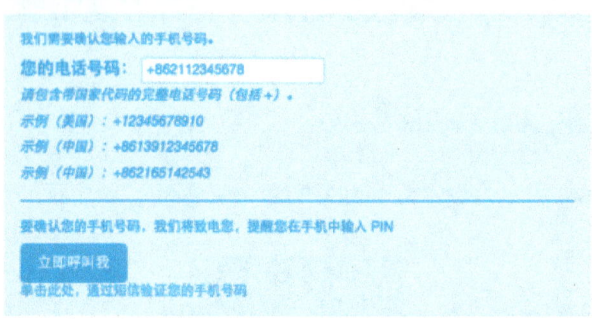

图 3-9 座机确认

8. 添加支付信息

Wish 业务开展后想要正常收到货款，在前期需要添加收款信息。单击"添加您的支付信息"右侧的"开始"按钮之后将会跳转到收款方式页面，选择想要的收款方式。如果使用 Payoneer 收款，则"提供商"选择"Payoneer"，如果已有 Payoneer 账户，则需要登录相关账户，完成支付信息更新。如果还没有 Payoneer 账户则需要开通 Payoneer 账户，请登录 Payoneer 的官网进行注册。当登录或注册成功之后，会看到图 3-10 所示界面。其他收款方式也一样，选择相关的收款方式后，根据提示进行操作。

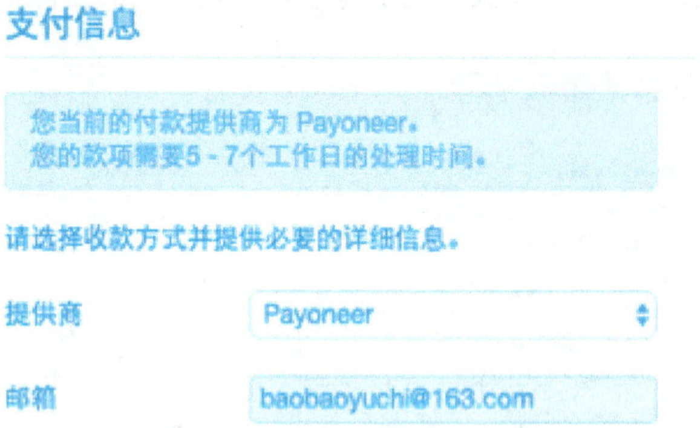

图 3-10 Payoneer 支付信息

9. 签署 Wish 与商户协议

最后，单击"签署 Wish 与商户协议"右侧的"开始"按钮，弹出"Wish 与商户协议主要条款"页面，如图 3-11 所示。认真阅读商户协议，在每一条政策条款左边的选项框均勾选后在底部单击"同意已选择的条款"按钮。

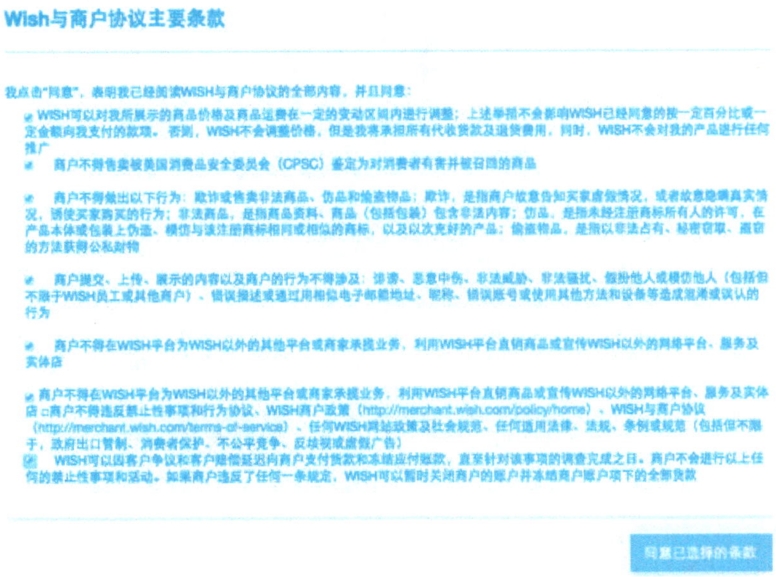

第 3 章 Wish 平台操作

图 3-11 协议主条款

10. 验证店铺

(1) 个人店铺验证

如果申请的是个人店铺,则单击右侧的"开始"按钮后需要补充其他信息,如图 3-12 所示,在文本框中输入"QQ 号"、"姓名/名称"、"身份证号码",同时拍好本人手持身份证原件及当日报纸的彩色照片,如图 3-13 所示,再单击"Select a File"按钮,将拍好的照片上传。注意:本人面部、身份证信息及报纸日期要清晰、完整无处理,大小控制在 2MB 以内,不接受临时和过期的身份证。

图 3-12 店铺验证信息

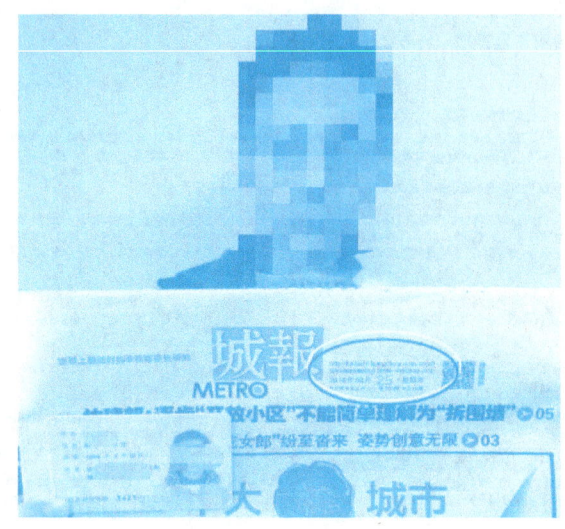

图 3-13　本人照片

（2）企业店铺验证

如果注册的是企业账户，则在单击"开始"按钮后可以按照图 3-14 所示的提示来进一步填写，这里要提醒的是"去年的 GMV"是指公司去年的成交总额。

图 3-14　企业账户验证店铺

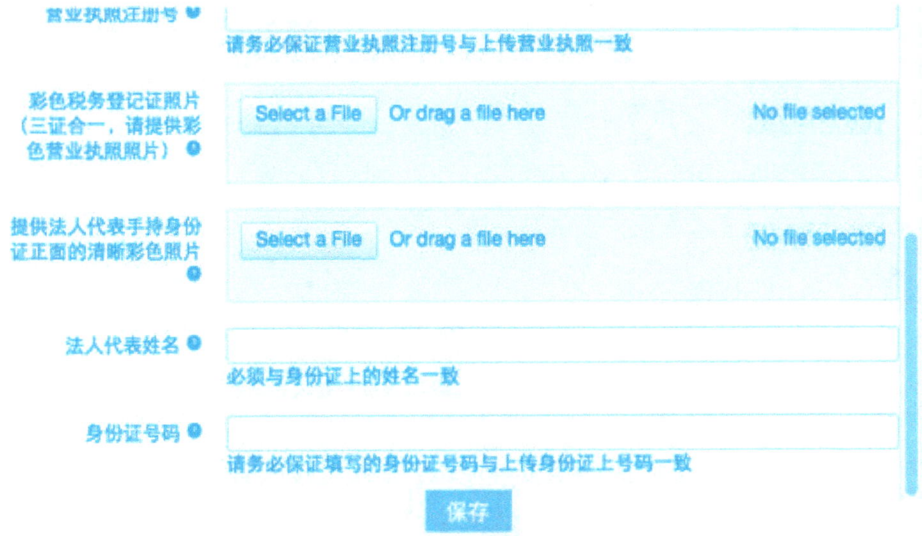

图 3-14 企业账户验证店铺（续）

11. 完成开通店铺

最后，在完成以上所有步骤的前提下，单击"开通您的店铺"按钮。将看到如图 3-15 所示的界面，这说明注册步骤已经全部完成等待平台审核。

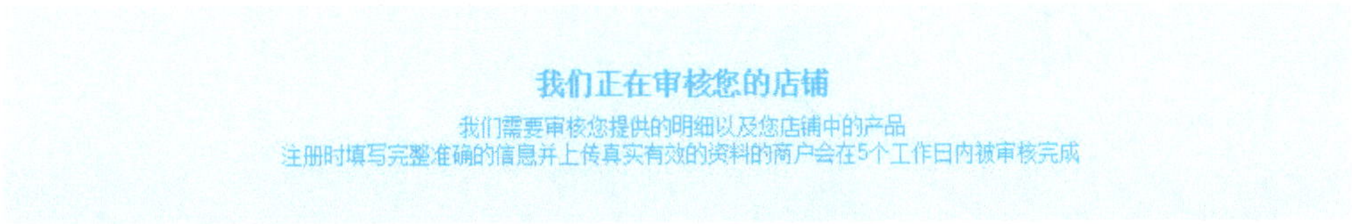

图 3-15 待审核状态

另外，如果信息在审核后被退回，则要及时按照商户后台提示要求更新，以免耽误开通账户。审核被退回的原因很多，如图 3-16 所示，身份证拍照不清晰、报纸不是当天的报纸、身份证信息有被遮挡、公司名称与营业执照上面名字不一致等，卖家就按照审核退回的信息提示进行更改。

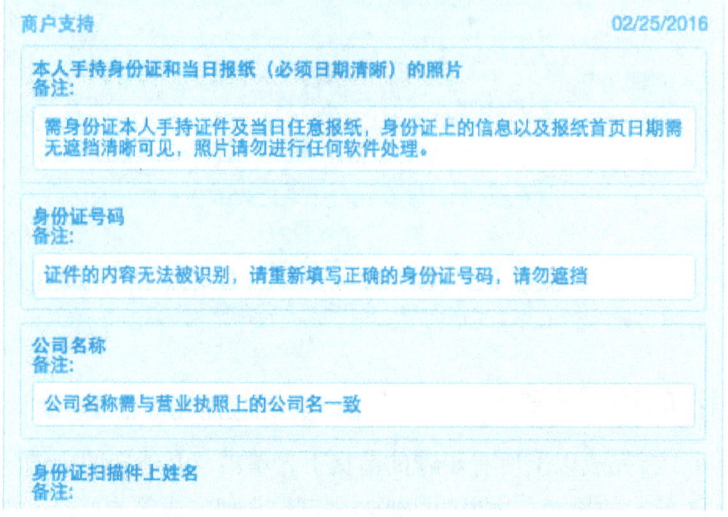

图 3-16　审核信息反馈

3.2　产品上传

3.2.1　手动上传产品

Wish 作为移动购物电商平台，作为商户，一定要放弃做淘宝或者速卖通的定性思维。在上架产品方面也有如下内容需要特别注意：产品图片、产品标题、Tag 标签、产品描述、Color&size、价格和运费。在完成商户平台注册后，进入平台功能页面，如果要上传商品则单击"产品"选项下的"添加新产品"，此时出现两个选项、手动和产品 CSV 文件，如图 3-17 所示。

图 3-17　Wish 后台界面

选择"手动"后,会出现"添加产品"页面,必须完成基本信息;主图片、额外图片;库存和运送方式;颜色、尺码与变量;可选信息;自动退款时限以及摘要等 6 个项目内容才能完成一个产品的手动上传。

1. 基本信息填写

产品基本信息包括产品名称、产品详情描述、产品标签和产品 ID 这几个部分,基本信息和 SKU 要求必须英文填写。

①产品名称(Product Name),如图 3-18 所示,是采用主品牌+子品牌、系列或者产品名称+最多三个关键属性+通用产品类型的方式构建的,标题要简明扼要,能描述产品类别、名称、关键属性、价值,等,要让客户通过标题能准确判断出是什么产品,这样才会有进一步看下去的可能。产品名称在精不在多,切忌关键词的堆积。

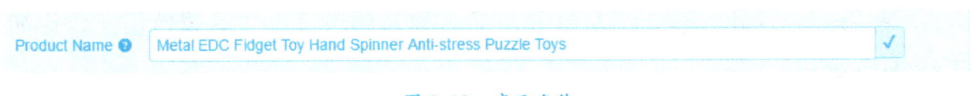

图 3-18　产品名称

②产品详情描述(Description),如图 3-19 所示,限 4000 个字符,且仅前 150 个字符显示在初始搜索页面。最好能精准简练地描述出这个产品的颜色、尺寸、特性、材质、包装,等等。也可以加上店铺政策、客户服务等内容。不同信息间建议按回车键换行,切勿全部罗列在一起,这样不方便客户阅读。另外,描

述内容不支持任何 HTML 代码，加入某些代码字符可能会导致产品出现问题。

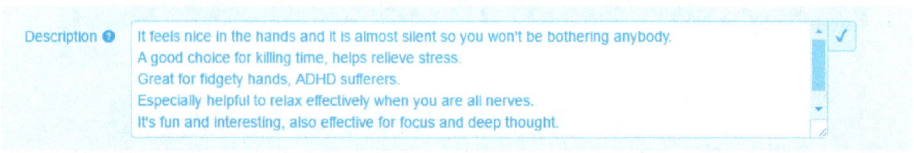

图 3-19　产品详情描述

③产品标签（Tags），如图 3-20 所示，是分配给源文件中每个产品的非层次结构关键字或关键词。准确、完整的标签有助于描述商品和分类，方便在 wish.com 上浏览或搜索时再次找到。标签应该用逗号分隔，但不能在各个标签中使用逗号。添加的标签越多，标签的准确性越高，客户找到产品的几率就越高。每个产品最多 10 个标签，建议精准词、长尾词、属性词、修饰词、场景词、宽泛词等都用上，如果添加的标签超过 10 个，多余的标签会被忽略。如图 3-20 中的 Soap Dishes & Dispenser（肥皂碟 & 皂液器）、Bathroom Accessories（浴室配件）、Liquid Soap Dispenser（液体皂液器），等。在输入"Bathroom 浴室"时，鼠标停留一会，系统会自动跳出和浴室匹配的标签词供卖家选择。

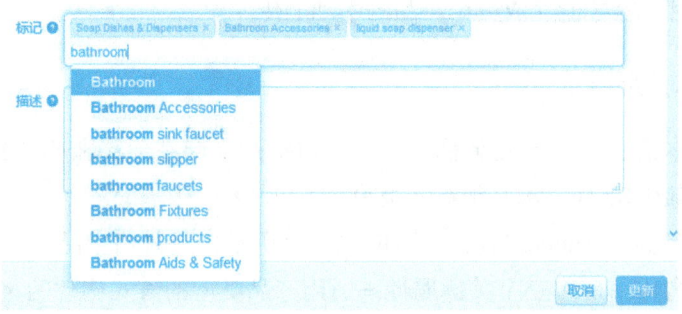

图 3-20　产品标签

④产品 ID（Unique Id），如图 3-21 所示，是在 Wish 内部使用用以标志某产品的唯一 SKU 号。SKU 是可以随意编写的，但为了方便快速区分产品，方便后期的产品查找、优化，建议编写带着产品名称及颜色、尺寸等属性信息，比如 PUsandals-red-38。

特别要注意的是标题、描述、标签词必须要规避掉敏感词，以免被平台判定为仿品或者侵权。

图 3-21　产品 ID

2. 图片上传

网络购物更确切地说是购买图片，且不说产品本身的质量、价格如何，能勾住客户的视线的因素中图片是第一位。尤其是 Wish 客户，他们都是利用碎片化时间在手机上浏览、购物，若图片不够精美，图片质量不高，或者图片不能快速打开，那么客户可能就没兴趣继续浏览，很快就走开了。Wish 图片分为主图片和额外图片，如图 3-22 所示。

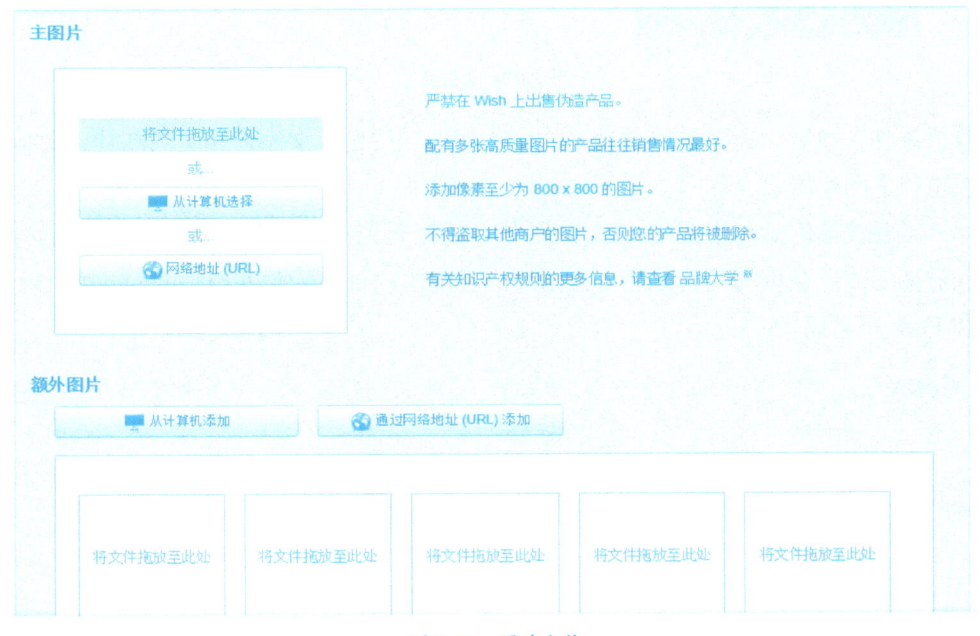

图 3-22　图片上传

主图片的上传可以直接将图片拖到"将文件拖放到此处"的方框处（见图 3-23）或者单击"从计算机选择"或者"网络地址（URL）"按钮。官方要求图片像素在 800*800 以上，200MB 以内。最好能展示出图片的特性，让客户对产品有个全面的感受。

主图片有一定的要求：①图片一般为 JPEG、TIFF 或 GIF 格式，背景颜色必须是纯白色，不能是绘图或者插图而且不能包含实际不在订单内的配件、道具。②主图片不能带 LOGO 和水印（产品本身 LOGO 除外）。③产品最好占据图片大约 85% 的空间为宜。④产品必须清晰可见，如有模特，需要是真人模特而且不能是坐姿，最好是站立。

额外图片（见图 3-24）最多可以添加 10 张，一般对产品做不同侧面的展示、产品使用的展示，或对在主图片中没有凸显的产品特性做补充。通过单击"从计

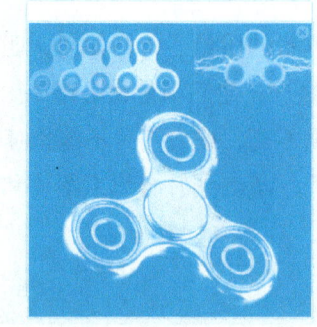

图 3-23 主图片

算机添加"或者"通过网络地址（URL）添加"按钮，来添加相关的图片，其他要求和主图片相同。

需要注意的是如果要用 URL 的图片，就需要先把图片上传到图片空间网站，然后把图片链接填写完整才能上传图片，目前国内百度云盘和国外的 photobucket 和 Flick 都可以。

图 3-24 额外图片

特别要注意的是图片本身有仿品、侵权的因素，也会被判为仿品。所以在选品、选图时也要多加注意。具体什么是仿品，这就不好定论了，应以 Wish 官方的审核结果为准。

3. 库存和运送方式设置

库存和运送方式模块包括 4 个方面：价格、可销售数量、运费和运输时间，如图 3-25 所示。Price（价格）建议要合理定价，应定期地调整价格，降价是可能增加被推送的权重的。Quantity 是可销售数量，建议一次性不要写太高，以免供货商突然没货带来不必要的麻烦。Shipping（运费），是指每个产品的物流费用，这是客户将为每个产品下单所支付的运费。Wish 官方不支持免运费，所以一定要填写，即便设置为 0，Wish 在展示产品时也会适当调整运费，而且这部分费用商家还收不到。Shipping Time（运输时间），是指订单从发货到客户能签收的时间。卖家一般选择 14～21 天，这是大部分国家可以到货的时间。

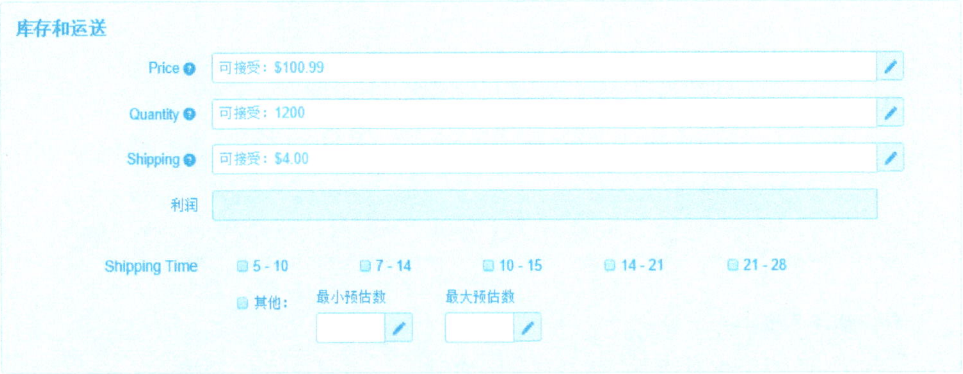

图 3-25　库存和运送方式设置

需要注意的是，图 3-25 中的价格是不包含运费的，产品上架后显示的售价是商家设置的"价格"＋"运费"，而平台后期的提成也是在售价的基础上抽取的，所以在设定价格时别忘了平台的费用。Wish 平台在商家有订单前是不收费的，成交后平台会抽取固定的 15% 作为提成，所以商家对产品售价应该是：

$$售价 =【（成本价＋利润）＋运费】/0.85$$

商家在设定"价格"时应将运费从售价中减去即可。商家在前期利润可以定得高一点，再根据销售情况进行调整。

4. 颜色、尺码与变量设置

"颜色"选项栏可以选择产品的颜色，如店铺商品是女士连衣裙颜色有绿、黑亮色，则勾选 Green、Black 两项。如果还有其他选项里没有的颜色，可以在"其他"文本框中输入其他颜色，或者单击"添加"按钮完成其他颜色的添加，如图 3-26 所示。

尺码（见图 3-27）则根据自己的产品选择具体的尺码标准，同样以女士连衣裙为例，尺码有 XS 和 M 两种，则勾选相关选项，之后系统会结合之前颜色的设置自动生成相关变量（见图 3-28），绿色连衣裙 XS 码和绿色连衣裙 M 码以及黑色连衣裙 XS 和黑色连衣裙 M 码，然后根据选项内容一项项填制，如图 3-28 所示。

图 3-26　颜色

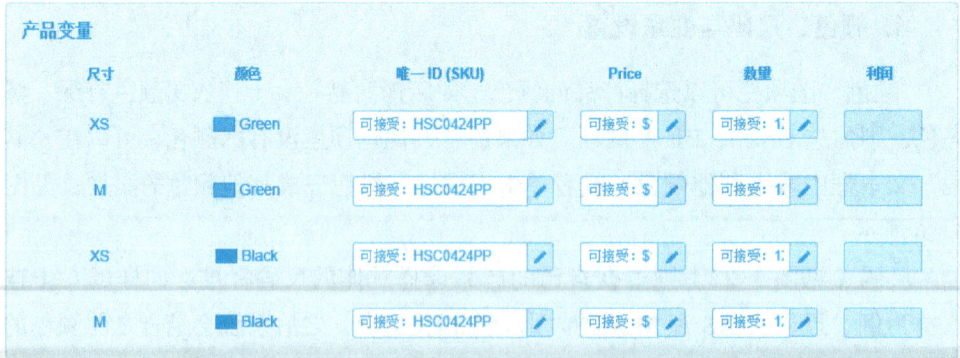

图 3-27　尺码

图 3-28　产品变量

5. 可选信息的选择

可选信息包括 MSRP、Brand、UPC、Landing Page URL。

MSRP 制造商建议零售价（见图 3-29），建议填写此字段，因为它将在 Wish 的产品销售价格上方显示为带删除线的价格，比如，在前面设置的产品价格是 $12，那么 MSRP 可以设置成 $20，产品在上架后显示售价 $12，上方还会显示带有删除线的 $20 的价格。该字段填写价格，不得包含其他文字，如可以填写 19.99，$19.99，但是不能接受 $19.99＋HS 等。

图 3-29 可选信息

- Brand 产品品牌填写字符串，即产品的品牌名称，如 Nike，Sony 等。
- UPC 填写字符串，指 12 位数字的通用产品代码不包含字母或其他字符，是用于跟踪店内产品和销售时扫描产品的条形码符号，如：716393133224，此字符中不能接受 asbk12321223。
- Landing Page URL 是指产品的 URL，直接连接到图片，而不是它所在的页面。

6. 自动退款时限设置

实际上这个模块是平台自动设置的，商家并不能自行更改，如图 3-30 所示。

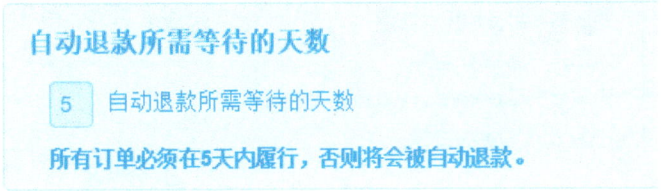

图 3-30 自动退款时限

单击"提交"按钮完成产品上传，如图 3-31 所示。

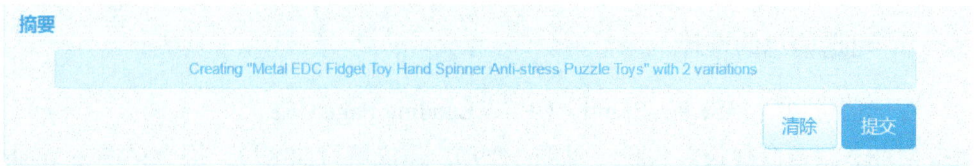

图 3-31　提交

3.2.2　CSV 产品批量上传

产品数量众多时可以采用 CSV 批量上传产品以提高工作效率，一次性将几十乃至上百个商品上传上架。CSV 是 Comma-Separated Values 的缩写，即以纯文本的形式存储表格数据（数据和文本）。采取 CSV 上传产品前必须将产品的 18 个属性进行编辑，比如：款号属性、货号属性、价格属性，等等。

1. 创建产品 CSV 文件

登录 Wish 平台→产品→添加新产品→产品 CSV 文件（见图 3-32），下载一个 CSV 模板，如图 3-33 所示。打开以后看上去和 Excel 表格一模一样，后面的编辑都在这个表格里完成。表格的头一行是表头（已经设好，不用修改），总共有 18 列表明 18 种商品属性，从第二行开始需要卖家根据各个属性进行相关内容编

图 3-32　产品 CSV 文件

辑，然后保存，在批量上传产品时需要上传该文件。

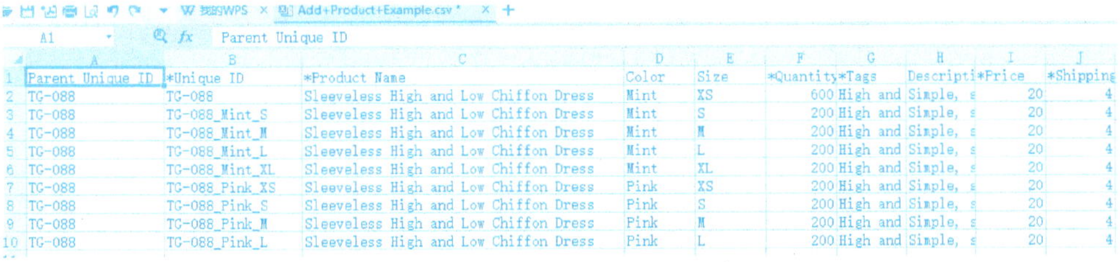

Parent Unique ID	*Unique ID	*Product Name	Color	Size	*Quantity	*Tags	Descripti	*Price	*Shipping
TG-088	TG-088	Sleeveless High and Low Chiffon Dress	Mint	XS	600	High and	Simple, s	20	4
TG-088	TG-088_Mint_S	Sleeveless High and Low Chiffon Dress	Mint	S	200	High and	Simple, s	20	4
TG-088	TG-088_Mint_M	Sleeveless High and Low Chiffon Dress	Mint	M	200	High and	Simple, s	20	4
TG-088	TG-088_Mint_L	Sleeveless High and Low Chiffon Dress	Mint	L	200	High and	Simple, s	20	4
TG-088	TG-088_Mint_XL	Sleeveless High and Low Chiffon Dress	Mint	XL	200	High and	Simple, s	20	4
TG-088	TG-088_Pink_XS	Sleeveless High and Low Chiffon Dress	Pink	XS	200	High and	Simple, s	20	4
TG-088	TG-088_Pink_S	Sleeveless High and Low Chiffon Dress	Pink	S	200	High and	Simple, s	20	4
TG-088	TG-088_Pink_M	Sleeveless High and Low Chiffon Dress	Pink	M	200	High and	Simple, s	20	4
TG-088	TG-088_Pink_L	Sleeveless High and Low Chiffon Dress	Pink	L	200	High and	Simple, s	20	4

图 3-33　CSV 模板

2. 上传创建所示产品 CSV 文件

单击图 3-34 中的“选择文件”按钮，在打开的对话框中选中刚才保存好的 CRV 模板文件，系统将文件上传到平台。

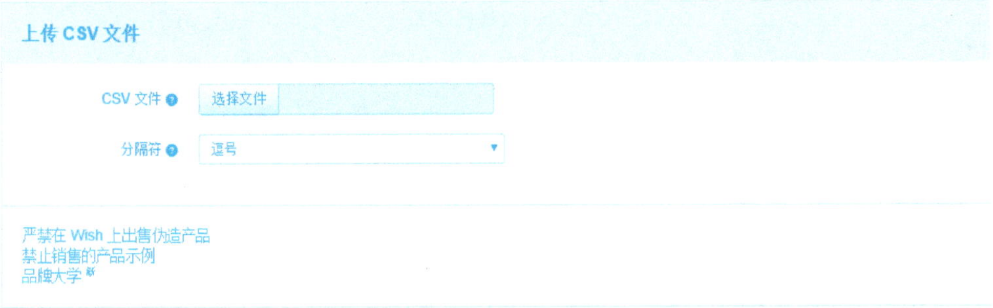

图 3-34　上传

3. 将 CSV 列映射到 Wish 属性

在正式上传 CSV 文件前，我们要先将文件的列映射到 Wish 属性，而且必须映射所有必需属性，如图 3-35 所示。

4. 上传前先预览 CSV

在上传前找到还要预览 CSV，如图 3-36 所示。

5. 提交

预览并确认无误后，单击“提交”按钮，完成产品上传操作如图 3-37 所示。

图 3-35 映射属性

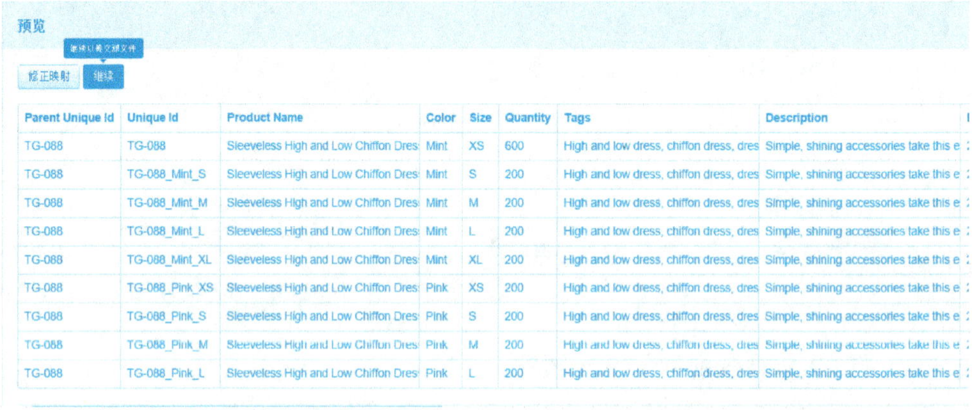

图 3-36 预览

提交

在预览的 9 个行中未发现错误,请单击"提交"以继续。

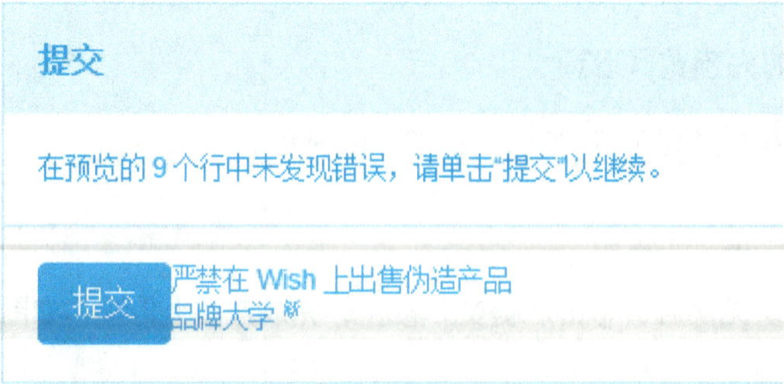

图 3-37 提交

3.3 订单操作

1. 查看订单

产品上传完成后,当客户下单时系统会每天发一封邮件到商户邮箱中提醒发货。当然,商户也可以通过 Wish 后台查看订单,单击"后台"→"订单"→"必需的操作"进入待发订单列表,如图 3-38 所示。

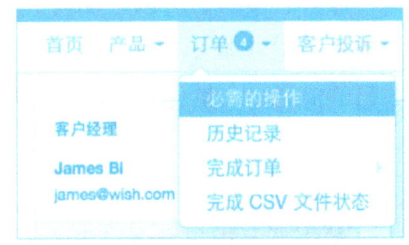

图 3-38　后台订单操作界面

2. 发货

Wish 规定如果一个订单在 5 天内未履行完成,它将被退款并且相关的产品将被下架。卖家在买家下订单后必须在 5 天内,上传 Wish 官方认证的物流追踪号,否则在无法跟踪到物流信息的情况下,订单会被退款,该产品会被下架。根据订单内容安排实际发货后,最重要的是在系统中"发货"。进入订单列表后在"Actions"的下拉菜单中选择"Ship"(见图 3-39),会弹出物流信息窗口。Wish 规定订单日起 5 天内必须发运,如果在系统中没有"发货"那么尽管实际已经发货了也会被判定未发货。需要注意的是,在 Wish 平台上,物流供应商分为"可接受的"和"不可接受的",自 2016 年 8 月 8 日起,若卖家使用不可接受的物流供应商进行配送的订单被退款,商户将负全责。

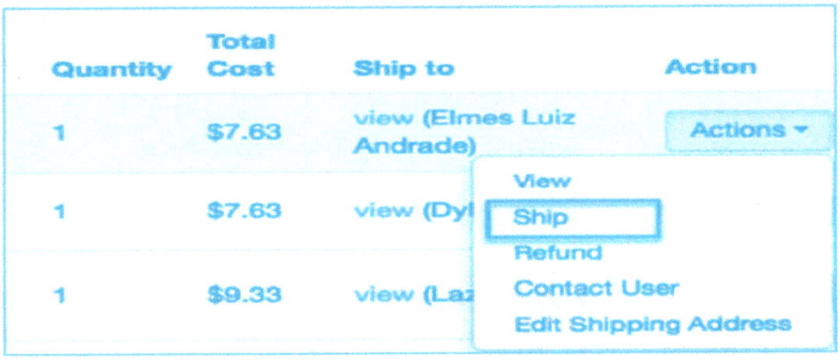

图 3-39　发货

3. 录入物流信息

在弹出的窗口中选择物流公司，并填入物流单号，而在"Shipping Prorider"列表框中选择物流公司，如这里选择 USPS，然后在"Tracking Number"文本框中填入物流单号。如果有需要备注的可以在"Note to Buyer"文本框中填写。最后点击"Save"按钮确认发货，卖家就会收到货物已经发出的信息，如图3-40所示。

订单较多时，可以手动勾选多份订单进行统一发货，在弹出的窗口中输入相应的物流单号即可。最后单击"Ship All"按钮确认发货，卖家就会收到货物已经发出的信息。大量订单也可以用 CSV 文件进行批量发货，如图3-41所示。

4. 收款

Wish 每月给付一次货款，一旦 Wish 确认订单妥投，订单款项就可以被支付。为了快速获得货款，卖家需要提供有效的订单追踪 ID 并且使用快速的物流。如果无法确认妥投，订单将在被标记发货的 90 天后被支付。

例1：假设接下来几个支付日期为5月1日，5月15日，6月1日。订单于5月1日生成。卖家于5月2日将订单标记为"已配送"。Wish 于5月14日确认

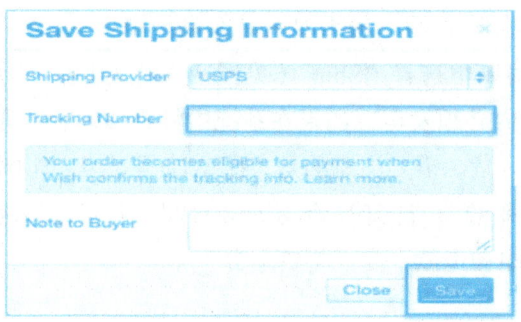

图 3-40　物流信息窗口

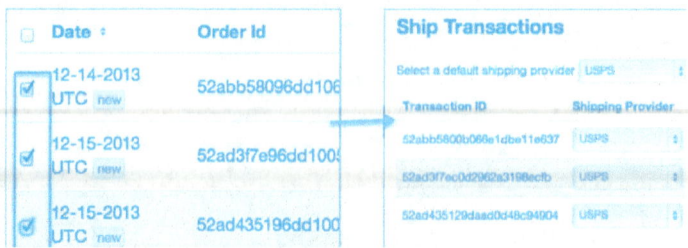

图 3-41　CSV 批量发单

订单妥投（发货后的第12天）。该订单于5月14日确认为可支付订单。卖家将于5月15日收到该笔订单的货款（即：5月14日后的下一个结款日）。

例2：假设接下来的几个付款日期是5月1日，5月15日，6月1日。5月1日订单生成。5月2日卖家虽将订单标记为"已配送"但是并没有提供物流跟踪号。6月5日，用户确认已经收到包裹。该订单将于6月5日确认为可支付订单。卖家将于6月15日收到该笔订单的货款（即：6月5日之后的下个结款日）。

 物流配送设置

进入Wish后台，单击右上角"账户"→"配送设置"（见图3-42）。在"配送设置"页面中有3种配送模式可供选择：仅配送至美国、全球配送、配送至选定国家，如图3-43所示。

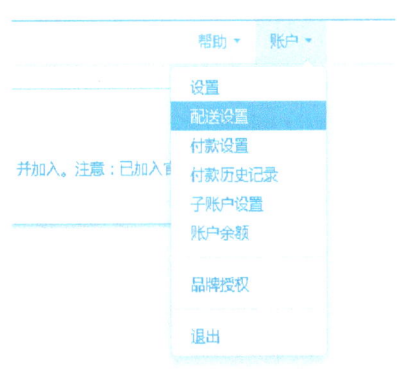

图3-42 配送设置界面

（1）仅配送至美国：在该设置下，店铺内的所有产品只能被美国消费者购买，刊登产品时设置的运费即为该产品到美国的运费。

（2）全球配送：在该设置下（见图3-44），不管是寄到哪个国家，买家支付的运费都是上传产品时设置的运费。

（3）配送至选定国家：在该设置下，有以下两种模式可供选择。

Use Product Shipping Price – The Shipping Price will be specified for each product individually at their upload page. 使用产品配送费——到该国家的产品运费就是上传产品时发布的运费，如图3-45所示。

图 3-43 配送方式设置

图 3-44 全球配送

图 3-45 使用产品配送费

• Set Default Shipping Price – The Shipping Price will be the same for all products being shipped to this Country. 设置默认运费价格——在这里可以设置到每个国家的产品运费，该国家下单的买家支付的任何产品的运费都是该费用，而不是上传产品时发布的运费，如图 3-46 所示。

图 3-46　设置默认运费价格

这两种模式可以根据自己产品的情况,进行自由选择。

 Wish 知识产权的规定

Wish 平台对于知识产权的规定是很严格的,卖家哪怕只是销售和别人品牌外观相似的产品,Wish 后台都会下架这些疑似违规产品。Wish 后台对于产品的审核采用系统审核加人工审核的方式。主要审核的内容包括:是否仿冒知名品牌或者标志、是否该产品看似某品牌或标志、图片的编辑是否符合要求、检查商标品牌设计以及产品是否模糊或者有任何不完整,等等。人工审核具有一票否决权,审核规则对大卖家和小卖家一视同仁,所以 Wish 的卖家都要重视知识产权,不要卖仿品和侵权的商品,也不要重复开店多账号操作。

3.5.1　Wish 仿品违规的常见类型

1. 仿品(模仿某品牌)

Wish 严禁出售模仿或者伪造其他品牌核心元素的产品,如果卖家推出伪造产品进行销售,这些产品将被清除,并且其账户将面临罚款,可能还会被暂停账户。如图 3-47 所示,左边的开瓶器是模仿苹果数据线的头,右边的鞋子是仿造品牌 New Balance 的标志 Logo。

图 3-47　仿品 1

2. 图片（背景图片）含有某品牌名称 Logo

Wish 同样禁止卖家上传带有某品牌 Logo 的图片，甚至是背景图片里面含有某品牌也不行。这个是很多新卖家特别容易侵权的地方，因为国内的很多卖家图片都不是自己拍摄的，都是从 1688 或者淘宝直接复制过来的，很多图片背景其实都有部分侵权，如图 3-48 所示。图 3-48 的左边是把手机壳的品牌 Logo 做了模糊的水印处理（这在 Wish 是禁止的）；中间的产品本身没有侵权，但是产品背景的盒子上面有 CHANEL（香奈儿）的标志；右边的耳环上面有品牌 Michael Kors 的标志（意大利的品牌）。

图 3-48　仿品 2

3.5.2　被判仿品违规所面临的处罚

如果某款产品被判侵权违规，则会被平台下架删除并扣留该产品订单相关的款项，卖家每个仿品可能会被罚款 1 美元；而在卖家更改产品名称、产品描述或产品图片后，经过审核的产品在后续经营过程中也要再次审核，看其是否侵犯知识产权，如果在编辑后发现某款产品违反了 Wish 的政策，卖家可能会被处以 100 美元的罚款，此产品将被删除，且所有付款将被扣留。

3.5.3 容易侵权的品牌例子

Wish 是严厉打击仿品的,卖家在刚开始接触这个平台时都会因为不熟悉品牌而不小心侵权,所以下面列举了一些 Wish 平台经常被判仿品的品牌(卖家要注意避免)。

1. Disney 卡通品牌

关于迪士尼卡通品牌的侵权,包括:项链、手机壳、卡通形象玩具、衣服、抱枕、墙纸、配饰等只要引用迪士尼卡通形象的产品都会引起侵权问题,如图 3-49 所示。

图 3-49 卡通迪士尼形象

2. 阿迪达斯品牌

阿迪达斯侵权主要是鞋子外形会存在侵权,如图 3-50 所示,卖家在选品以及图片方面都要小心,不要侵权。

图 3-50　阿迪达斯品牌

3. Hand And Nail Harmony 品牌

这个品牌是知名的美国美甲品牌，甲片、指甲油、模特、瓶身的字样都有可能涉及到侵权，如图 3-51 所示。

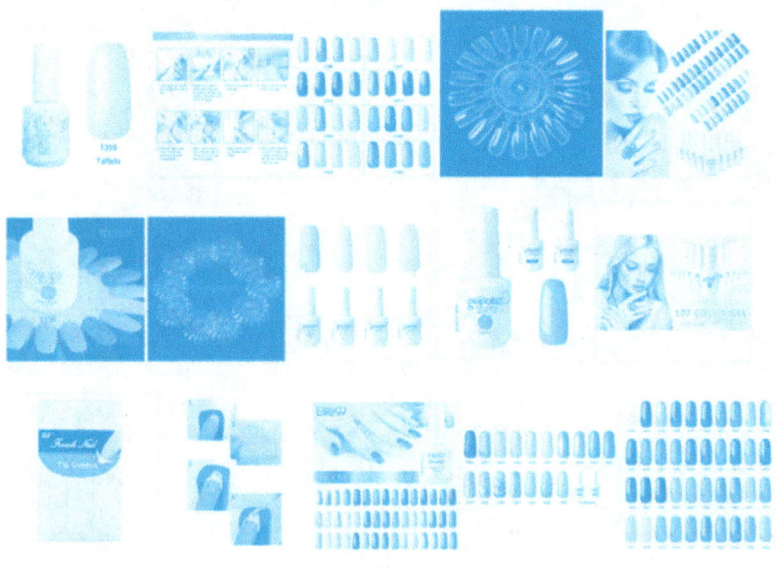

图 3-51　Hand And Nail Harmony 品牌

4. 苹果品牌

苹果品牌的侵权主要是在数据线、耳机配件等方面，很多 3C 类目的卖家在上传数据线、耳机以及相关配件产品时，要注意不要侵权（这些属于外观的侵权），如图 3-52 所示。

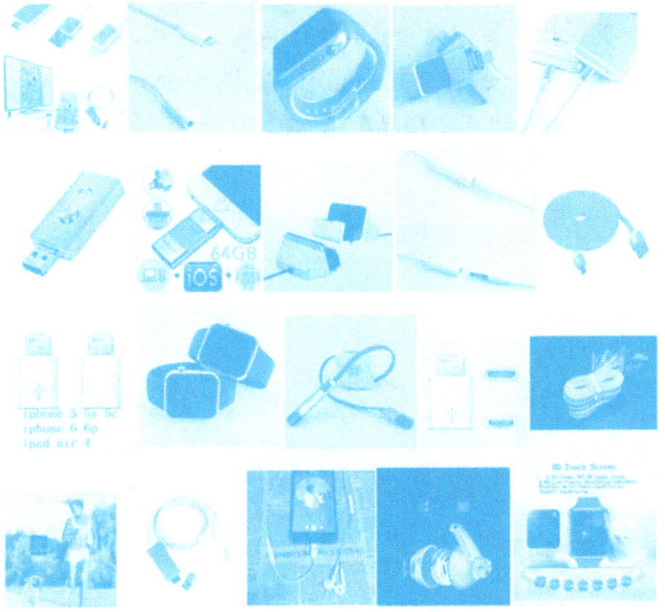

图 3-52　苹果品牌

5. Nike 品牌

Nike 品牌的容易侵权主要包括：鞋子、帽子、服饰侵权较多，鞋子的侵权以外形为主，如图 3-53 所示。

图 3-53　Nike 品牌

6. Chanel 品牌

Chanel 品牌的侵权主要包括一些女士的包包、香水，还有国内很多服饰类产品的背景里面会出现 Chanel 香奈儿的标志。如图 3-54 所示，图中的那双红色高跟鞋和耳环都是因为背景里面出现品牌标志侵权，而不是因为产品本身侵权。

图 3-54　Chanel 品牌

7. Venus Fashion 品牌

这是美国的品牌，一般服饰类侵权比较多，国内的卖家很多不熟悉这个品牌，可以去找相关的认准该品牌的模特去辨认，因为 Wish 平台不允许图片采用知名模特，如图 3-55 所示。

图 3-55　Venus Fashion 品牌

8. Hello Kitty 品牌

Hello Kitty 凯蒂猫，一切关于凯蒂猫的外形都会导致卖家侵权，很多卖家在上传饰品类产品、眼镜、书包等产品时，会因为产品的外形侵犯 Hello Kitty 的外形侵权，如图 3-56 所示。

图 3-56　Hello Kitty 品牌

3.5.4　避免侵权的方法

下面介绍避免侵权的方法：

（1）Wish 平台对于卖家的侵权行为是零容忍的，所以新卖家在刚开始运营这个平台时要注意不要侵权，不要使用来源不明的图片，尽可能自己拍摄图片；如果销售品牌方的产品，需要获得厂家的相应授权书，如图 3-57 所示。

（2）新卖家如果对于产品图片不熟悉或者不确认，可以利用搜索引擎去确认图片的真实来源，以及是否侵权。比较精确的图片搜索引擎网站有：百度识图 image.baidu.com 和 Google 识图 images.google.com。

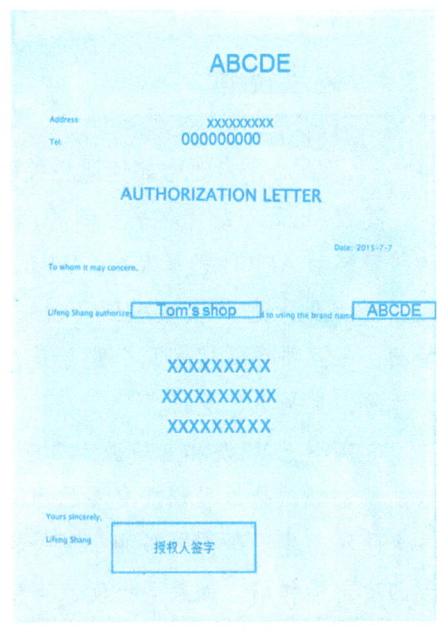

图 3-57　品牌授权书模板

com。如图3-58所示，可以到百度识图的网站，把要搜索的图片从本地上传，搜索引擎会根据上传的图片搜索出相关精确匹配的产品，给卖家提示。

图3-58 百度识图

 拓展阅读

一、Wish平台账号如何避免关联

随着Wish不断完善平台制度，对于多账号运营的卖家要求也越加得严苛。作为跨境移动APP的领军人物，Wish的两位创始人都是技术出身，对"关联"的规定不亚于亚马逊。"其实和亚马逊一样，所有卖家的后台操作都难逃Wish系统的检测，一旦平台认定某几个账号是由同一个企业或者个人操作的，那就存在关联的风险，且是不可逆的。"

其实不止Wish和亚马逊，很多平台都是不允许多账号运营的。为什么呢？平台发展初期，是为了积攒更多的用户和买家群体，提升影响力。但当平台发展到一定阶段，想要争得更多的市场份额，单靠价格战是没有用的，买家体验起着很大的决定性作用。如果同个卖家申请多账号盲目铺货的话，买家一搜关键词就会出现大批量的相同产品，这样的体验可想而知。

要防止关联，首先就要了解 Wish 是如何判断账号关联的。卖家操作的电脑系统指纹、浏览器指纹、网卡 MAC 地址、路由 MAC 地址和 IP 地址都是它检测的内容。一旦卖家被认定为关联，那么就申述无门。Wish 卖家如果想避免关联，要特别注意以下几个细节：邮箱及密码、电脑系统、浏览器、路由及 Modem、宽带、手机号、收款账号及产品，如果以上有两点，或者两点以上是类似的，那么就存在关联风险。

想要防关联最直接的办法就是深耕一个账号，不要多账号运营。在因为关联而被封号之前，Wish 是不会事先通知你的。如果账号已经被封，但又要重新申请的话，商家所使用的电脑就需要重装系统，格式硬盘并分区。为了申请顺利，网卡更换是必要的。如果 CPU 上的是集成卡，就需要禁用并重新买个 USB 的外网解卡。路由器和 Modem 都要换新的，并重拉一条网线。总而言之，要跟之前账号的信息不一样。

雨果网了解到，除了以上需要注意的几个环节之外，注册公司信息、个人信息、办公地址，以及 Wish 卖家是否运营其他平台，及平台地址等也与关联有着密不可分的关系，甚至连水印都会有被关联的嫌疑。

二、Wish 平台与规则解读

1. Wish 运营规则

（1）仿品政策解读

Wish 有仿品设置机制，需要得到授权，才可上架，否则第一次会有 $1 罚款，再次上架会有 $100 罚款。

（2）诚信店铺政策解读

仿品率 <5% 可以得到诚信店铺认证。新注册的商家，第一批上架审核产品必须无仿品。

（3）物流规则解读

订单准备期一般 1～5 天，运输时间一般小于 14 天，具体还需要看后台设置。

2. 店铺评价

从今年 8 月 6 日开始，Wish 实施全新的评价体系。首先是关于新的返利计划。平台每个月都会将产品进行用户服务品质排名，要被界定为高品质的产品，应该始终拥有良好的评论、低退货率、高效的配送效率和较少的客户问题。如果被认定是高品质产品，则能获得被审核时间段内所有未产生退款的订单金额的 1% 作为返利，审核时间将会在被审核时间段的两个月之后。

拥有低评价的产品商户需及时优化或者下架该产品，否则 Wish 将移除该评价极低的产品，而且商户要承担该产品相关的所有退款责任。

3. Wish的核心竞争力

对广大商家而言，Wish的注册非常方便快捷，产品的上传也是简单高效，且专注打造移动用户端。Wish本身的核心"信息关联"技术，其精准的算法、个性化的推送，能够将客户喜欢的产品展现在APP移动端。用户群为16-30岁的活力群体，其消费频率及购买力非常强大。

Wish目前的主要热门产品类目是3C、母婴、化妆美容及家居类针对这些热门品类，2015年，Wish进行"自我革命"，先是上线了科技电子产品类Geek APP和母婴类Mama APP，后又推出专门针对"女性经济"的化妆美容类商品的垂直应用Cute，如今Wish已经成长为一个全品类的电商平台。

三、Wish产品曝光的算法

平台算法是一直在更新演进的，Wish也是如此。系统除了抓取用户的细微购物行为数据，同时也抓取卖家运营的行为数据。这些行为数据介绍如下。

1. 在线时长

拿超市来做比喻，一家超市如果每天开门没几小时，那说明这是一个没实力的超市，当然也无法提供优质服务给顾客。在Wish上监测到这样的店铺往往就会归类为不活跃店铺，产品曝光就很有限，自然流量就不要有太多指望了。

2. 违规率

是否诚信店铺、仿品率小于0.5%，审核期内是否被下架销售禁售品如成人用品、刀具、化学品、打火机、电子烟之类等。因为Wish平台用户群年龄层从15~35岁，有未成年人群体，平台明文规定是不可以上架这些产品的，而卖家却要钻空子，平台会直接不给曝光也会影响其他非违规产品的流量，惩罚的可能是整个店铺。

3. 迟发率

包括履行订单是否及时、检索到物流信息的上网时效，在这里要强调的是该数据以Wish后台抓取的数据为准，其他从17track查到的不能作为依据，如果发现后台迟迟没有图3-59所示两个数据，就要及时更换优化物流渠道了。

4. 取消率

卖家因缺货等各种原因取消订单，超标这是会导致被封店的惩罚的，一般遇到这种情况时最好联系买家，请买家方面取消订单。

5. 有效跟踪率

物流渠道不好，订单长时间才出现跟踪信息尤其是平邮，都不靠谱，受投时

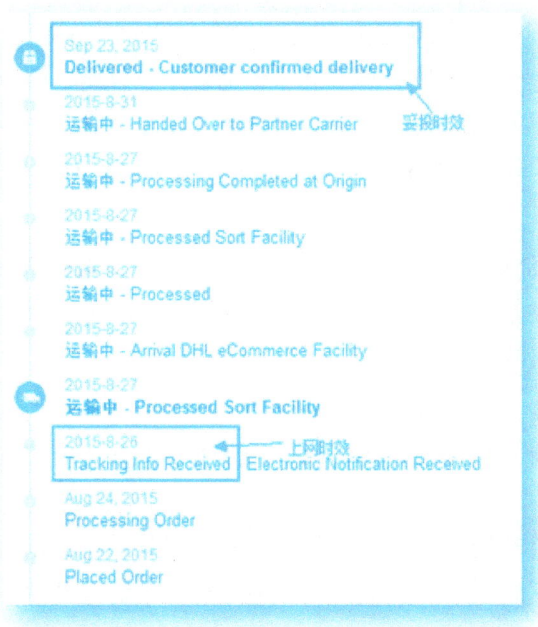

图 3-59　数据

间如果超过对应国家的最大时效,客户一旦申请退款,就是客户签收,卖家同样也得不到货款。何况现在以妥投为结款依据,高于标准线的物流服务,产品曝光也有限,因为你无法给予用户良好的购物体验。

6. 签收率

签收率也就是妥投率,产品能在规定时间内签收是会给卖家加分的。

7. 订单缺陷率

这里指在某一审核期内卖家的中评、差评、投诉、纠纷数据,评价3分以上的可以接受,越接近5分的会得到1%的返利。当然得到返利的产品会得到更多的曝光机会,比黄钻更加有价值。

8. 退款率(拒付率)

这里包括了拒付,还有品质、描述不符和运输时间过长等原因。这个退款率过高也会导致封店。

9. 退货率

退货率的大小与产品本身质量有关。因此对产品的描述也要清晰,尤其要说明什么情景使用,避免纠纷而引起退货。

10. 反馈及时率

客户给你发Tickets,一定要及时回复,建议换位思考,因为没人喜欢等待。

11. 推送转化率

Wish 会对每一个新上架非同质化严重产品给予公平的推送 3～7 天机会，同时也会监测转化数据，如果转化率不能达标也会停止推送，这就是有时卖家为何突然发现某天流量爆炸的原因，但是如果转化不了很快就会掉下来。建议手动认真编辑每一个产品，一步做到位再上传。不要错失了推送的机会。

12. 店铺等级

按照 20% 的评价回馈比例，分数超过 500，即说明店铺销量超过 2 000 件产品。往往要想办法使店铺在注册蜜月期内就实现高分数，这样卖家产品将会获得较高且稳定的曝光水平。

13. 产品同质化

重叠严重的将得不到曝光，建议找工厂开发新产品，或打包组合产品形成新的销售商品。

另外，有客户经理的店铺会得到更多扶持和流量倾斜，建议有公司注资的尽量用公司名义注册。产品有特色且新颖符合市场需求的垄断型产品会得到更多的曝光和流量，如扭扭车、无人机，建议优化供应链渠道开发新奇特酷产品。

四、Wish 转化率太低可能是描述出了问题

如果卖家店铺的流量还不错，但就是不出单，或者转化率很低，那可能就是描述出了问题。产品描述写得不好，买家不能在描述里得到有效信息，甚至会产生对卖家描述的反感。下面针对不同的品类来举例说明。

1. 服装类

服装类产品描述中可以体现出产品的材质、颜色、尺码、款式、洗涤方式、适用场合、特点等。如果产品有赠送配饰等亮点的话，也可以写进去。但在产品图片里有出现配饰，而实际上却没有赠送的，一定要在产品描述中提现出来，避免之后的麻烦。

2. 鞋类

鞋类产品的描述中要体现出鞋的款式、颜色、材质、跟高、浏览数据等。对于鞋类来说，最重要的就是尺码，所以尺码的数据一定要详细，精确。亮点也可以写出来，比如说之前比较火的发光鞋，鞋子本身的光是可以变色的，这点就可以当做亮点，写进去。

3. 包袋类

包袋类的产品，在描述里要有产品的材质、款式、测量数据、闭合方式、内里暗格等。包袋类产品的测量数据，对空间想象力不足的用户来说没有什么概念。

所以，卖家可以在产品的图片上放一些参照物，比如手机、水瓶等，更直观地展现出产品的尺寸大小。

4. 家居类

对于家居类产品，其描述中要体现出产品的材质、尺寸以及使用场景。其中使用场景是非常重要的。一个家居类的创意产品，可能买家被图片吸引进来，但是不知道这个产品要放在哪里，在什么情况下使用。这时描述中使用场景的介绍就解决了买家的这个疑问。

当然，在描述中也可以适当地体现出一些情怀，但是一定要杜绝小作文式的描述，因为欧美人思维直，他感兴趣的只是产品。

5. 3C类产品

3C类产品的描述，要突出产品的功能和使用方法。首先要介绍产品有什么样作用和功能，能给用户带来什么样的体验，然后要告诉用户，产品要怎么用。产品的亮点介绍也要写进去。此外，产品包裹中包括哪些配件，也要写进去。比如说iPad，它本身是不送耳机的，里面只有充电器。但是有思维定式的买家就会想，一个有音频、视频播放功能的设备它就应该送耳机。所以为了不必要的麻烦，还是要强调一下包裹中都包含了哪些配件。

五、Wish标签的设定

Wish不注重搜索功能，产品之所以能够被推送到用户面前，是因为产品标签与用户喜好相匹配，标签填得恰当，会增加产品的曝光率。对于标签的填写，很多卖家会觉得10个太多，填不满。针对这种情况，可以进行多角度填写。多角度填写，即可以填写包括类目词、属性词、材质词、修饰词、场景词等。

多角度词通常分成类目词、产品属性词、修饰词三大类。

1. 类目词

可以先写大类的可以分成时尚类或者配饰类、母婴类等，写清楚大类以后可以再具体地写更详细的二级类目。

2. 产品属性词

可以写产品的风格特点，比如说蕾丝风、性感风、少女风等，长袖短袖，套装或者其他。

3. 修饰词

比如说万圣节要到了，可以在标签中写上"Halloween"，如果正好有需要Halloween产品的买家，那他就能看到你的产品。或者说你卖的是太阳眼镜，在标签中填上"户外、T恤"等标签，如果一个用户正在看户外用品，可能就看到这个太阳镜，如果觉得不错，就下单了。所以，标签中写相关品类的词也是可以的。

六、Wish 店铺售后运营指标

Wish 作为移动购物电商平台，关于它的售后指标考核是相当复杂的，需要卖家认真地去根据要求来调整和应对。以下是一些考核要求。

1. 发货的速度（权重很高）

订单响应时间系统要求 2 天之内上传订单号是最好的，系统可以跟踪到时间。系统要求 3 天之内能在网上查询到订单号。系统要求 14 天的配送完成时间是最好的。

2. 订单满足率（无货退款率）

该考核要求涉及用户体验。无货产品尽量不要在前台显示（下架），而不要仅仅把库存量设置为 0。

3. Ticket 处理速度以及投诉率

投诉、售后问题都是用 Ticket 来呈现的。Ticket 显示出来会有延时（因 Wish 先审）。尽量在 24 小时之内处理掉 Ticket，越快越好。

4. 商品反馈评价（权重一般）

客户对产品和服务质量的评价，商家无法删除，但可以与消费者协商，切忌不能打扰客户，不要向客户索要好评。

5. 系统取消订单，消费者取消订单

高风险订单。售后处理不及时。在单号上网之前，消费者有权利取消订单。

6. 系统退单率（Wish 主动退款，Wish 承担）（权重高）

客户投诉（质量不好、尺码错误、不合身、货物损毁、产品与描述不符等原因）后要求退款，这就产生了退单。退单率 = 总退订数 / 总订单数。

本章小结

Wish 是一款根据用户喜好，通过精确的算法推荐技术，将商品信息推送给感兴趣用户的移动优先购物 APP。本章主要介绍了 Wish 平台的规则、产品上传、订单处理、物流配送等内容。通过本章的学习，将会学会如何在 Wish 平台进行商家注册、发布产品、处理订单等平台操作技能。

第 3 章　Wish 平台操作

温故知新

一、选择题（不定项）

1. Wish 诚信店铺的仿品率要低于 %？（　　）
   A. 0.05%　　　B. 0.5%　　　C. 1%　　　D. 1.5%
2. Wish 平台的佣金是多少？（　　）
   A. 5%　　　B. 10%　　　C. 15%　　　D. 8%
3. Wish 推出了哪些子平台？（　　）
   A. Wish　　　B. Home　　　C. Geek　　　D. Mama
4. 下面哪些行为在 Wish 平台上面是侵权的？
   A. 发布不属于自己品牌的商品　B. 发布模特的正面图
   C. 发布 Channel 围巾　　　D. 商品背景图里出现名牌商标
5. 运动短裤可能出现在 Wish 平台的（　　）类目中。
   A. Fashion　　　B. Bottoms　　　C. Accessories　　　D. 裙子
6. 以下适合在 Wish 平台销售的是（　　）。
   A. 假发　　　B. 山地车　　　C. 项链　　　D. Hobbies

二、判断题

1. 重量在 2kg 以内的小包都可以发 Wish 邮。（　　）
2. Wish 邮不能发带有电池的产品。（　　）
3. Wish 的单品利润要比速卖通平台高。（　　）
4. Wish 的跨境物流可以有很多选择，比如：邮政小包、国际 E 邮宝、专线物流等，卖家可以自己随便选择哪种物流方式。（　　）
5. Wish 平台提供产品的比价功能。（　　）

能力拓展

【工作任务 1】

请根据提供的产品标题和详细信息（见图 3-60），审核相关产品，并在 Wish 后台发布产品信息。

标题：Hand Operated Plastic Single Pump Wall Soap Dispenser Hand Washing Liquid Soap Dispenser Bottle Bathroom Kitchen Hotel

Item specifics	
Brand Name: MINI MI	Type: Paper Holders
Model Number: 23	Material: Stainless Steel
Product: Paper Holder	Material: Stainless Steel
Color: white tissue box	type: bathroom accessories

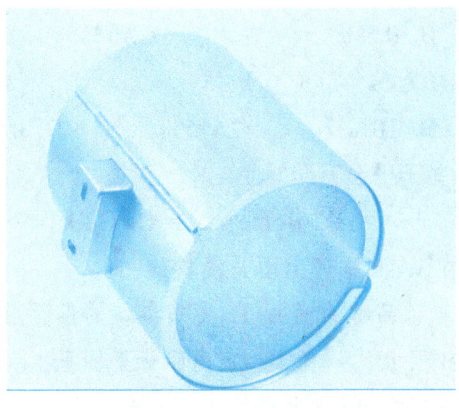

图 3-60　产品信息

【工作任务 2】

假设你是 Wish 经营五金卫浴产品的卖家,某款浴室不锈钢纸巾盒的成本是 22 元人民币,重量是 0.5kg,请计算在 Wish 平台上面的销售定价应该为多少?(请计算平台佣金、后期折扣力度 30%)。

【工作任务 3】

请分组识别图 3-61 所示的产品,是否侵权?如何识别?

图 3-61　耳环

反馈表

单元名称	姓名	班级	年 月 日

请思考以下问题:

1.Wish 产品的标签如何设置?

2.Wish 和速卖通相比,哪个平台比较适合高校大学生创业?

3.Wish 平台根据哪些原则推送产品?

你认为本单元最有价值的内容是:

你对本单元的教学有何建议,哪些问题是你需要进一步了解或得到帮助:

教师评价:A. 熟练应用　　　B. 掌握　　　C. 熟悉　　　D. 了解　　　E. 没通过

教师签字

第4章

eBay平台操作

知识目标

- 掌握 eBay 平台的注册步骤。
- 学会优质产品的发布技巧,能掌握 eBay 平台的销售方式。
- 掌握平台规则。
- 掌握基本的纠纷类型及应对方式。
- 了解 eBay 卖家保障政策。

4.1 平台注册

4.2 产品刊登

4.3 平台规则

4.4 纠纷处理

4.5 eBay 卖家保障政策

故事导入

两个人,两台电脑,两个 eBay 账号,40 平方米的一室一厅,月销售额不到 1 万美元,这就是我们的起点。18 个月后的今天,我们 14 个人,12 台电脑,9 个账号,一个注册公司,一间在深圳市中心 130 平方米的办公室,月销售额达到 20 多万美元,这就是我们的现在。

在这期间,我们经历过产品转型,从银饰品到 3C 类电子产品,经历过平台账号风险限制,经历过从 TRS(优秀评级卖家)到 below standard(低于标准的卖家),经历过团队的壮大与员工的不断流失,经历过创业伙伴关于公司发展方向问题的大争执,从各执已见到统一步调,当然也经历过销售额的大涨与大跌。

第 ④ 章　eBay 平台操作

在以一卖多的交易中，我们提供一对一的售前售后服务，换位思考，设身处地地满足客户需求，在公司利益与客户利益之间不断寻求平衡。在跟客户交流中，以一个 eBay 社区成员的身份与态度跟客户沟通。

比如有的客户第一次在 eBay 购买商品，我们会耐心跟他讲解 eBay 的购物流程与操作，首先给他在 eBay 上购物的信心，自然他也会对我们的商铺有信心，我们还会祝他在 eBay 上有一个愉快的购物体验。

比如在处理客户纠纷时，我们很强调信任，因为没有互信，何谈业务。我们会竭尽所能去赢得买家信任，但如果碰到无理取闹、恶意威胁的买家，我们也不会为了修改一个差评而向恶意买家妥协。这对于维护 eBay 社区的公平、和谐以及可持续性有着至关重要的意义。

虽然 eBay 的平台规则及相关政策每个季度都有变更与完善，但每一次变化对我们这个年轻的团队来说都是机遇与挑战并存。参加每个季度的卖家研讨会以及一些专项讨论会，认真记下超级大卖家及讲师的独到见解，再回到团队进行宣讲，并对账号设置及销售策略进行讨论和调整。我们倡导知识共享与共同成长，因为我们每个人都是 eBay 大社区中的一分子。

 思考题

1. eBay 平台的定价策略是怎么样的？
2. eBay 和前面几章学习的平台有什么区别？

eBay 公司成立于 1995 年 9 月，目前是全球最大的网络交易平台之一，为个人用户和企业用户提供国际化的网络交易平台。eBay.com 是一个基于互联网的社区，买家和卖家在一起浏览、买卖商品，eBay 交易平台完全自动化，按照类别提供拍卖服务，让卖家罗列出售的东西，买家对感兴趣的东西提出报价。超过 9500 万来自世界各个角落的 eBay 会员，在这里形成了一个多元化的社区，他们买卖上亿种商品，从电器到家居用品，到各种独一无二的收藏品。eBay 还有定价拍卖模式，买家和卖家按照卖家确立的固定价格进行交易。eBay 在全球的服务站点包括在美国的主站点和在奥地利、澳大利亚、比利时、巴西、加拿大、中国、法国、德国、中国香港、印度、爱尔兰、意大利、韩国、马拉西亚、墨西哥、荷兰、新西兰、菲律宾、波兰、新加坡、西班牙、瑞典、瑞士、中国台湾、英国、阿根廷等 38 个全球站点。

4.1 平台注册

eBay 注册门槛低，只需简单地注册一个 eBay 账户，即可在全球 38 个站点（包括美、英、澳、德）轻松开展外贸销售。根据注册地不同，卖家账户分为海外账户和国内账户，eBay 对中国卖家的限制比较多，海外账户相对于国内账户来说竞争优势比较明显。假如卖家办公地点在中国，在使用海外账户时则需要采用翻墙软件来保护账户安全，否则 eBay 会检测到卖家使用的 IP 和注册的 IP 不一致，从而要求卖家提供注册时的资料，严重时会限制正常销售。此外，按照注册主体不同，卖家账户又可分为普通账户和企业账户，普通账户可再分为个人账户和商业账户。普通账户和企业账户的区别有两方面：一是额度不同，二是企业账户有客户经理协助管理账户，普通账户则没有。普通账户、个人账户和商业账户区别在于如果要在 eBay 欧洲站如德国站刊登销售，卖家账户必须为商业账户，另外，注册企业账户可以通过 eBay 提供的绿色通道来申请。下面介绍平台注册的步骤。

第一步：登录注册

1. 登录后台

登录 eBay 网站（网址为：http://www.ebay.com），如图 4-1 所示。单击左上角的 "register" 注册，如图 4-2 所示，进入账户注册信息页面如图 4-3 所示。

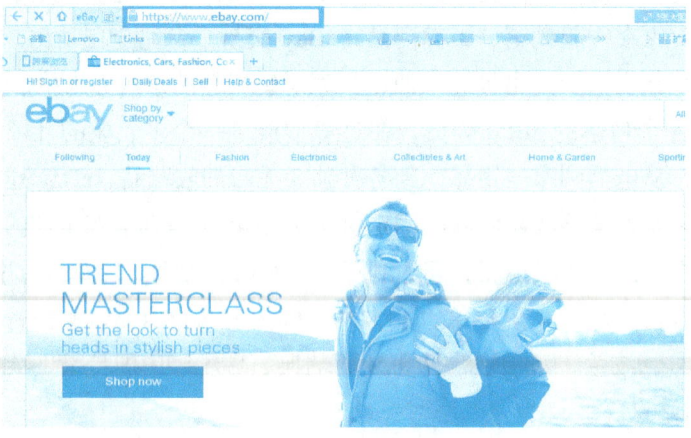

图 4-1　eBay 网站登录

图 4-2　eBay 网站登录注册界面

2. 填写账户信息

根据平台提示，填写账户信息，主要包括用户名（邮箱）、登录密码、姓名、手机号码，如图 4-3 所示。

图 4-3　账户注册信息

备注： 最好使用大型电子邮件服务商提供的邮件服务作为注册邮箱，比如说 Gmail, Yahoo, Hotmail 等，这可以确保与海外买家的沟通及时有效。

3. 提交

单击"Register"提交按钮后完成注册,如图 4-4 所示。

在 eBay 首页找到"sell"入口,选择"中国",会被链接到香港平台。因为中国香港平台是 eBay 的国际站点,中国大陆的站点只能进行国内交易。因此继续填写注册表单,如图 4-5 所示。

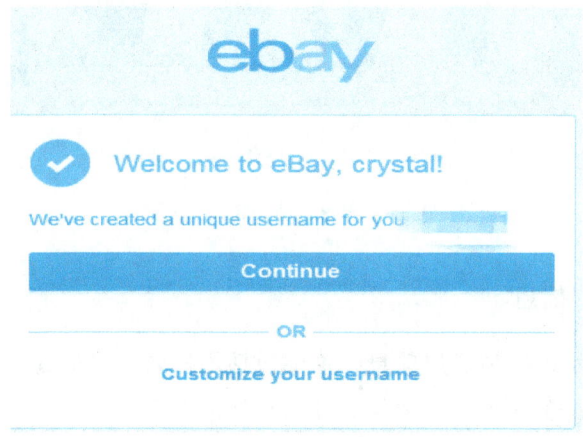

图 4-4　注册成功界面

图 4-5　eBay 香港平台地址信息

第二步：认证

1. 账户验证

为了确保交易安全，在开始交易前，eBay 需要验证账户，此时可选择通过信用卡或者手机短信的方式来完成认证。完成登录操作后，将进入确认身份页面，如图 4-6 所示，选择"透过信用卡确认身份"选项，然后单击"继续"按钮。所有的认证都是在 eBay 中国香港站点完成的，所以页面上看到的字都是繁体字。

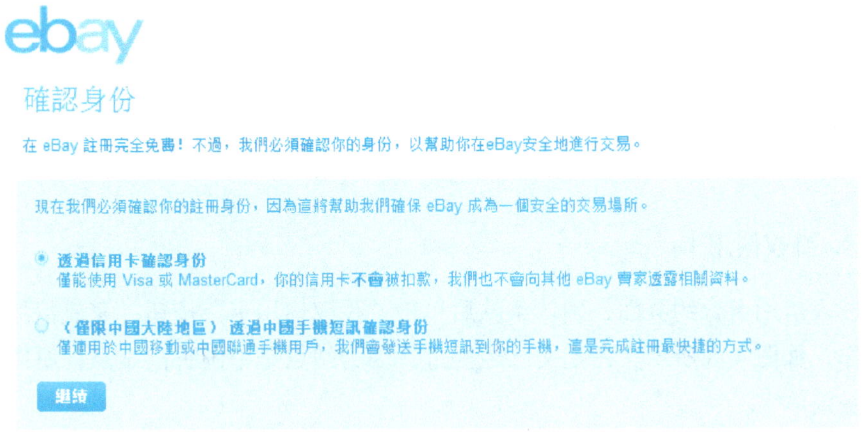

图 4-6　验证账户界面

> 提示：
> 推荐使用信用卡方式认证账号，这样方便以后开展跨国销售业务。

2. 填写信用卡信息

正确编写自己的个人信用卡信息，如图 4-7 所示。

> 提示：
> 确认所持卡为信用卡（VISA 或 MasterCard），确认后请填写真实有效的信用卡号码和持卡人详细资料。认证时，eBay 将向信用卡银行申请 10 美元的预售权交易，可能会收到银行的手机短信提示，请无须担心，这笔交易不会真实产生，只是用来验证信用卡的有效性。

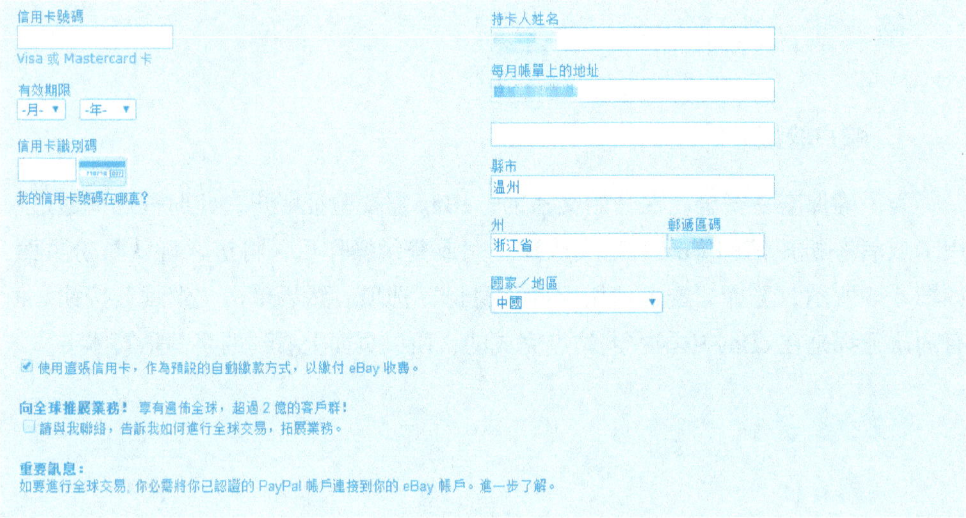

图 4-7　信用卡验证信息表

3. 授权信用卡

进入信用卡合约页面，确认条款后单击"授权信用卡"按钮，完成信用卡认证操作，如图 4-8 所示。在上文已经提过，因为站点是中国香港站点，所以看到的都是繁体字。

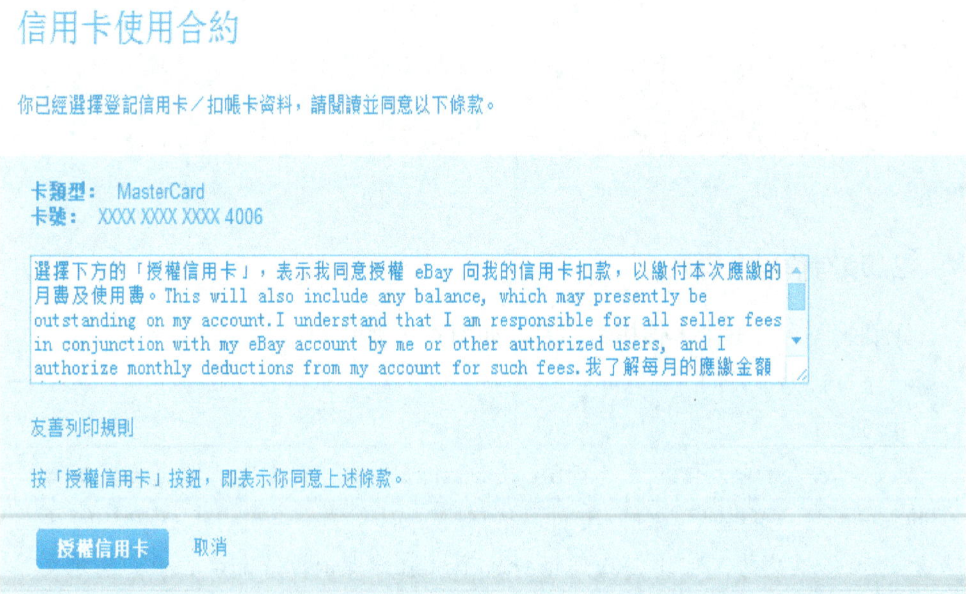

图 4-8　信用卡使用合约

第三步：关联

eBay 需要卖家把交易账号和资金账户进行绑定，这样才可以让买家在购买卖家的产品后通过 PayPal（贝宝）付款给卖家。

1. 登录"Account"账号

账号登录后，单击"My eBay"我的账号，如图 4-9 所示，进入账号设置。

图 4-9　My eBay 登录界面

进入"My eBay"（我的账号）后，单击"Account"账号，如图 4-10 所示。

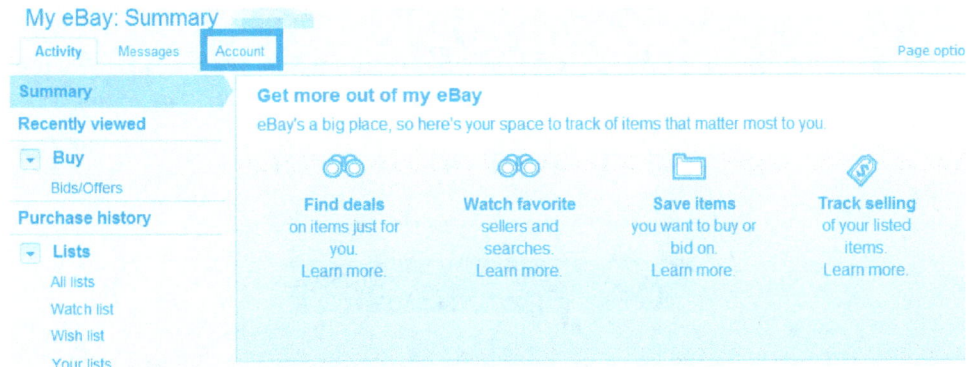

图 4-10　Account 账号进入界面

2. 账号关联

在我的账户下，可以明显看到建议注册 PayPal，以便接受客户资金。如果没有 PayPal 账户，请单击链接 1，如果已有 PayPal 账户，可直接单击链接 2 进行 eBay 账户和 PayPal 账户的关联，如图 4-11 所示。

以有 PayPal 账户为例，单击 "Link My PayPal Account"（单击我的 PayPal 账户）按钮，会进入 PayPal 登录界面，如图 4-12 所示。

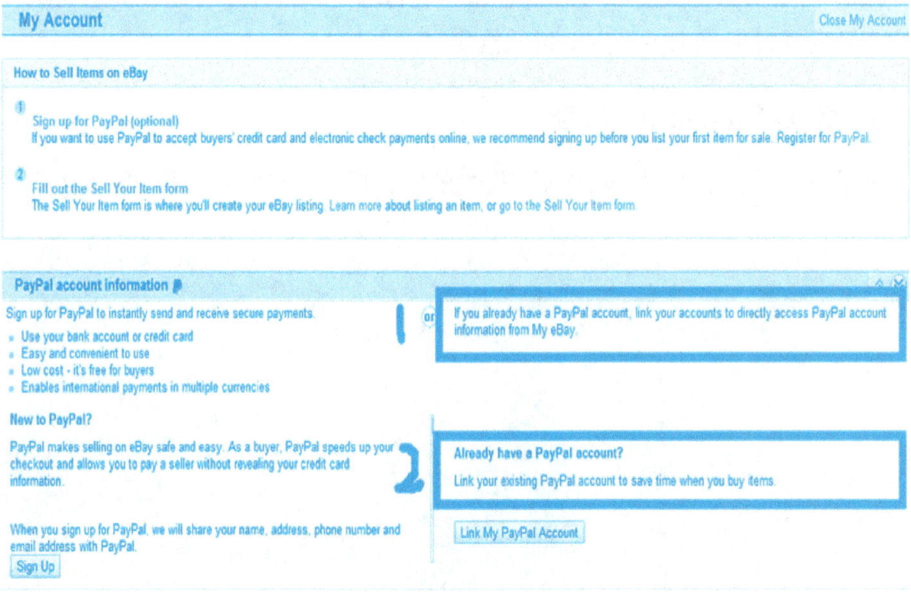

图 4-11　PayPal 关联界面

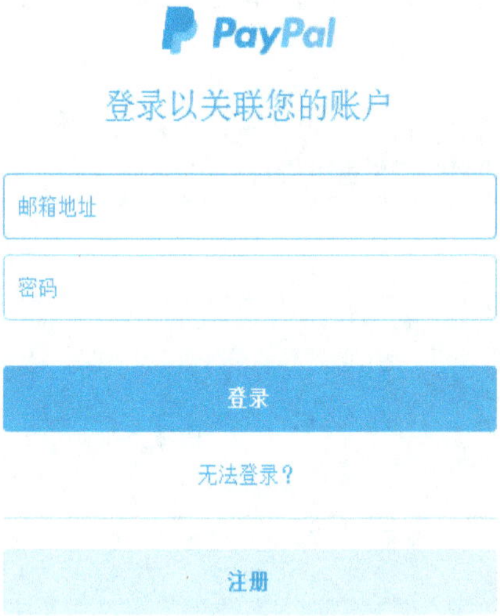

图 4-12　PayPal 登录界面

> **提示：**
> 没有 PayPal 账号的，只要注册登记就行，但记得要申请国际账户。

第 4 章　eBay 平台操作

登录后，系统界面会提醒完成账号的关联，如图 4-13 所示。

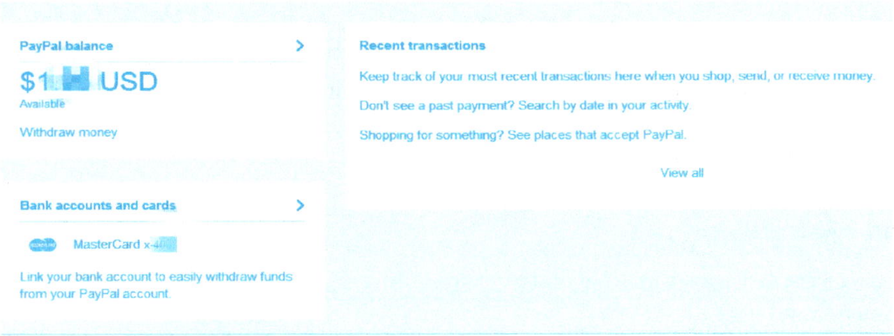

图 4-13　提醒成功关联界面

 产品刊登

卖家注册成功账号后，就需要在平台上上传产品。eBay 的产品上传刊登和其他跨境电子商务平台有很大的不同，其他跨境电子商务平台比如速卖通等刊登产品是免费的，但是 eBay 的产品刊登则是需要收费的。

1. 登录 eBay

首先登录 eBay 美国站点，然后鼠标单击"Sell"，如图 4-14 所示。

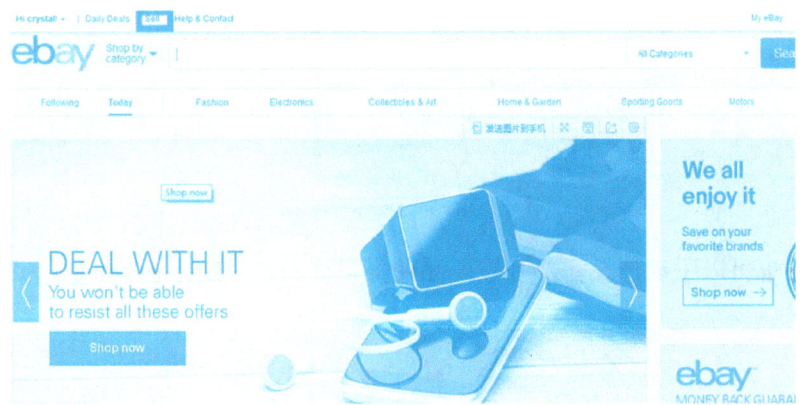

图 4-14　产品刊登步骤 1

2. 匹配类目

进去以后，这里需要我们填写标题或者想要出售产品的关键词，比如需要刊登女士 T 恤，那可以在输入框中输入"women t shirt"，如图 4-15 所示。

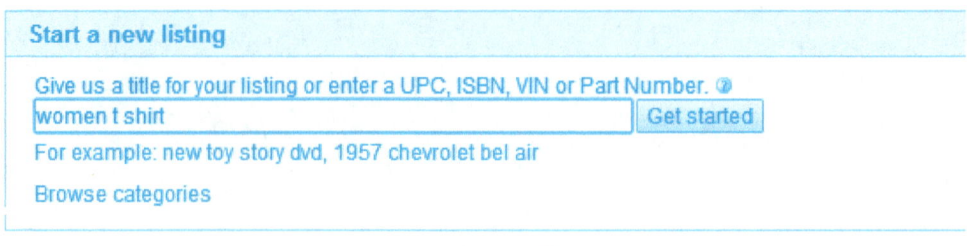

图 4-15　产品刊登步骤 2

3. 选择对应类目

单击"Get started"按钮后，系统会自动推荐正确的类目让我们选择，如图 4-16 所示。

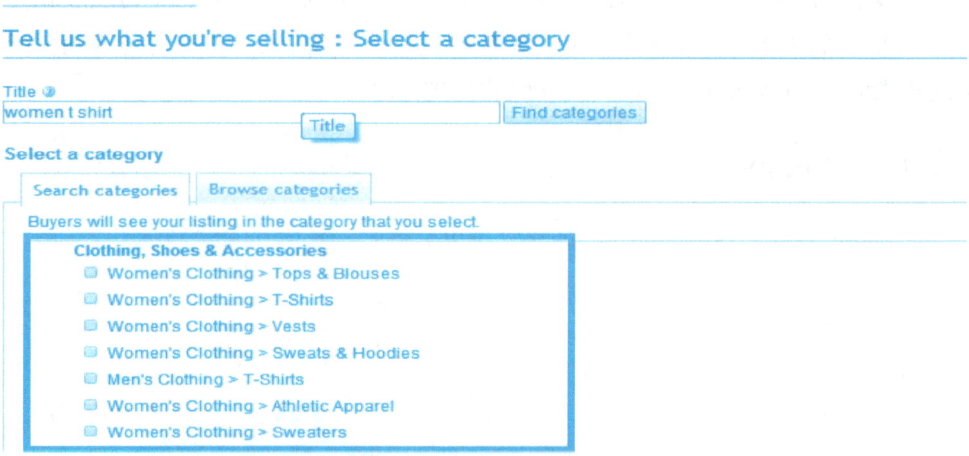

图 4-16　产品刊登步骤 3

另外也可以手动选择需要刊登产品的类目，单击"Browse categories"按钮，如图 4-17 所示。

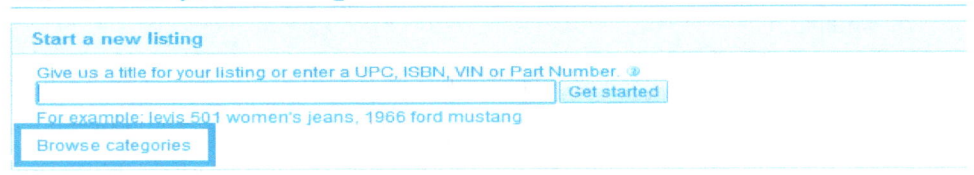

图 4-17　产品刊登步骤 4

4. 关键词搜索匹配类目

单击进去以后，找到我们需要的类目，选择完成后，单击"continue"按钮，进入到编辑详细信息页面，如图 4-18 所示。

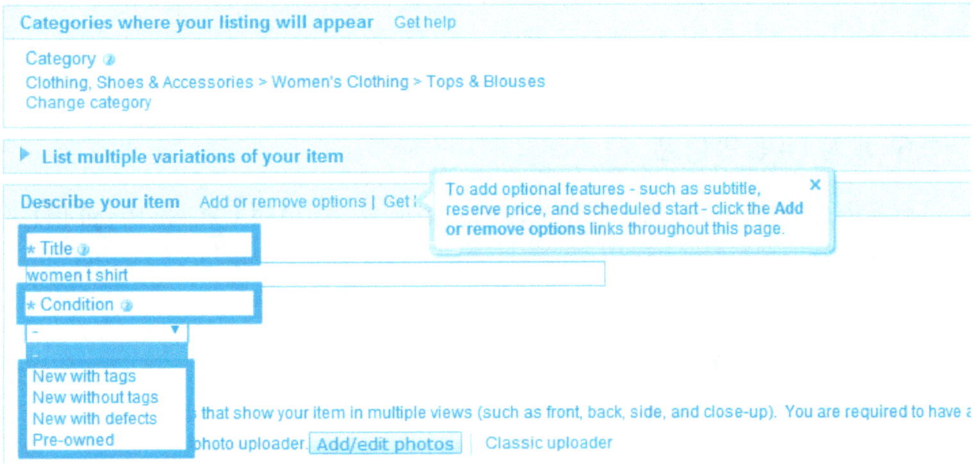

图 4-18　产品刊登步骤 5

① Title：产品标题，必须使用英文标题，以方便国外买家查找。

② Condition：产品情况，这里有 4 个标签可供选择。

- 带吊牌的全新产品（New with tags）。
- 无吊牌的全新产品（New without tags）。
- 全新但是有瑕疵的产品（New with defects）。
- 二手商品（Pre-owned）。

根据自己的情况来选择，一般选择"New with tags"，但是建议在出售前咨询一下供应商这款商品是否有吊牌，否则后期客户收到无吊牌的产品，会引起投诉。

5. 添加图片

产品图片一般建议多添加几张,这样更利于产品的出售,上传产品图片可以单击下面的"Add/edit photos"按钮,然后单击"上传"按钮即可,如图 4-19 所示。

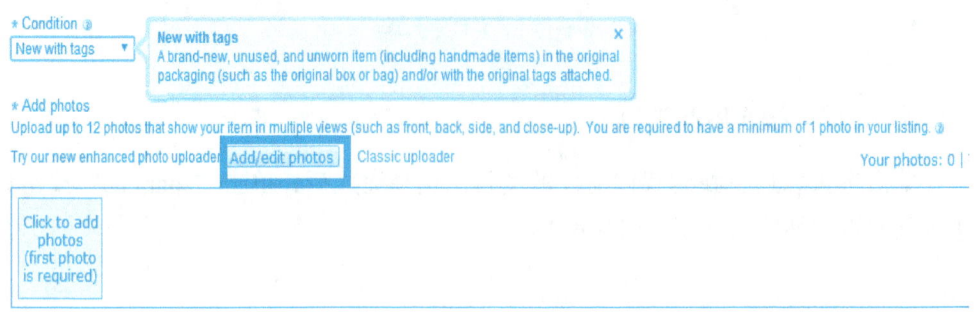

图 4-19　产品刊登步骤 6

6. 填写 UPC 等信息

产品图片上传完成以后,开始下面的一个步骤,即填写 UPC 和 Brand 信息,如图 4-20 所示。

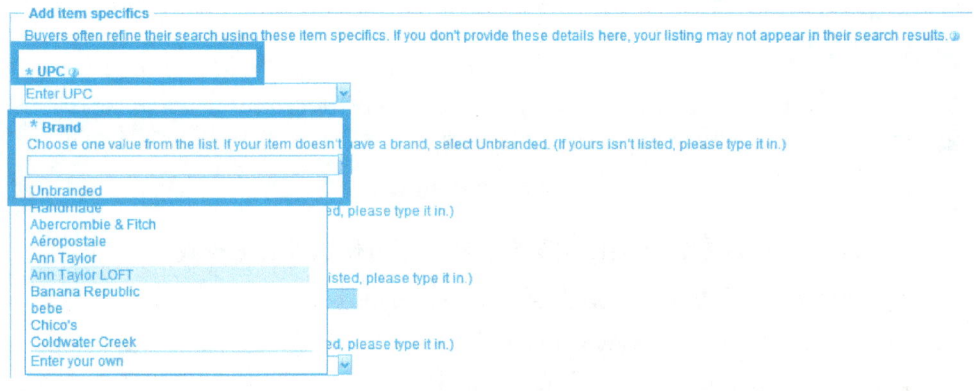

图 4-20　产品刊登步骤 7

UPC 码(Universal Product Code,通用产品代码)是美国统一代码委员会制定的独特的 12 位数字产品代码,每一条 UPC 码都不一样,UPC 码里面的数字信息代表了产品的类别、制造商、属性、特性等。通常印在产品或包装上用于识别和跟踪产品的条形码,主要用于美国和加拿大地区(北美自由贸易区)。由于其应用范围广泛,又被称万用条码。我国有些商品出口到北美地区为了适应北美地区的需要,也需要申请 UPC 条码。产品代码能确保需要的产品跟 eBay 的相关目录匹配，因此产品才能有最大的机会出现在 eBay 产品页面，并被买家所购买。所以，关于产品代码一定要引起足够重视。eBay 目前表示，如产品没有识别码，在 UPC 的下拉菜单选择"Does not apply"也是符合规范的。不过需要提醒的是，最好及时填写以避免产品无法上线。如果供应商无法提供 UPC 码的话可以去正规网站上购买。

"Brand"选项，如果上传的产品是有品牌的，建议将品牌的名称写上去，如果是国内普通品牌的话，那可以直接标记为"Unbranded"。

7. 填写尺码

继续下一步，这里开始填写产品的尺码，如果是常规的，我们可以选择为"Regular"，如果是加大码，可以选择"Plus"，具体要根据所上传的服装产品情况而定，如图 4-21 所示。

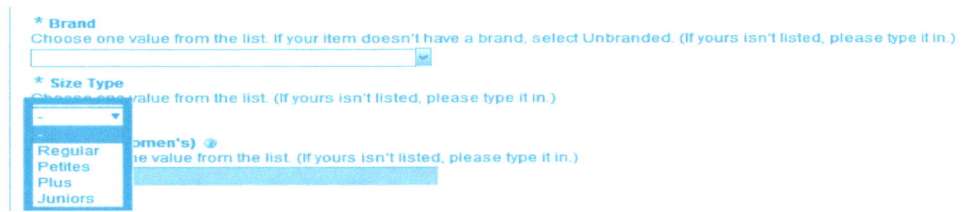

图 4-21　产品刊登步骤 8

8. 其他属性信息

下面的几项相对比较简单，只需要根据产品的真实属性一一对应即可。产品描述一定要和真实情况一致，否则后面客户收到产品以后可能因为我们所填写的任何一项不符而招到投诉，这样对我们会非常不利，如图 4-22 所示。

9. 详细描述页面

继续下一步到了"详细描述页面"，比如上传的是一件服装，就必须描述衣服的尺寸、重量、材质、运送时间以及物流方式等情况，尽量让客户一目了然，这样更有利于客户的下单，如图 4-23 所示。

当然，也可以用箭头所指示的"HTML"代码来编写产品，但编写"HTML"代码需要卖家具有专业的网页知识。如果要使用这项功能，可以尝试使用 eBay 刊登软件来使用，这里就不多解释了。

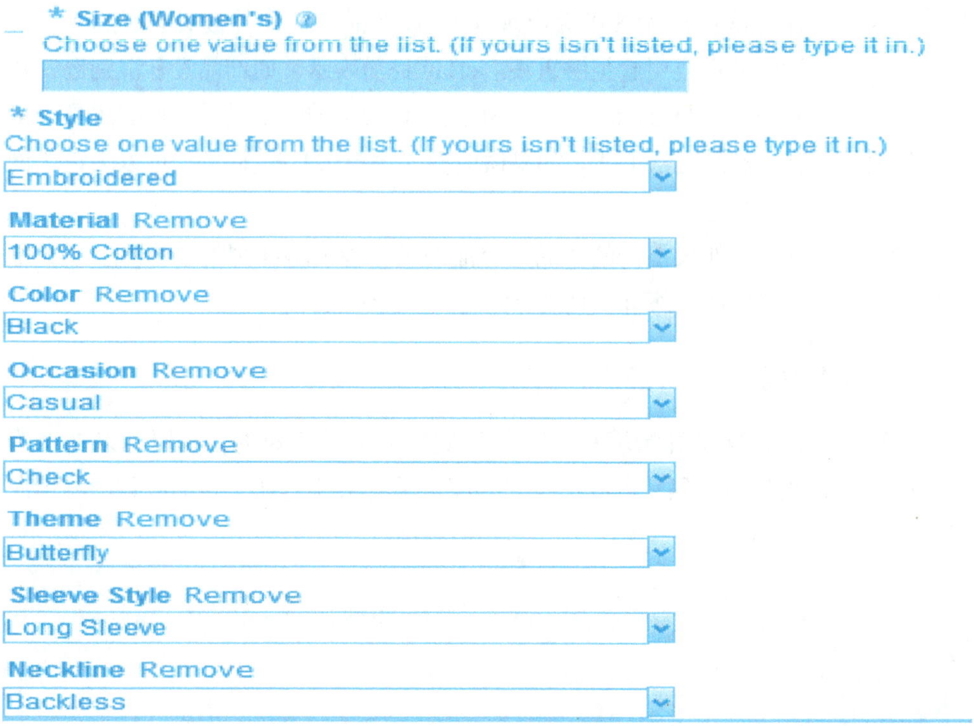

图 4-22 产品刊登步骤 9

图 4-23 产品刊登步骤 10

10. 产品价格

开始设定产品的价格,首先选择销售方式,拍卖就选择"Auction",但是要写上起始价格;如果是一口价,就选择"Fixed price",完成产品的刊登,如图 4-24 所示。

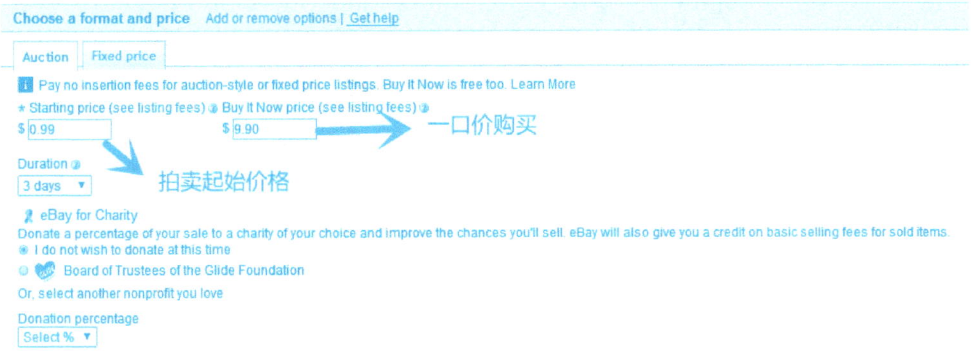

第 ④ 章　eBay 平台操作

图 4-24　产品刊登步骤 11

图中的"Duration"选项为拍卖成功以后的处理货物时间，有 3 天、5 天、7 天、10 天供大家选择，这里时间设置越短越好。"eBay for Charity"是其慈善事业选项，可以捐献销售所得的 3%，这个比例由卖家自己设置，当然也可以不捐，直接选择"I do not wish to donate at this time"选项。

11. 付款信息

图 4-25 所示的是付款信息，这里选中"PayPal"然后在下面的文本框中填写 PayPal 账号就可以了。

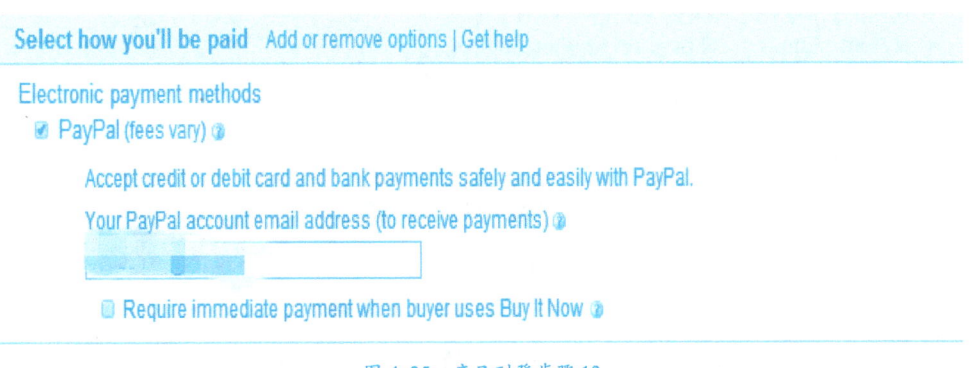

图 4-25　产品刊登步骤 12

12. 运输信息

下一步需要设置运送方式、运费、产品重量和尺寸，可以根据自己物品的实际情况来设定，如图 4-26 所示。

13. 退货信息

最后一步是编辑退货政策，比如是否接受退货，退货的费用由谁承担，如图

4-27 所示。

图 4-26　产品刊登步骤 13

图 4-27　产品刊登步骤 14

14. 结算信息

所有信息填写完毕以后，单击"Continue"按钮，进入到下面的结算页面，如图 4-28 所示，填写相关信息后，单击"Continue"按钮。

图 4-28　产品刊登步骤 15

15. 刊登费用

因为在 eBay 上刊登产品是需要费用的，所以下一个页面会提示卖家需要付多少费用。如果没有问题，继续下一步就完成刊登一件产品了，如图 4-29 所示。

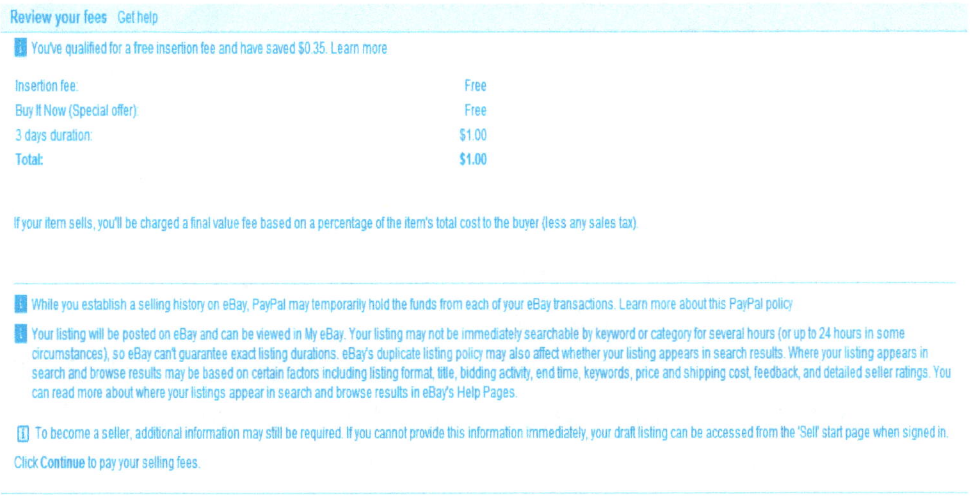

图 4-29　产品刊登步骤 16

上传成功后，结果如图 4-30 所示。

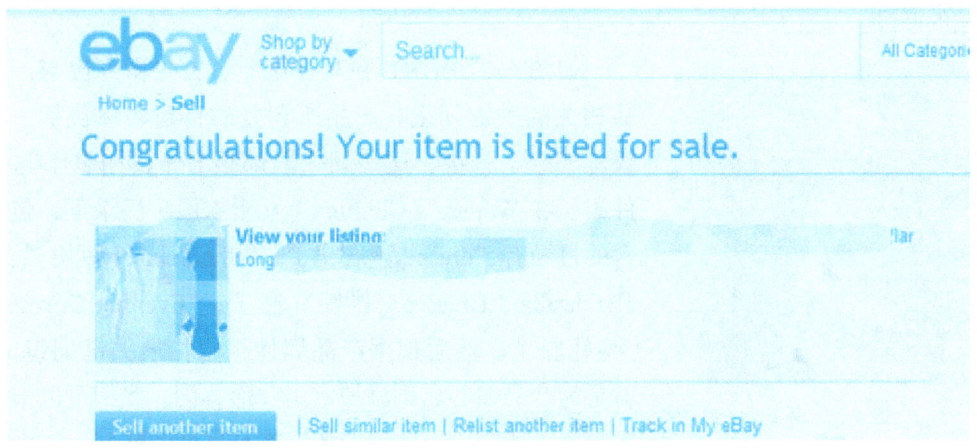

图 4-30　产品刊登步骤 17

备注：

（1）产品只有刊登在正确的分类中才更有利于卖家准确、便捷地搜索。可以使用 eBay "建议分类"功能精确找出产品更适合的分类。除了使用 eBay "建议分类"功能之外，也可以在刊登产品前，搜寻相同或类似的产品，参考其刊登分类，并观察这些产品的出价状况，从中选择一个合适的分类进行刊登。

（2）刊登的产品必须满足 eBay 图片质量要求，其包含：①图片的较长边至少有 500 像素。②图片不得添加边框、文本或插图。③可以使用水印来标明图片所有权和归属权，但不能用于营销，如图 4-31 所示。如果图片不满足大小要求，请立即更新它们，建议拍摄新图片或从制造商那里获得更好的图片。在 eBay 上进行的刊登采

图 4-31　eBay 刊登图片

样表明，具有更高质量图片的刊登平均可使销量增加 4.5%。"更高质量"图片指最长边超过 500 像素、没有额外文本或图片，同时通过 eBay 图片服务上传的图片。高质量的图片不仅会增加销量提升的机会，而且能使刊登在搜索结果、个性化 eBay 主页和移动设备上的效果看起来更棒。

（3）产品标题可输入多达 80 个字符，建议应尽可能地利用这 80 个字符将产品特征介绍给买家，让买家在了解产品重要信息的同时，也增加产品关键词的搜索量和浏览量，以期带动销售。严禁在标题中添加标注符号，不得含有网站地址、电子邮件或电话号码（域名销售除外）。不得含有亵渎或猥亵的语言，不得使用任何可能会牵涉到政府的词语。不得尝试包括使用以下单词 "Prohibited、Banned、Illegal、Outlawed"。刊登有品牌的产品时，产品必须是由品牌厂商生产的正规合法的产品。

图 4-32　样图

如图 4-32 所示，在写标题时，首先罗列出与产品相关的关键词组。产品所刊登的目录名称包括一级、二级、三级，这些词一般都很 Hot（热门）。这件裙子在 Women's Clothing（女士衣服）目录下，包含的目录有 "dress（连衣裙）"、"Short skirt（短裙）"、"Bridesmaid Dresses（伴娘礼服）"、"Evening Gowns（晚礼服）"。然后根据产品属性组合拓展关键词组，就是为产品核心名词添加定语和形容词。我们可以根据表 4-1 所列几点来综合拓展产品属性关键词。

表 4-1　属性关键词

商业模式	Wholesale(批发)
行业应用领域和风格	Chinese
产品特点、质地、功能	new,red,long,weddingdress,bridal party, evening prom

续表

商业模式	Wholesale(批发)
服务模式	Custom（定制）
产品品牌（拥有使用权）	需要官方授权，不能侵权

（4）产品属性可以为买家提供产品的细节详情，如品牌、尺寸类型、尺寸、颜色等。这些详情会按照统一的格式显示在产品刊登内容描述中，让买家了解产品的详细情况。当创建产品刊登时，应完整填写产品的 Item specifics（产品属性）信息，因为这是产品能否成功销售的重要细节。

（5）为产品撰写带有竞争优势分析的产品详情。提供常见问题的解决方案，解决买家在决定购买前可能遇到的问题，标明店铺政策，如收付款政策、邮寄政策、退换货政策等。说明卖家的工作时间（以当地地区时间展示），写明将在收到邮件多久后给予买家答复，让买家知道如何联系。

（6）选择合适的刊登方式。当产品独特和稀有，且能产生需求并引起竞标时，通过拍卖方式来销售能使利润更大。不定时销售，且没有近期的成交能使您的产品搜索排名提升。"拍卖方式"刊登能让产品有提升排名的机会，即按照"即将结束的产品"排序。当你有大量库存上瘾，希望尽量减少刊登费。"一口价方式"，可以使用 30 天在线刊登并尝试通过自动更新来提高效率。

4.3 平台规则

卖家在 eBay 上的所有行为应严格遵守国家相关法律、国际贸易规则及 eBay 各相关站点规则，尊重知识产权。对于任何违规行为，eBay 将会采取相应措施，违规产品可能会被全部删除，销售活动也可能受到限制，严重时可导致账户冻结，甚至诉诸法律。以下（但不限于）为 eBay 严格禁止的主要违规行为。

4.3.1 知识产权违规

eBay 一向致力于保护第三方知识产权，并为会员提供安全的交易场所。非法使用他人的知识产权是违法并违反 eBay 政策的。如，未经授权而使用有版权的资料和商标或销售赝品。

1. 复制品、赝品和未经授权的复制品政策

在 eBay 上刊登的含有公司名称、商标、品牌的产品必须是由本公司自行生产制造的官方正品。eBay 绝不允许任何伪造产品、赝品、复制品，或未经授权的复制版本出售。未经授权的版本复制包括备份、私售、复制、盗版等均是违法的，会侵害其他人的知识产权或商标。

请特别注意，以下产品可能会涉及侵犯第三方知识产权或其他所有权问题，因而 eBay 限制或禁止以下产品的刊登：

①复制品、仿造品和未经授权的模仿品。

②学术软件、测试版软件、OEM 软件等相关产品。

③名人产权产品，包括肖像、照片、姓名、签名及亲笔签名。

④特定品牌的配饰、包装、保证书等其他未与该品牌产品一起出售的产品。

⑤媒体类产品，包括数字化产品、电影拷贝胶片（35mm，70mm）、盗版唱片、宣传品及可录制媒体等。

⑥私制盗版录像或录音。

⑦可制作非法复制品的设备，包括可让会员复制版权产品的软件或硬件、芯片、游戏改装设置和启动盘。

2. 刊登产品时描述物品的规则

在对所售产品进行描述时，以下行为会涉及侵犯第三方知识产权：

①未经授权而使用来自其他 eBay 用户的产品描述或图片。

②未经授权而使用来自厂商或其他互联网图片。

③不当使用 eBay 属有的知识产权，包括使用 eBay 名称、图标，或链接到 eBay 网站的链接。

④在刊登信息中包含"真品免责声明"，或者拒绝对刊登的产品负责。

⑤怂恿或促使他人侵犯第三方版权、商标或其他知识产权。

eBay 用户不能使用他人创建的文字或图片内容，包括照片及其他图片，除非得到拥有文字及图片所有者、代理或相关法律的授权。用户可在产品描述中使用 eBay 产品目录中提供的图片和文字描述。如果选择不使用 eBay 产品目录中的图片或产品描述，则最好拍摄自己的产品照片和撰写自己的产品描述。

3. 举报用户违反知识产权保护条款

如果认为你有合理的理由举报他人使用你的图片或文字，可联系 eBay 进行举报。在举报时，请参照以下标准：

①确保你是图片或文字的原始所有者和制作者。

②如果举报的是文本内容，被复制的文本应在产品描述中。由于描述产品的标题和副标题空间有限，相同产品可能会比较类似，因此 eBay 一般不会删除与标题、副标题类似的物品。

③提供账号中的产品编号，它可以明确显示你是第一个使用你创建的图片或文字来刊登产品的。如果在很多产品中重复使用了图片和文字，则应尽可能地给 eBay 平台最早使用这些图片和文字时的产品编号。

4.3.2　刊登违规

正确地刊登描述产品信息不仅可以提高买家的搜索效率，也可以避免卖家交易后因描述与实物不符而产生不必要的交易纠纷。不正确地刊登描述会严重扰乱 eBay 市场交易秩序。产品刊登中常见的违规类型有以下几种情况。

1. 禁止重复刊登

重复刊登会影响买家的购物体验以及 eBay 的市场秩序，因此 eBay 规定，以下类型的产品刊登，如果刊登的是相同的产品，即使刊登形式或内容描述不同，也将被视为重复刊登：

①以拍卖形式刊登相同的产品，它们仅仅是结束时间，起拍价格，或底价不同。

②相同的产品，分别以带有一口价选项的拍卖形式和不带一口价选项的拍卖形式来刊登。

③以一口价形式和带一口价选项的拍卖形式刊登相同的产品。

在 eBay 各站点，卖家不能同时为同样的物品创建超过一条的一口价产品刊登。

卖家通常也不能够创建重复的拍卖产品刊登。只有那些以拍卖方式刊登会有较好的销售表现的产品，并且几乎能 100% 售出的产品才能重复刊登。如果不确定产品是否有很大的售出几率，一次应创建一条产品刊登。eBay 将酌情删除重复的拍卖产品刊登。

为了避免重复刊登，eBay 建议卖家：在刊登时，确保在产品的标题、价格、照片、副标题、产品 ID、产品属性或兼容性部分展示出它们的不同。刊登相同产品的最好办法是使用多数量一口价的刊登方式；刊登多属性产品如不同尺码和颜色，最好的方法是使用多属性一口价的方式刊登。

2. 禁止操纵搜索及滥用关键字

"滥用关键字"指卖家为吸引买家注意或将其注意力转移到某件刊登产品上，在产品名称或产品描述中放上各种品牌名称或其他不恰当的关键字。eBay 禁止在刊登产品时滥用关键字，卖家在刊登产品中设置的文字内容必须与所售产品直接相关。

"操纵搜索"指让 eBay 上的搜索结果显示为无关的产品或妨碍买家正确找到具体产品的任何行为。最常见的是卖家不按实际情况填写"产品所在地"。

操纵搜索和浏览体验的任何行为都是违反 eBay 政策的。

为了避免"操纵搜索"及"滥用关键字"，在刊登产品设置关键字时不得罗列词语、不得滥用品牌名称、不得恶意隐藏 HTML 文本、不得利用产品兼容性滥设关键词、不得包含下拉框、不得将赠品相关关键词放入产品关键词中、不得在产品名称中将产品与其他产品进行比较。

3. 禁止收取额外费用

当买家选择使用一般付款方式（包括使用支票、汇票、电汇）付款时，卖家不得向买家收取额外费用。这类费用应并入产品的价格中。卖家可以在产品的成交价之外另外收取一笔合理的"运费和包装费"，以补偿自己在邮寄、包装和处理产品时的合理支出。然而，卖家不得将"运费和包装费"指定为成交价格的某个百分比。

4. 禁止规避 eBay 费用

为维护 eBay 公平的交易秩序，建立更安全的交易环境，eBay 严禁通过以下方式规避 eBay 费用：

① eBay 不允许用户进行及怂恿他人进行在 eBay 以外的私下交易，私下交易不适用 eBay 的各项服务及保护。

② eBay 不允许卖家刊登 1 件产品，但在产品说明中提供额外的同一产品向买家出售，企图只支付 1 件产品的刊登费（如果想以整批产品方式向同一买家出售多件产品，可使用拍卖或一口价形式，只需在"产品说明"中指明是整批产品出

售即可）。

③eBay 政策禁止用户滥用弃标处理程序，卖家不得为买家事实上已经付款的交易申请"成交费退款"。

4.3.3 交易行为规范

1. 严禁卖家成交不卖

当卖家刊登在 eBay 上的产品有买家成功竞标，买卖双方相当于签订了交易合同，双方必须在诚信的基础上完成交易。根据这一合约，卖家不可以：

①当网上成功竞标后拒绝实际成交。

②收到货款不发货。

如果卖家因为产品本身的原因无法完成交易（如损坏），卖家需及时与买方沟通，解释原因并提供解决方案，以获得买家的理解与谅解。虽然在这种情况下，eBay 鼓励买家与卖家进行沟通，获取新的解决方案，但买家不是一定要接受卖家的新建议的。所以，卖家在刊登产品时务必熟知产品库存，在收到款项后及时发货，避免违反此政策。

2. 禁止卖家自我抬价

"自我抬价"是指人为抬高产品价格，以提高产品价格或增大需求为目的的出价行为，或者是能够获得一般大众无法获得的卖家产品信息的个人的出价。也就是卖家在竞拍的过程中，通过注册或操纵其他用户名虚假出价，或者由卖家本人或与卖家有关联的人所进行，从而达到将价格抬高的目的。

自我抬价以不公平的手段来提高产品价格，会造成买家对出价系统产生不信任，为 eBay 全球网络交易带来负面的影响。此外，这种行为在全球很多地方都是被法律所禁止的，为确保 eBay 全球交易的公平公正，eBay 禁止抬价。

由于卖家的家人、朋友和同事可以从卖家那里得到其他用户无法得到的产品信息，因此即使他们有意购买产品，为保证公平竞价，也不应参与出价竞投。不过，家人、朋友和同事可在不违反本政策的条件下，以"一口价"的方式直接购买产品。

4.4 纠纷处理

在 eBay 平台上，大部分交易都能顺利完成，但有时买卖双方间也会出现纠纷，此时请卖家及时有效地与买家沟通，并且要按照 eBay 纠纷处理规则进行。卖家应时刻关注纠纷调解中心，对买家发起的投诉进行积极回应处理。在解决个案时，尽量通过纠纷调解中心来和买家沟通，这样在 eBay 上将留有双方沟通的正式记录，便于 eBay 介入调查。

4.4.1 类型一：取消交易

1. 买家取消交易

eBay 规定，买家只能在交易发生后 1 小时内提出取消交易的请求，且如卖家已上传跟踪号或已标记发货，则买家不能提出该请求。如果买家提出了取消交易请求，卖家将有 3 个工作日的时间响应，可选择：

①卖家同意取消——eBay 将会退还成交费。买家不能留中差评低分。卖家同意取消后，需要在 10 个工作日内退款。

②卖家拒绝——交易将继续进行。

③卖家不回应——超过 3 个工作日卖家没有回应，等同于卖家拒绝，交易将继续进行。

关于买家提出的取消交易，eBay 建议卖家：请尽量同意买家取消交易请求，在交易发生 1 个小时后再标记发货。如果取消交易，请务必在 10 个工作日内完成退款。

2. 卖家取消交易

卖家刊登在 eBay 上的产品在网上有买家成功竞标，买卖双方就相当于签订了交易合同，双方必须在诚信的基础上完成交易。但在极少数情况下，卖家可能需要取消交易：

①买家与卖家沟通，要求取消交易。

②卖家因为产品本身的原因无法完成交易（如缺货），但是，在这种情况下，取消交易将会影响卖家的不良交易率。

③需要特别注意的是，"未付款"纠纷不属于卖家取消交易的状况，请参照

"出价不买"纠纷处理流程(如果已有"未付款"纠纷或其他纠纷正处于开启状态,卖家无法取消交易)。

从交易之日起30天内,卖家均可以取消交易,具体流程如图4-33所示。

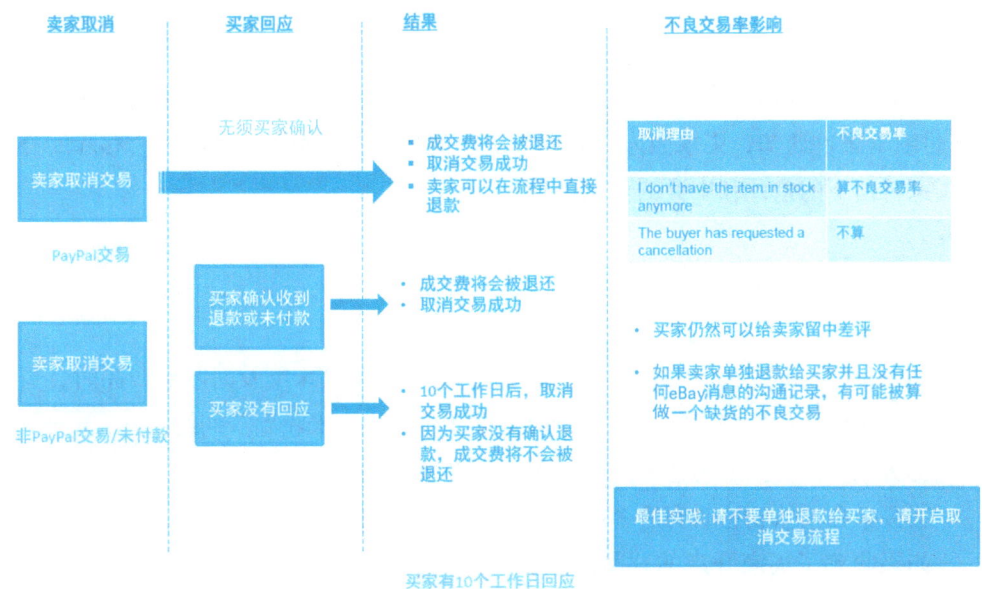

图4-33 卖家取消交易流程

4.4.2 类型二:未付款纠纷

如果买家在交易结束后4~32天内没有付款,对卖家的沟通也未回应,卖家可通过纠纷调解中心发起"未付款"纠纷。卖家发起"未付款"纠纷之后,eBay会立即发电邮通知买家,买家有4天的时间付款,如果买家未在4日内付款,卖家即可结束个案及成交费返还;买家至少回复1次或买家未在4日内回复,卖家就可以结束纠纷。卖家可以在"纠纷调解中心"中找到所有"未付款"的纠纷详情。卖家有3种结束纠纷选项:

①我们已完成这件交易——使用此选项,双方完成交易,买家将不会收到出价不买警告。

②我不想再与买家沟通,也不想再等候——使用这个选项,买家会收到出价不买警告。建议卖家积极与买家沟通,既不要错怪了好买家,也不能放过行为恶劣的买家。

③我们已同意不完成这件交易或者买家已退回物品——使用这个选项,买家

将不会收到出价不买警告，且通常情况下卖家可获得成交费的退还。

应特别注意的是，如果卖家在（买家确定购买该产品及卖家确定出售该产品的日期）36天内没有结束纠纷申诉案，该纠纷将自动结束，此时，买家将不会收到未付款警告。另外，关于"未付款"纠纷涉及的信用评价问题：即使双方已达成协议不再完成交易，买家和卖家仍可在涉及出价不买的交易中为彼此留下信用评价。eBay建议所有会员对交易伙伴留下适当的信用评价。如果卖家向买家提出"未付款"案件通知，买家因未在限期内回复通知而收到警告，系统将会移除所有该买家曾留下的差评和中评的信用评价。

4.4.3 类型三："物品未收到"纠纷（INR）

在eBay交易中，大多数产品能顺利送达。但当买家未能及时收到产品时，买家可在满足以下条件之一的情况下，向卖家开启"物品未收到"纠纷：

①买家可以在预估到达时间后1天开启INR纠纷。

②买家在预估到达时间后30天后不能再开启INR纠纷。

如果收到了买家开启的"物品未收到"纠纷，美国站点3个工作日/英国站点8个自然日/德国站点10个自然日内，卖家必须回复。如果eBay的决定有利于买家，可能会从卖家的PayPal或其他补偿付款方式中扣除退款补偿。可以提供相关妥投证明来解决"物品未收到"个案。eBay将要求卖家提供此个案的跟踪信息，包括：

- 物品的投递状态为"已经妥投"。
- 运送日期（显示卖家在声明的处理时间内运送了产品）。
- 买家地址，至少要显示eBay订单详情或PayPal交易详情页面上出现地址的城市/州或邮政编码（或类似信息）。
- 对于产品价格+运费超过750美元/750英镑（或等值当地货币）的，需收件人的签收证明。

如果产品没有使用提供跟踪信息的方式发货，eBay平台将根据情况进行审查，但如果产品仍未达到，eBay平台还是可能决定由卖家负责退款给买家的。所以，eBay强烈建议卖家使用提供产品跟踪信息的物流方式进行投递。

4.5 eBay 卖家保障政策

4.5.1 不良交易记录移除政策

在卖家成绩表中出现的不良交易记录会被计入不良交易率。高不良交易率会直接影响卖家的账号表现，甚至可能会导致账号冻结。为了保护卖家利益，针对一些特殊状况，eBay 制定了不良交易记录移除政策，指明在什么情况下 eBay 会移除卖家表现评估和信用评价页面中的不良交易记录。eBay 将自动移除由以下原因导致的不良交易记录。如若未能自动移除，可向 eBay 提出移除申请：

①买家未付款，并收到出价不买纠纷记录。

② eBay 退款保障（Money Back Guarantee）或 PayPal 买家保障（Buyer Protection）纠纷裁决结果有利于卖家。

③不良交易的产生由 eBay 网站问题或 eBay 程序错误而直接导致。买家因违反购买行为政策而受到 eBay 处罚。

④ eBay 或 PayPal 要求卖家暂缓发货或取消交易。

⑤ eBay 通过监控有效的追踪信息，判定不良交易是由物流或通信系统的延迟而直接导致的。如：大规模邮政运输延误，产品卡在海关或极端恶劣天气导致的运营中断等，这些事件将在 eBay 公告栏中公布。

4.5.2 自动五星评价政策

为了鼓励卖家为国际买家提供更好的物流服务，符合以下条件的卖家，eBay 将在某些评价项中给予自动五星：

①提供免费运送，物流费用评价项将自动给予五星。

②在一个工作日内发货并且上传产品的物流追踪信息，并且在买家付款后 4 天内显示妥投，物流时间评价项将自动给予五星。

③在一个工作日内发货并且上传产品的物流追踪信息，且买家与卖家之间没有任何站内信，留下信用评价前也未提出 eBay 买家或 PayPal 买家购物安全保障，买卖沟通评价项将自动给予五星。

拓展材料 4-1

eBay 最佳匹配搜索排序

最佳匹配（Best Match）作为 eBay 默认的搜产品排序标准，可帮助买家找到真正需要的产品。对卖家来说，这意味着可将产品展示在买家面前，而向买家提供优质的产品和服务是决定卖家在"最佳匹配"中排名的关键。"最佳匹配"考量因素详解如下。

（1）最近销售记录（针对于"定价类物品"），是衡量卖家一条 listing 中，有多少 item 为不同的买家所购买。产品有越多的近期销售记录，越能取得曝光度。第一次被重新刊登的产品同样保留最近销售记录。

（2）即将结束时间（针对于"拍卖类产品"），即"拍卖"产品的下架时间。

（3）卖家评级（DSR）：包括产品描述、沟通、货运时间、运费。优秀评级卖家"Top Rated Seller"的产品一般排名较为靠前。

（4）买家满意度：包含三个考量标准，即中差评数量、DSR 中 1 分 2 分的数量、INR 和 SNAD 投诉数量。

（5）产品"标题"相关度：买家输入的搜索关键字与最终成交产品的标题、关键字之间的匹配。

（6）产品价格＋运费："最佳匹配"提高免运费产品的排名并降低高运费或运费不明的产品的排名。

拓展材料 4-2

新卖家等级标准

自 2014 年 8 月 20 日起，一种新的衡量标准——不良交易率（Defect Rate）将替代四项独立的详尽卖家服务评级（DSR）来衡量卖家表现。不良交易率指有下列一种或多种情况的不良交易除以卖家所有成功交易所得的比例。这些情况导致了买家流失或减少购买：

①买家在"产品与描述相符（Item as Described）"一项给予了 1，2 或 3 分评级。
②买家在"运送时间（Shipping Time）"一项给予了 1 分评级。
③买家留下中评或差评。

④买家要求退货,且原因与"产品与描述不符"相关。

⑤买家通过 eBay 退款保障(又称 eBay 买家保障)或 PayPal 购物保障开启了产品未收到或产品与描述不符纠纷。

⑥因卖家过失而取消交易。

一般来说,不良交易率越低,卖家的产品刊登在最佳匹配搜索结果中的排名就越好。新的 eBay 不良交易率允许 eBay 承认和奖励为买家不断提供优质服务的卖家,虽然买家不会看到卖家的不良交易率,但是如果卖家保持较低的不良交易率,eBay 将奖励卖家在最佳匹配搜索结果中更加有力的排名,优质服务记录可以带来更高的曝光率,增加潜在销量。

如表 4-2 所列为各 eBay 站点对卖家等级的要求。

表 4-2 各 eBay 站点对卖家等级的要求

卖家等级要求	美国(统计美国买家的交易)		英国(统计英国买家的交易)		德国(统计德国买家的交易)		其他站点(统计与所有买家的交易)	
	优秀评级卖家	所有卖家	优秀评级卖家	所有卖家	优秀评级卖家	所有卖家	优秀评级卖家	所有卖家
最大不良交易率(数)	≤2%或<5笔	≤5%或<8笔	≤2%或<5笔	≤5%或<8笔	≤2.5%或<5笔	≤5%或<8笔	≤2%或<5笔	≤5%或<8笔
如实描述获1,2,3分	√	√	√	√	√	√	√	√
买家开启的产品与描述不符纠纷	√	√	√	√	√	√	√	√
因产品与描述不符导致的退货	√	√	√	√	—	—	√	√
运送时间项获1分	√	√	√	√	√	√	√	√
买家开启的产品未收到纠纷	√	√	√	√	√	√	√	√
获得中评或差评	√	√	√	√	√	√	√	√
卖家取消交易	√	√	√	√	√	√	√	√
最大未解决的纠纷率(数)	≤0.3%或≤2笔		≤0.3%或≤2笔		≤0.3%或≤2笔		≤0.3%或≤2笔	

续表

	🇺🇸美国 （统计美国买家的交易）		🇬🇧英国 （统计英国买家的交易）		🇩🇪德国 （统计德国买家的交易）		🌐其他站点 （统计与所有买家的交易）	
在声明的处理时间内上传有效的物流追踪号	≥90%	—	—	—	—	—	—	—
年度交易数	100	—	100	—	100	—	100	—
年度交易额	$1,000	—	£1,000	—	€1,000	—	铜星级超级卖家	—
"优秀评级+"产品刊登还需满足以下条件，获得标志，更多曝光及成交费折扣：（统计基于各站点的产品刊登）								
当天或隔天发货	√	—	√	—	√	—	√	—
承诺的最短退货周期	14天	—	14天	—	30天	—	30天	—
快速运输选项	—	—	√	—	√	—	√	—
免运费	—	—	√	—	√	—	√	—

拓展材料 4-3

从 PayPal 中余额提现

当通过 PayPal 收到付款后，款项将会保留在卖家 PayPal 账户余额中。只有通过"提现"方能将款项转至银行账户。目前，从 PayPal 提取余额，主要有支票提现、电汇提现两种方式。电汇提现具有速度快、安全性高的特点。从 PayPal 进行电汇提现，中国大陆用户可以选择提现至中国大陆银行账户、提现至中国香港银行账户或者提现至美国银行账户。中国香港用户可以选择提现至中国香港银行账户或者提现至美国银行账户。中国台湾用户可以选择提现至中国台湾银行账户或提现至美国银行账户。

电汇提现费用将包括提现费、银行收费（具体咨询各银行）、退还费（如果款项到达银行,而银行拒绝入账,具体原因则需咨询银行,则会产生一定的手续费),另外不同币种有不同的最低提现金额。表 4-3 所列为中国大陆用户的 PayPal 提现费用。

表 4-3 中国大陆用户的 PayPal 提现费用

银行地点	币种	提现费	退还费
中国大陆	各币种	$35.00 USD	$15.00 USD
中国香港	HKD	免费(提现额大于或等于 $1,000.00HKD) $3.50 HKD (提现额小于 $1,000.00 HKD)	$20.00 HKD
美国	USD	免费	无

＊您的银行可能会就电汇向您收取额外费用。

拓展材料 4-4

eBay 平台 2017 年的政策扶持

eBay 不仅为中国卖家带来令人惊喜的全球化销售市场,更为中国卖家提供专业客户支持团队,助力中国企业起航 eBay。

eBay 平台 2017 年的政策扶持包括快速入驻和业务发展支持。

1. 快速入驻

eBay 提供包括"前期准备、账号注册、刊登产品、售出预发货"等全套操作指导,帮助新卖家快速上手。针对优质企业卖家,eBay 将提供入驻绿色通道,更大销售额度以及账号表现预警等增值服务。

2. 业务发展支持

客户经理团队将为卖家提供全面的市场分享与销售指导,定期线上线下开展官方培训,一对一客户经理重点培训,业务发展瓶颈预警。除以上支持外,eBay 平台还将为卖家推荐最佳物流方式,帮助卖家品类拓展及海外市场推广等重磅扶持。eBay 在 2017 年初启动了"中国品牌智造计划",并设立"品牌建设专项资金",用于补贴平台品牌卖家,该计划将为拥有自主品牌和拳头产品的中国卖家提供包括建立产品目录、创建专属产品页面、建立品牌展示专区、融入买家浏览体验等众多推广资源,助力中国智造买卖全球。

本章小结

eBay 是全球商务与支付行业的领先者，为不同规模的商家提供公平竞争与发展的机会。eBay 提供个性化购物体验，并通过移动应用程序实现消费者与全球商品的无缝链接。本章主要介绍了 eBay 平台的注册流程、刊登流程、平台规则、纠纷处理以及卖家保障政策等内容。通过本章的学习，读者将会学会如何在 eBay 平台进行注册、发布产品、提现和纠纷处理等平台操作技能。

温故知新

一、选择题（不定项）

1. eBay 平台按照注册主体不同，卖家账户可分为（　　）。
   A. 普通账户　　B. 个人账户　　C. 商业账户　　D. 企业账户
2. eBay 账户可以通过（　　）验证。
   A. PayPal　　B. 信用卡　　C. 手机短信　　D. 邮件
3. UPC 指的是（　　）。
   A. 通用产品代码
   B. 由 12 个数字组成
   C. 代表了产品的类别、制造商、属性
   D. 用于识别和跟踪产品
4. eBay 在设定价格时，有哪两种销售方式？（　　）
   A. 拍卖　　B. 限时抢购　　C. 一口价　　D. 团购价
5. eBay 平台图片刊登的要求有（　　）。
   A. 图片可以添加插图　　　　B. 图片最长边像素超过 500
   C. 不添加边框　　　　　　　D. 可以添加水印

能力拓展

【工作任务1】

假如你打算在eBay平台上传如图4-34所示的亲子装，请设置一个合适的商品标题。

图4-34 亲子装图片

【工作任务2】

请根据提供的产品标题描述和主图片（见图4-35）审核并在eBay后台发布产品信息。

Stainless Steel Bathroom Toilet Paper Holder Polished Chrome Toilet Tissue Bar

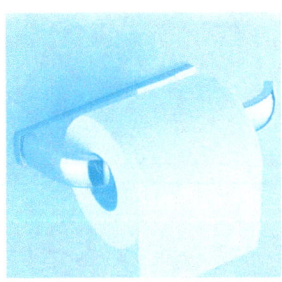

图4-35 产品主图片

反馈表

单元名称		姓名		班级		年	月	日

请思考以下问题：

1. eBay 的产品刊登方式和其他平台有什么不同？

2. eBay 的侵权纠纷包括哪些方面？

3. eBay 的卖家保障政策有什么好处？

你认为本单元最有价值的内容是：

你对本单元的教学有何建议，哪些问题是你需要进一步了解或得到帮助的：

教师评价：A. 熟练应用　　　B. 掌握　　　C. 熟悉　　　D. 了解　　　E. 没通过

教师签字

第5章

亚马逊平台操作

知识目标

▶ 掌握亚马逊平台产品上传的方法与步骤。
▶ 掌握亚马逊不同站点的注册流程。
▶ 掌握 FBA 物流的发货流程。
▶ 掌握基本客户纠纷的应对方法。
▶ 了解亚马逊对于品牌侵权的处理方法。

5.1 亚马逊的注册流程
5.2 产品的上传
5.3 亚马逊物流
5.4 亚马逊的纠纷应对及处理

故事导入

刚选择亚马逊是因为，我发现平台上可以几个卖家共用一个 listing（也就是大家熟悉的跟卖），我当时觉得这个规则很好玩。因为做 eBay 时我就在想，作为一个买家，既然是相同的东西，你告诉我有几个卖家在卖就好，不用给我 listing 铺十几页，东西是一样的，主要是价格和内容编辑有所区别。亚马逊的这种上架方式让我看到了一个以客户体验为中心的平台，驱使我想更多了解它，后面发现确实如此。

我之所以现在还在坚持做亚马逊平台，并支持了 5 年，是因为觉得亚马逊是一个比较公平公正的平台。公平在于它一视同仁，不会有任何偏袒和维护，不管是个人账号还是公司账号，不管是新旧账号，不管是新旧listing；公正在于它的规则，它认理，在它的框架范围内你可以自由活动，稍微可以越界，灵活处理，但是只要一超出亚马逊能接受的底线，你就危险了，亚马逊处理你，只是时间问题。

之前很多人说亚马逊门槛高，很高大上，在我看来其实是有原因的。一个是它的注册方式和条件，在2012年上半年之前中国卖家基本处于驻足观望状态，因为亚马逊没有开放给中国，只对本土（欧美本土）公司和个人开放，很多朋友是没有这方面条件的；第二个是扶持政策，包括亚马逊绑定的银行卡收款账号建立、规则学习、账号维护等都没有（比如eBay中国，淘宝大学等）；第三个是平台底线规则不公开，跨过刚说的以上两点，还会有很多朋友疑惑，因为账号很容易被限被封，摸不着头脑怎么回事，因此觉得亚马逊很神秘，很高大上。其实就是你触碰了亚马逊底线，导致违规，而这些规则亚马逊很少会公开，因为卖家会去规避。

进入任何一个平台，我个人认为，必须先了解平台规则，不管你有多好的资源，多好的团队，不懂游戏规则，后果就很严重。这个我觉得是最基本也是最重要的（比如亚马逊禁止多账号操作、品牌listing不能跟、某些品类需要申请销售等）。许多朋友盲目申请账号，铺SKU。

 思考题

1. 什么是跟卖？
2. 请了解下北美站亚马逊的注册要求及简单流程。

5.1 亚马逊的注册流程

亚马逊（Amazon），这个对于国人想把自己的商品卖往国外来说首选的第三方平台，现今可能最大的难题就是该如何进驻，尤其是对于注册账号来说卖家会遇到很多问题。

https://gs.amazon.cn/，这是亚马逊全球开店的网址，亚马逊的开店比较复杂。亚马逊站点分为日本站、欧洲站、北美站等，每个站点的开店要求会不一样，相对来讲北美站的注册流程会比较简单点。下面以北美站注册流程为例进行介绍。

5.1.1 前期准备

在注册亚马逊账号前要做好准备工作，如图 5-1 所示。

如图 5-1 所示的是开店前卖家需要前期准备的，比如 Business name & address（营业名称 & 地址）、Mobile or telephone number（手机或者电话号码）、Chargeable credit card & valid bank account（可以透支的信用卡 & 有效的银行账号）、Tax information（税务信息）等，下面会详细说明。

图 5-1　前期准备

1. 需要一台计算机

Amazon 在账户关联[①]上有很强的技术侦察手段，所以这台计算机最好是专门为了这个 Amazon 账户而准备的，以后的 Amazon 账号操作也最好只在这一台计算机上操作（这跟 eBay 也很像）。这点是非常重要的，但是目前在高校里面很难实现这个要求，因为学校所有机房的计算机一般都用同一个 IP 地址，这点很难实现机房所有计算机能同时登录。

2. 需要一张可透支的 VISA 信用卡或者 Master 卡

此卡主要用于 Amazon 账户的激活，可以自己到银行申请办理一张。记得该卡一定是 VISA 或者 Master 标志的双币种信用卡，需要支持美元。

3. 需要一个手机或者座机（最好是座机）

手机或者座机是用来验证账户的，这里建议使用座机，因为有的手机在验证时存在"BUG"，会导致 4 位 PIN 码输入后没有效果。账户注册时有 4 次验证机会，如果发现手机无法验证通过，请立马换成座机或其他手机来验证，否则错误 4 次会导致账户需要等待 12 小时才可以继续验证。

---

① 账户关联，指的是多个不同的卖家使用同一个 IP 账号地址。

> 备注：现在很多卖家都是用手机注册账号的，在接收 PIN 码时也都比较顺利。

4. 需要一个邮箱

该邮箱是作为 Amazon 的登录账号，此邮箱账号注册成功后可以更换。另外建议 Amazon 新手先不要使用企业邮箱注册 Amazon 账号，等以后熟悉了 Amazon 相关规则之后再使用企业邮箱注册。

5.1.2 注册流程

为了简化亚马逊的新卖家注册流程，卖家可以联系中国各地的招商经理，也可以申请加入招商群，通过招商经理提交审核资料，这样通过率会高很多。在亚马逊平台上注册账号流程如下。

（1）将营业执照扫描件、注册的邮箱号码和产品信息收集表填写完整后发送给亚马逊的招商经理，产品信息收集表需要填写 400 个 SKU（Stock Keeping Unit, SKU，库存进出的计量单位）。只需认真填写需要上架的产品，不同颜色和大小都算不同的 SKU，简单填写其他的产品描述即可，然后将这三项资料发到招商经理的邮箱。

（2）招商经理再将资料提交到亚马逊进行审核，一般需要 3～7 天就能通过审核。招商经理会将全球开店的注册链接发到卖家邮箱，单击链接开始注册账号（下面以北美站注册为例）。

（3）进入 gs.amazon.cn，如图 5-2 所示，单击"北美开店"，然后单击图 5-3

图 5-2 进入亚马逊北美站

图 5-3 "立即开店"按钮

中的"立即开店"按钮。

(4)单击"Sell as a Professional",建议注册专业卖家账号,个人卖家账号现在通过率很低。

> **备注**:亚马逊的账户类型分为专业卖家账号(Professional)和个人卖家账号(Individual)。无论是公司还是个人,都可以在亚马逊平台上注册账号。以公司名义与以个人名义开设的账户在各种权限上(流量、商品上架数量、商品审核要求等)没有任何区别。这两种账号的主要区别在于月租金、功能使用权限上。以美国市场为例,我们可以从表5-1中清晰地看到,"个人卖家账号"会被收取按件收费的费用,而"专业卖家账号"账户则需要支付月度的订阅费。

表5-1 专业卖家账号和个人卖家账号的区别

账号类型	个人卖家账号Individual	专业卖家账号Professional
注册主体	个人/公司	个人/公司
月租金	免费	39.99美元/月
按件收费	0.99美元/件	免费
销售佣金	根据不同品类亚马逊收取不同比例的佣金,一般为8%~15%	
功能区别	单一上传,无数据报告	单一上传/批量上传,可下载数据报告

(5)填写姓名、邮箱地址、密码,创建新用户。如图5-4所示,在打开的页面中输入你的姓名(Your name,请使用英文或者拼音填写,例如,zhangsan)、邮箱地址(Email)、密码(Password,至少6个字符),然后再次输入密码,单击"Next"按钮。

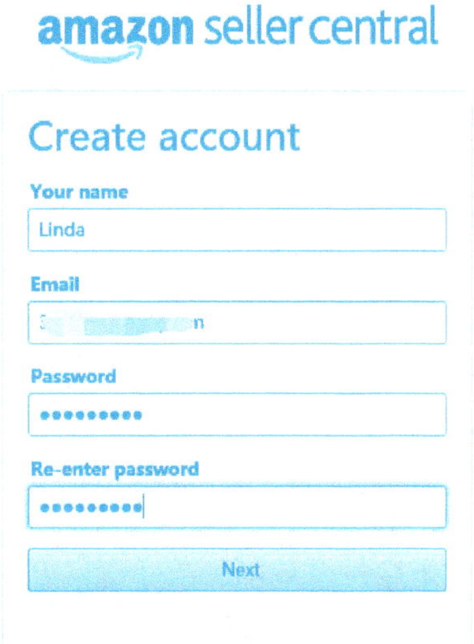

(6)填写法定名称(并勾选卖家协议)。在打开的页面中,如图5-5所示,在"法定名称"中输入卖家的全名,如果注册为个人卖家,可以输入个人全名,如果注册为商家,则输入商家的注册名称和全名,例如,Seller Inc-John Smith。然后勾选"我已阅读并接受以下文件中的条款和条件:亚马逊服务商业解决方案协议"。

图5-4 注册登录账户信息

图 5-5　卖家的基本信息

（7）填写地址、卖家名称等。如图 5-6 所示，填写 Street address（街道地址），City/Town（城市 / 城镇），State/Region/Province（国家 / 地区 / 省），Country（国家），ZIP/Postal Code（邮政编码）。

例如，地址是：中国浙江省温州市新田路，邮编 325000，那么按照英文的习惯在图中按步骤输入的是 Xintian Road，Wenzhou，Zhejiang，China，325000。

上面的地址信息全部填写完毕后，然后接着按照图示填写公司名称，例如 Wenzhou SISIL Co., LTD，如果卖家有在线销售产品的网站，可以输入网址，比

图 5-6　填写地址、卖家名称等

如 www.sisil.cn，这些都只是提供给亚马逊了解商家的信息，以供平台更多地了解卖家。

（8）填写联系方式，进行电话/短信认证验证码。在图 5-7 中的"手机号码"文本框中输入手机号码，再在"选择接收 PIN 的选项，以验证您的电话号码"选项中选择"电话"或者"SMS"，如果选择短信提示（SMS）的话，单击"立即给我发 SMS 短信"按钮后手机会实时收到一个 4 位数的 PIN 码，按照手机提示输入 PIN 码。单击"下一步"按钮。注意：如果 3 次认证不成功则需要等候 1 小时后才能重新认证。

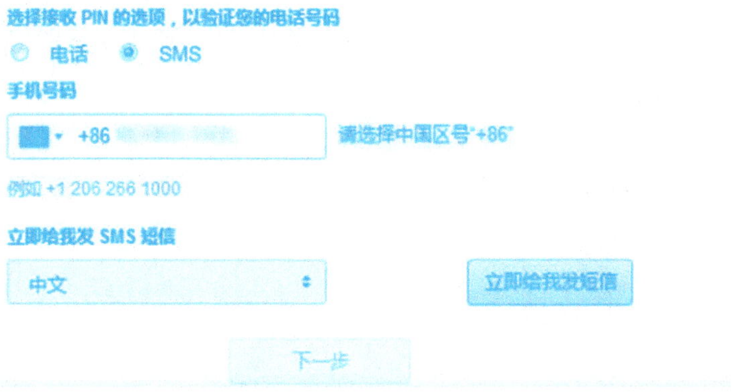

图 5-7　填写联系方式

（9）填写信用卡卡号、有效期、持卡人姓名、账单地址、设置信用卡。如图 5-8 所示，输入银行卡 Card Number（卡号）和 Cardholer's Name（持卡人名字），这里的银行卡要使用可以支付美元的双币信用卡，VISA 卡和 Master 卡都可以，信用卡的持卡人与公司的法人不需要是同一个人，公司注册的账户也可以用个人信用卡。这个信用卡信息在账户运营过程中是可以更换的。

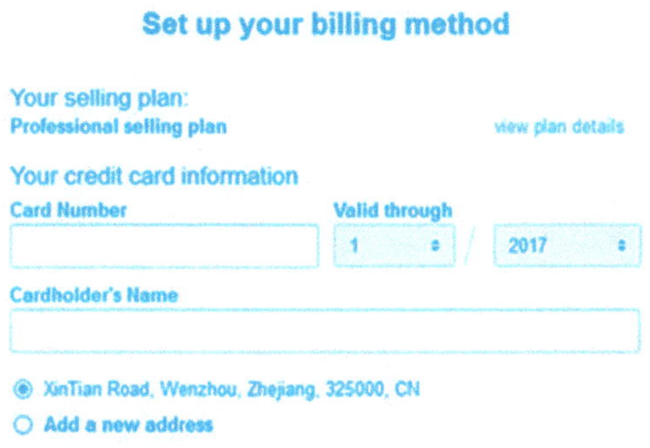

图 5-8　信用卡信息

> **备注：**
> 请使用可以支付美元的双币信用卡：VISA，Master 银行卡。确认默认地址信息是否与信用卡账单地址相同，如不同，请使用英文或者拼音填写地址。信用卡持卡人与账户注册人无须为同一人，公司账户亦可使用个人信用卡。

请注意输入的信用卡卡号、英文地址不能出错（要和当初开户时电子对账单的英文地址一致），因为亚马逊后台会尝试扣取一定的费用来测试这张银行卡能否使用。若扣款失败，平台会出现如图 5-9 所示信息，则需要更新信用卡信息或者重新绑定一张信用卡。

信用卡信息填写完成后，卖家就完成基本的账户信息填写过程，包括基本的公司名称、办公地址、注册地址、付费信用卡信息等资料；完成上面的基本账户信息注册后，账户还需要通过纳税审核的过程。

图 5-9　扣款失败之后的提示信息

5.1.3 纳税审核流程

纳税审核对于国内的卖家来说是比较陌生的,其实纳税审核是一个自助的审核过程,平台会提示和指导卖家输入身份信息并确认账户是否需要缴纳美国相关税费。大部分身份信息会从之前填写的信息中提取处理并预先填入,为了尽可能高效地满足美国税务部门的要求,请在审核过程中确保回答所有问题并输入所需的信息,中国卖家必须完成此审核流程才可以完成注册。

第一步,单击"开始税务调查"(这个步骤是完成上面的信用卡信息后自动跳入的界面),如图5-10所示。

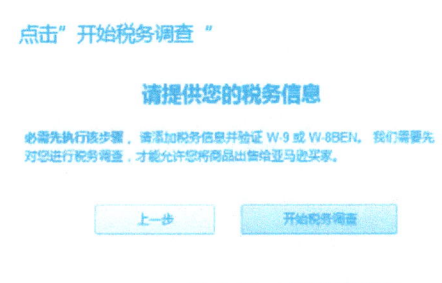

图 5-10 开始税务调查

第二步,打开如图5-11所示页面,确认公司或个人非美国身份。就美国税收目的而言,要确认您是否为美国人?一般中国的卖家都是选择第二个选项,"否",包括在中国大陆、香港、台湾地区注册的公司或者个人,然后单击"保存并继续"按钮。

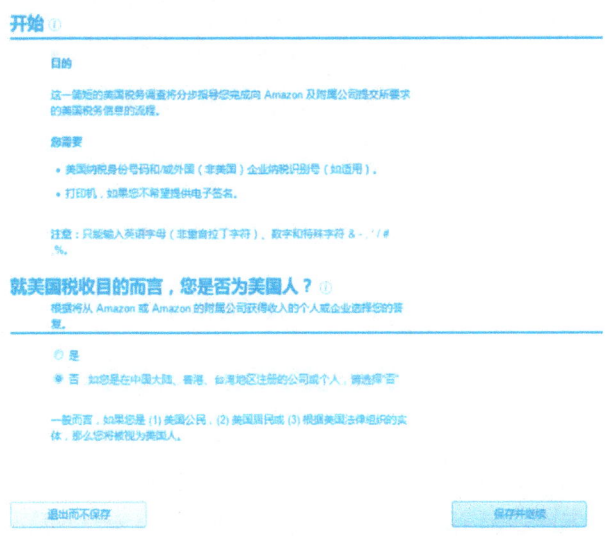

图 5-11 确认公司或个人非美国身份

最后通过审核，系统会提示如图 5-12 所示页面，提醒已经注册成功。

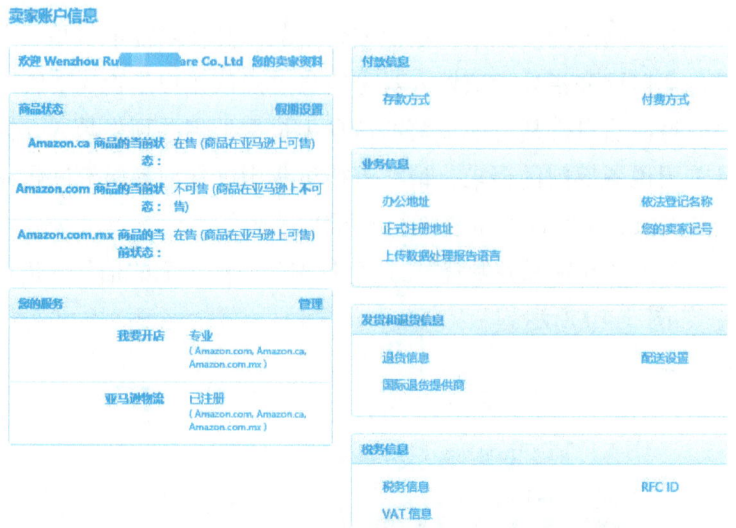

图 5-12 注册成功提示页面

备注：亚马逊注册的账号关联问题

账号关联：一个账号出了问题或者说被封号，那登录过这个账号的计算机和网络 IP 就会同时被 Amazon 记录下来，如果下次有另一个健康的账号在这台计算机或者网线登录，那么这个健康的账号就会被关联到，但是 Amazon 的系统也会去判定两个账号销售的产品是否相同或者类似，还有通过其他途径确定两个账号是否是同一个卖家操作。如果认定是同一卖家操作，那么这个健康的账号就会被关联，结果就会遭到被封号或者其他处罚。所以，操作 Amazon 时要小心谨慎，不要投机取巧。

5.2 产品的上传

亚马逊后台的产品上传步骤和速卖通的步骤略有不同，其产品的详情页的填写不像速卖通平台这么复杂，但各个跨境电子商务平台的产品上传步骤还是有很多相同之处的。下面演示一款新产品在亚马逊平台的上传步骤。

1. Add a Product 增加新产品

卖家只有在亚马逊后台完成产品的上架,买家才能搜索到我们在线销售的产品。进入卖家后台,如图 5-13 所示,单击"库存"(Inventory),这是后台库存的界面,然后单击"库存"(Inventory)→"添加新商品"(Add a New Product),如图 5-14 所示。

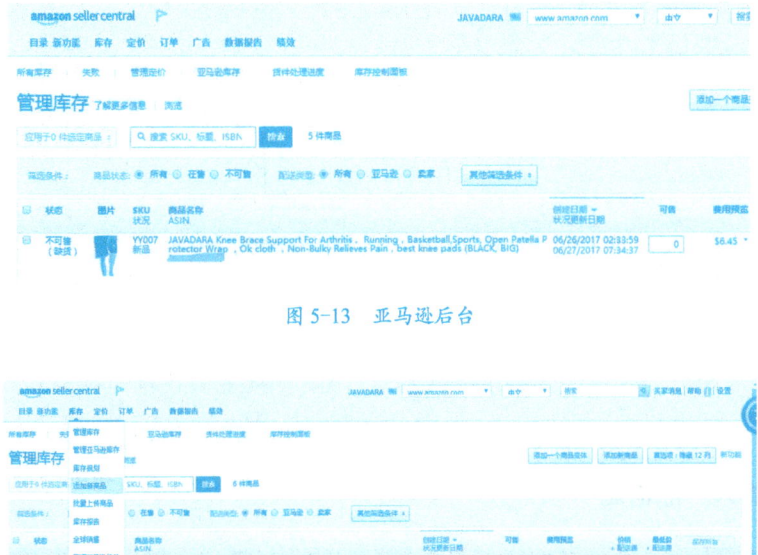

图 5-13　亚马逊后台

图 5-14　添加新商品

2. 选择类目

在输入框中输入类目关键词,可以搜索相关类目,也可以直接选择想要的类目。亚马逊的分类做得很详细,卖家一定要分清自己销售产品的类目如图 5-15 所示。卖家在列表中选择商品的详细品类,比如图 5-15 中的"Bags"(包包)→"Diaper Tote Bags"(尿布手提包),然后单击"Select"(选择)按钮。

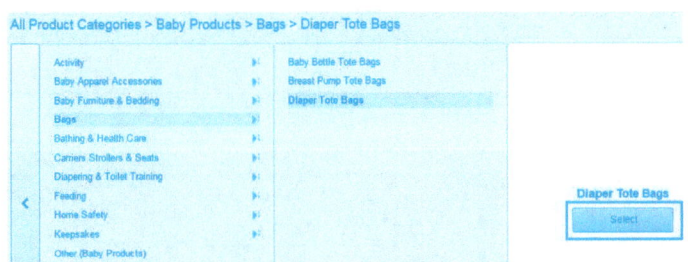

图 5-15　选择类目

> **注意：**
>
> 如果卖家不确定自己的商品品类，也可以使用品类的搜索功能，输入品类关键字后，进行搜索，如图5-16所示。比如在"Search for your product's Category"文本框中输入"DVD"，单击"Find Category"按钮，则在"Categories"列表框中列出了搜索结果。在搜索结果中选中相应的品类后，就可以进入"添加产品"页面。

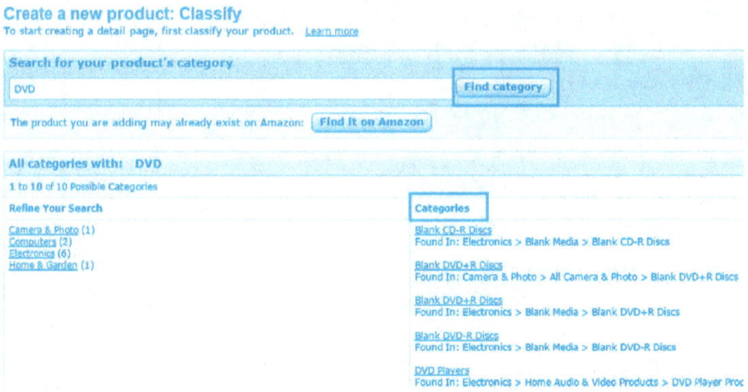

图5-16 品类搜索

3. 输入产品信息

打开如图5-17所示页面。红色星号标记的为必填项，提供所有必填的产品信息非常重要，比如：Product Name（产品名称）、Brand（品牌）、Department（归属类别）、Color（颜色）、Material Fabric（材料）、Size（大小）。根据自己的产品的信息，正确填写。

图5-17 输入产品信息

4. 主图

主图最好是白底的，如图 5-18 所示，要求 1000 像素以上，图片的大小最好是 1001*1001 的。主图很重要，很多外国买家是通过图片去了解产品的，而有些中国卖家的产品图片上面还有中文，这可能是从淘宝、1688 等国内平台复制过来的，因此一定要让美工团队先处理好图片，中文都要改成正确的英文。

图 5-18　主图示例

5. 颜色、尺寸的选择

假如卖家销售的商品是有不同尺寸、颜色的话，需要在后台选择变量。如图 5-19 所示，单击"Variations"（变量），然后在"Variation Theme"（变量主体）的选择下拉框，会有颜色（Color）、颜色＋尺寸（Size, Color）、尺寸（Size）选择。比如选择"Size, Color"选项，会出现如图 5-20 所示页面，卖家可以在左边的"Size"文本框里面输入"X"（大码），在右边的"Color"（颜色）文本框中输入"Navy Blue"（海军蓝）。

图 5-19　颜色、尺寸设置

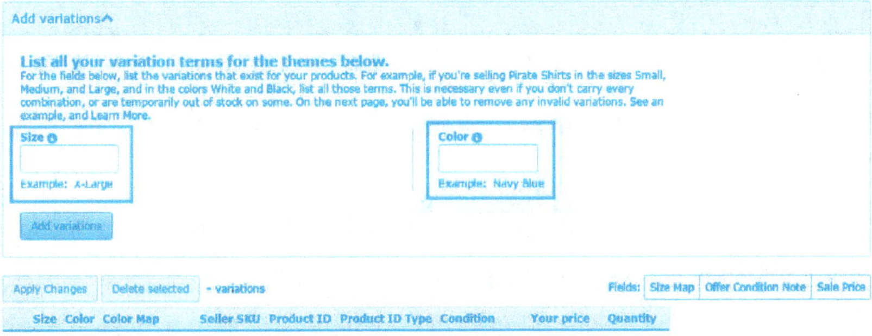

图 5-20　颜色＋尺寸设置

按照上面的步骤演示，卖家输入其他的尺码和颜色，全部都输入完毕后，会出现如图 5-21 所示的尺寸颜色组合，卖家要在每个组合后面添加 Product ID（号码）、Your Price（你的报价）、Quantity（数量）等信息。

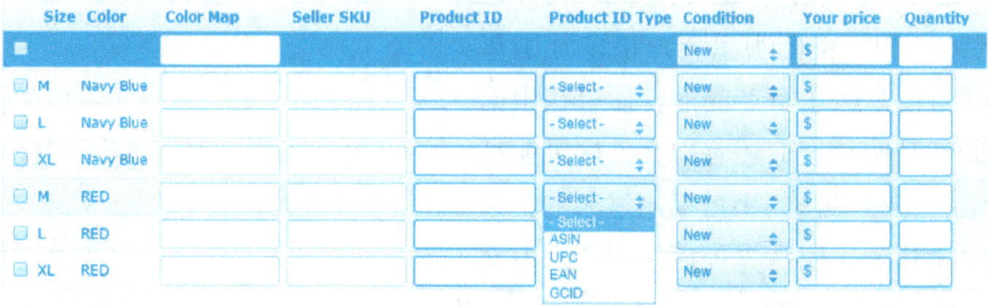

![图5-21 尺寸颜色组合表格]

图 5-21　尺寸颜色组合

6. 保存设置

最后单击页面最下面的"Save and finish"（保存和完成）按钮，就完成了初步的产品上传步骤。

5.3 亚马逊物流

亚马逊平台的订单目前支持两种发货方式，卖家自己选择物流公司发货（中国直发）和 FBA（亚马逊官方物流）发货。

5.3.1　中国直发

对于亚马逊的初级小卖家而言，刚开始很多会选择一般的物流公司，就是亚马逊的买家下单后，产品直接从中国直接运送到买家的手中，买家下单收到货的时间会比较久，这样一来在竞争激烈的亚马逊平台可能会落后，买家也可能会因为时间的原因不选择你的产品。

卖家可以使用国际小包、国际专线、国际快递等物流服务，这些物流方式其实和速卖通的部分物流方式是一样的。比如卖家可以根据订单的具体国家，选择适合的物流方式，比如俄罗斯的订单就可以走俄罗斯速通；美国的订单就可以走国际 E 邮宝。

1. 国际小包

国际小包有中国邮政、EUB、荷兰邮政、香港邮政、新加坡邮政、比利时邮政、马来西亚邮政等，小包适合低值中低物品，到美国的话 EUB 是最便宜的，服务质量也稳定。邮政小包一般可以有平邮和挂号两种，采用挂号方式可以查询配送的轨迹，采用平邮的话就是没办法知道产品是否妥投。采用挂号服务要增加挂号费，略微贵一些，中国邮政的挂号费最便宜。只能发 2kg 内包裹，体积限制最长边不超过 60cm，三边之和不超过 90cm。不过要注意，现在中国邮政到美国、英国、德国等国家基本只能查询到中国到目的国这一段的轨迹，后面当地配送轨迹目前还不可查，EUB 则是全程轨迹可查的（这部分内容可参考第 3 章中速卖通物流部分）。

2. 国际专线

国际专线的特点是物品重量限制放宽，使用空运运至国外再交给当地物流配送，时效稳定，性价比高，全程详细跟踪。适合高价值，对时效要求高的包裹。比如出口易英国专线，因为英国比较小，当地配送 1~3 天就可以完成，所以英国专线还是可以控制 90% 以上订单在 8 天内妥投的。但是美国地大人口分散不集中，当地配送都要 1~5 天，整体从中国过去差不多就需要 8~15 天。如果是欧洲的话，就比英国再慢 2~3 天。国际专线这种方式更适合的是价值比较高一些的产品。

3. 国际快递

国际快递包括：DHL、UPS、EMS、FedEx 等，EMS 是比较便宜的一种方式，限重 30kg。国际快递适合高价值的产品，时效快，一般需要 3~5 天，EMS 大概需要 7~15 天。国际快递要计算抛重（即体积重），一般重量在 20kg 以上才便宜。采用国际快递需要索取发票，当地需要收件人协助清关缴税。国际快递是最快的发货方式，不过不能发大批量电池货物，对于仿牌和违禁品等海关查得也更严格。

5.3.2 FBA 物流

FBA（Fulfillment by Amazon，亚马逊官方物流），就是指卖家把自己在亚马逊上销售的产品库存直接送到亚马逊当地市场的仓库中，客户下订单，就由亚马逊系统自动完成后续的发货。

1. FBA 的优势

①提高 Listing 排名，帮助卖家成为特色卖家和抢夺购物车，提高客户的信任度，提高销售额。

②配送时效快（仓库大多靠近机场）。

③7×24 亚马逊专业客服。

④减少因为物流原因引起的差评纠纷。

⑤对单价超过 300USD 的产品免除所有 FBA 物流费用。

2. FBA 的劣势

①一般费用要比国内发货偏高。

②灵活性差（FBA 的客服都是用英文沟通的）。

③FBA 仓库不会为卖家的头程发货提供清关服务。

④如果前期工作没做好，标签扫描出问题的话，会影响货物入库，甚至无法入库。

其实 FBA 物流总的来讲，就是亚马逊的卖家在国内先把商品一个个打包、外面贴上标签，如图 5-22 所示，然后把这些包装好的产品一起发货给亚马逊官方仓库，等当地买家下订单后，就由仓库发货给客户。

图 5-22　标签

5.3.3 FBA 物流的头程

FBA 头程，亚马逊是不负责清关以及在中国地区配送至亚马逊仓库的服务的，FBA 头程服务就是指从中国各地将货物运至亚马逊仓库，有专门的服务可以实现这个需求，比如在华南、华东都有服务的出口易，出口易也是亚马逊后台推荐的 FBA 头程服务商。FBA 头程，市面上应该有以下 3 种发货方式。

（1）直发快递：DHL、UPS、FedEx 之类的，一般重量在 20kg 以上价格还是不错的，时效快，适合紧急补货。而且快递都是免预约入库的，但是要注意亚马逊不作为清关主体，不负责清关和缴税，一定要做好申报和关税预付并且提前准备好对接当地清关进口商。

（2）FBA 空＋派：使用空运先将产品运到当地，再使用当地快递配送至亚马逊仓库，其时效快，略比直发快递慢一些，快递时免预约入库非常方便。现在市面上的"FBA 空＋派"一般是双清包税的，也不需要支付关税预付费用等，费用也很便宜，大概 20～30 元 /kg。

（3）FBA 海运＋派：海运＋当地清关＋目的国配送，时效略微长一点。这种海运头程时效较长，一般要一个多月，但是价格便宜，适合不紧急的补货，可以找很多清关公司负责全程服务。

5.4 亚马逊的纠纷应对及处理

亚马逊的纠纷分类包括：A-To-Z Claims（A-To-Z 纠纷）和 Chargeback Claims（信用卡撤单）。下面重点讲解下 A-To-Z 纠纷。

5.4.1 A-To-Z 纠纷

1. A-To-Z

美国亚马逊对购买第三方卖家产品的消费者实施的保护政策。如果消费者不满意第三方卖家销售的产品，可以发起 A-To-Z 保护。亚马逊是这样描述的：为了让您在任何时候都能放心地在亚马逊上购物或使用亚马逊支付，我们对您在亚马逊网站上从第三方卖家发生的交易或使用亚马逊支付在第三方网站上的合格购买行为进行担保。您购买产品的状态和它及时的寄送处于 A-To-Z Guarantee 的保护之下。

顾客在亚马逊网站上的购买行为如因发生纠纷可收到上至 $2500 的退费，含运费在内。

2. 开启 A-To-Z 纠纷的情况

以下几种情况符合的都可以开启 A-To-Z：

①未收到购买的产品，超过最晚送达日期 3 天后至付款成功后的 30 天内可以提交索赔申请。

②如果收到的产品有损坏、缺陷，或者与产品描述存在重大差异，在退换货期限内已经联系卖家处理但未能解决的。

③卖家同意退款，收到商品后未按照协议规定办理退款（如果拒绝退回产品给卖家，或者没有退货跟踪号，索赔可能不成功）。

④不满意卖家的产品质量或者服务。

亚马逊平台会向卖家发送电子邮件告知 A-To-Z 的细节，并请求卖家的响应并给予一个机会申诉，这个纠纷开启后亚马逊会要求卖家必须在规定的时间内回复，不然亚马逊会直接退款给买家。每一个 A-To-Z 记录，亚马逊会保持记录一年左右。

3. A-To-Z 对卖家的影响

一旦 A-To-Z Guarantee 索赔成立，会影响到卖家账号健康指标中的 Order Defect Rate（ODR 订单缺陷率）以及完美订单（POP）的分数。

需要注意的是，假如卖家成交的订单很少，那么一两个 A-To-Z Guarantee 可能就会导致账号面临被审核、冻结，甚至被关闭的风险。

5.4.2 Chargeback Claim 纠纷

Chargeback Claims 是指信用卡撤单，也叫信用卡退单，是指买家要求信用卡公司撤销已经结算的交易。买家可以根据信用卡组织的规则和时限向其发卡方提出退单。国际信用卡的拒付期一般是 180 天，所以买家发起退单有可能在数周甚至数月后，大部分的信用卡撤单是发生在交易 45 天以内的。

常见的 Chargeback Claims 有以下几种情况：

①未经授权使用。就是持卡人的信用卡信息被人盗取，盗卡人以持卡人的名

誉刷卡消费。

②产品与描述不符。买家付款后收到的产品与期望的显著不符。

③产品未收到。买家付款后未收到产品。

时间限制：卖家必须在 Chargeback Claim 开启后 7 天内进行回复，具体最迟回复时间可以看亚马逊提示。若超过该时间不回复，亚马逊将会直接判定将款项退还给买家。

5.4.3 如何应对纠纷

1. A-To-Z 的处理办法

（1）收到 A-To-Z 之后，分析好该纠纷的前因后果。首先要给卖家发邮件，但不要立马回复，因为刚开起 A-To-Z 不久的卖家一般火气正大。隔 1 天之后，火气消了点，态度好点再跟买家说这件事其实有更好的处理方法，请他先撤销 A-To-Z，当然一般 A-To-Z 撤销的概率很小。但这点很重要，让亚马逊看到了卖家是在跟买家有效沟通，看到了卖家的态度。

（2）第三天卖家再发第二封邮件，说明希望与买家一起处理这个问题，能不能拍一些产品图片以及说明更多细节。如果沟通良好，可以酌情处理，一般处理方式有全额退款、部分退款、撤销索赔（Claim Withdrawn）等情况。

（3）了解清楚原因，若跟买家沟通无果的话，再跟亚马逊开始申述，说一下事情的经过，积极与买家沟通并且提出了解决方案，想得到更多产品质量细节，但是买家一点都不配合甚至不能提供一张图片，希望亚马逊能给出一个公平结果。

处理结果一般几天内就完成。亚马逊 A-To-Z 处理小组的人看到这个投诉会去分析：卖家和买家双方的态度，如果卖家态度非常积极，合情合理；但对比买家的理由存在恶意或者有诸多不合理之处；他们会考虑双方感受，认可索赔，亚马逊提供资金。

2. Chargeback Claims 的处理办法

Chargeback Claims 流程图说明如图 5-23 所示：

①当有新增 Chargeback Claim，亚马逊会发一封通知到 Gmail，标题提示有 Charge Dispute Inquiry，或者直接到亚马逊账号上面查看当天是否有新增 Chargeback Claim。

②联系买家前先到 Gmail 查看是否有沟通记录，确认问题类型并针对性地跟进客户，如无沟通记录可到订单页面查看该订单是否有 TN 并确认物品是否已经

被签收了,再发邮件跟客人确认是否签收了包裹还是不满意物品质量,或者信用卡被盗用。

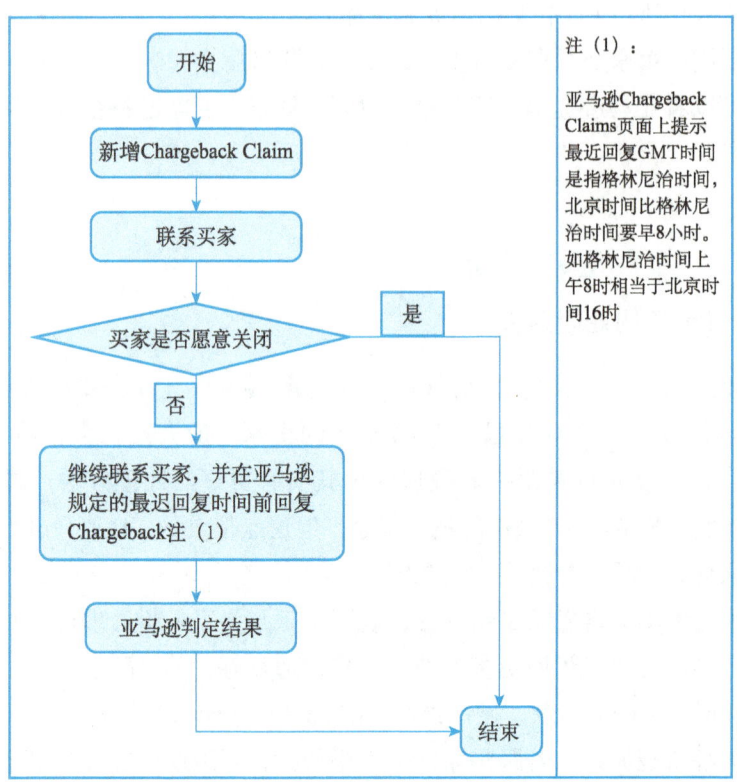

图 5-23　Chargeback Claims 流程图说明

知识链接

一、亚马逊 FBA 入仓介绍

在中国要将货物发送至亚马逊 FBA 入仓时,收件方公司为 AMAZON(亚马逊)或美国 FBA(Fulfillment by AMAZON:亚马逊提供的代发货业务)。因为 AMAZON 是一个网络电子商务公司,并非真正的最终收件者,它不会协助处理货物清关及支付税金等事务,所以亚马逊入仓业务除了需要收件人为亚马逊以外,还需要一个清关代理或当地收件公司或个人,否则亚马逊的货物可能会被退回,产生高额费用。

具体体现在我们的发票上则表现为:"AMAZON"为"SHIP TO",而清关代理或其他公司为"SOLD TO"。请注意明显标记 SHIP TO,避免错误。

此类货件存在的问题主要体现为税金和清关问题。为避免出现快件出现问题，请寄件人务必按照以下要求处理货件。

（1）寄件人在寄运货物前，必须和进口方协调货物清关以及签收事宜，确保货物抵达当地以后，清关联系人将配合服务商或清关代理处理货件清关事宜。

（2）出货发票必须注明真实进口方（买方或清关代理）的公司名称、地址、具体联系人、联系方式（电话、手机和电子邮箱）。

（3）由于 AMAZON 不负责任何清关及关税预付服务，为避免货物由于关税问题出现滞留，寄运货物前请先确认关税支付方，建议关税预付或者第三方支付关税。

（4）寄件人和进口方应就货件签收问题做好协调，尽早确认货物是否完好抵达仓库并派送，以免出现漏收、错收等情况。如出现由于错收或漏收，进口方或收件方未能或无法提供详细的包裹信息导致服务商无法进行调查，将可能导致货件无法进行索偿，届时全部责任和费用将由寄件方承担。

二、亚马逊 FBA 账号被封的原因

（1）亚马逊关联。为了避免账号关联，在操作新账号时，保证 IP 路由、网卡、系统是全新的。多账号操作时，不要使用相同的税号信息和收款账号，否则会封闭其中一个账号。如果办公地址发生变更，请及时联系亚马逊客服说明情况。

（2）跟卖侵权。在跟卖产品之前，一定要了解清楚对方产品是否注册了商标和外观专利，尤其是标志了 LOGO 的产品，千万不要想当然，到相关商标网站查清楚了再去跟卖。一旦收到警告，必须马上下架，最好给对方卖家写封邮件以示道歉。一旦跟卖有商标的产品，被对方卖家控诉侵权，直接封号。

（3）好评太少，差评过多。评价少，好评就更少。老外似乎都没有留评价的习惯，更何况是好评。差评过多会移除销售权，甚至封号。如果是少数差评和 A-To-Z，确实解决不了，不影响 ODR 超标的情况下建议不要太纠结，关键是想办法增加更多的订单来增大分母。

（4）产品缺乏相关认证。某些产品需要取得相关认证方可在某些国家销售，如产品授权认证、安全认证等。在亚马逊欧洲站点，电子产品、玩具、医疗设备等需要取得 CE 认证。政策违规是累计的，很难被撤销。

（5）产品与图片不符。为了提升转化率，我们不断优化产品详情，但要注意，在跟卖的时候，切记不要夸大其词，要根据实际情况撰写产品描述，上传的图片必须与发货的产品一致，否则遭来退货和差评会导致封号。

三、亚马逊 A-To-Z 应对邮件模板

亚马逊卖家是否有常常遇过买家针对订单开起 A-To-Z 的困扰呢？而且解决完买家问题但又不知道要怎么请对方移除 A-To-Z Claim。为了各卖家店铺的稳定经营，下面提供移除 A-To-Z 的电邮模板与各位分享。

Dear Buyer,

Thank you for contacting us about the problem of your recent order. Hopefully we have fully resolved your issue. If you think the problem is now solved and would like to withdraw the A-To-Z Claim, which you filed earlier on this order _____（订单 ID），we would greatly appreciate it.

Here are the steps to withdraw your A-To-Z claim in the orders section of Your Account.

To withdraw a claim for purchases made on Amazon.com

Go to Your Orders

Locate your order in the list and click Order Details.

If the order has already shipped, click Withdraw claim under Problem with this order? on the order summary page.

Follow the prompts to explain the withdrawal and click Withdraw claim to complete the request.

We hope you have a pleasant day, thank you for shopping at _____（该处放店铺名）.

Yours sincerely,

_____（店铺名）Customer Service Team

四、亚马逊产品编码

对于大多数分类，卖家需要将产品与行业标准商品编码进行关联，这样才能在亚马逊上面创建新的产品页面并发布产品，如表 5-2 所列。这些编码可将卖家发布的产品与亚马逊目录中已经存在的产品进行匹配，从而帮助确保产品页面信息的准确性。

表 5-2 亚马逊产品与行业标准商品编码

商品分类	是否需要商品编码	例外和豁免
亚马逊 Kindle	是	无
汽车和机动车*	是	主要品牌均需具有 UPC

续表

商品分类	是否需要商品编码	例外和豁免
母婴	是	主要品牌均需具有 UPC，但是可为自有品牌商品申请豁免
美妆	是	主要品牌均需具有 UPC，但是可为自有品牌商品申请豁免
图书	是	于 1973 年或之后出版的图书需具备 ISBN，但是卖家可以在不提供 ISBN 的情况下发布，1973 年之前出版的图书，也可申请豁免
手机和配件（无线）	是	卖家必须用唯一的 UPC 为批量商品或采用无商标/承运人包装的商品创建单独的页面
服装和配饰	是	主要品牌均需具有 UPC，但是可为自有品牌商品申请豁免
电视/音响	是	捆绑商品需要具备唯一的 UPC
影视	是	无
娱乐收藏品	是	主要品牌均需具备 UPC，但是可为自有品牌商品申请豁免
食品	是	主要品牌均需具备 UPC，但是可为自有品牌、专门性商品、艺术类商品和精选礼品申请豁免
个护健康	是	主要品牌均需具备 UPC，但是可为自有品牌商品申请豁免
		多件装商品需要提供商品包装数量
家居与园艺（包括宠物用品）	是	主要品牌均需具备 UPC，但是可为自有品牌和手工商品申请豁免
家居维修	是	主要品牌均需具备 UPC，但是可为自有品牌商品申请豁免
		多件装商品需要提供商品包装数量
工业与科学	是	不应在此分类分布没有 UPC 且属于其他分类的商品。如果某个品牌已具有 UPC，则需要提供 UPC
珠宝首饰*	是	主要品牌均需具备 UPC
箱包和旅行用品*	是	主要品牌均需具备 UPC，但是可为自有品牌商品申请豁免
音乐	是	无
乐器	是	无
办公用品	是	捆绑商品需要具备唯一的 UPC
个人电脑	是	捆绑商品需要具备唯一的 UPC

商品编码是称为全球贸易项目代码的唯一编码系统的一部分，用来创建亚马逊目录页面的最常用号码包括商品编码（UPC）、国际标准书号（ISBN）、欧洲商品编码（EAN）。禁止使用虚假的商品编码信息，否则亚马逊会取消卖家的创建权限。

如果未提供 UPC、EAN 或 ISBN，通常会收到一个错误消息。在这种情况下，需要添加产品的 UPC，以便在亚马逊目录中创建新的产品详情页面，或填写库存待售产品。

五、亚马逊如何跟卖

举个例子，当卖家 A 创建了一个产品页面，其他卖家发现这个产品销量很好，于是也跟卖这个产品。于是出现了不同卖家之间的同款产品共用同一个详情页面的情况，这就是跟卖。它要求跟卖方的跟卖产品必须与被跟卖方的产品一模一样，包括产品的品牌、外观、包装、功能、颜色、大小等。

亚马逊出售的办公用品位于黄金购物车，而在右下角出现的"Others Sellers on Amazon"就是其他跟卖的卖家，其他卖家也在出售同款产品，如果单击"45new"，可以展示 45 个新产品，也可以看到所有参与跟卖的卖家，以及各个卖家的产品价格、运费、配送物流等信息。

亚马逊设定跟卖这个游戏规则，与它重产品、轻店铺的运营理念有关。不同卖家之间的同款产品共用同一个详情页面，可以避免出现大量重复的产品和页面，给买家带来良好的购物体验，也促成卖家之间的良性竞争。

1. 跟卖的好处与风险

（1）被跟卖的产品一般是比较畅销的，跟卖能快速截获流量，最直接的效果就是增加订单量，提升店铺的流量和带动店铺里其他产品的销量。对于新卖家来说，这是一条不错的捷径。

（2）跟卖方直接利用被跟卖方建好的产品页面，无须再次创建页面，上下架也很方便，想卖就卖，不想卖就下架，省时省力。

（3）跟卖是一种高风险高收益行为，其中，最大的风险莫过于被有授权的卖家或品牌商家以及买家投诉，导致账户受限或被封。

2. 参与/取消亚马逊跟卖的方法

（1）卖家可以用以下两种方法进行跟卖

①找到需要跟卖的产品，在产品购物车的下方有一个"Sell on Amazon"按钮，单击该按钮后填写相关信息即可搜索。

②进入亚马逊后台，找到"Add a Product"按钮，然后在搜索框内输入 UPC 码（或 ENA 码、ASIN 码）或产品标题，找到需要跟卖的产品，单击"Sell Yours"按钮即可跟卖。

（2）取消跟卖的方法

如果卖家不小心跟卖了有品牌保护的产品，又或者中途不想跟卖了，可以直接停售跟卖产品，或者通过以下两种方式在后台库存（Inventory）中取消跟卖。

①单击"Close the Listing（关闭这个产品）"，把跟卖产品的库存改为0。

②单击"Delete the product and listing（删除这个产品）"，删除跟卖产品。

六、亚马逊账号受限应该怎么办？

1. 导致亚马逊账号受限的原因

导致亚马逊账号受限的原因有：延迟发货、超前发货、旧货当作新品卖、产品实物与描述不符、货物不真实、遭遇知识产权投诉、商标侵权、账号关联、操纵产品排名、注册信息造假、产品安全问题，以及亚马逊认为的其他问题。

2. 申诉时效

一般情况下，亚马逊账号受限时有一个17天的申诉期，也就意味着卖家将要进行的申诉需要在17天内完成，这个时间是作为卖家的你需要深刻铭记的。如果在17天内没有进行申诉或者申诉的行动计划没有得到亚马逊的认可，账号可能就错失了申诉机会。

面对这一系列的问题，有些问题是卖家自身清楚理解的。比如对于自发货的卖家来说，订单发货延迟，超出了发货时间要求，导致ODR指标中的延迟发货率超标，或者一些卖家在货物没有发出前提前确认发货以及发货后频繁修改追踪单号导致被系统判定为超前发货等。

对于这种卖家清楚了解情况的事项，亚马逊账号受限后，卖家一定要做出深刻检讨、反省并制订出行之有效的行动方案（Plan of Action, POA）。只有申诉内容真诚、方案切实可行，才有可能得到亚马逊卖家绩效团队的谅解并给以重新销售（Reinstate）的机会。

七、亚马逊卖家如何防止图片侵权

亚马逊是个保护原创、尊重知识产权的平台，对卖家的侵权行为是零容忍的，很多在亚马逊开店的卖家也是因为存在侵权行为导致店铺被关，这种案例屡见不鲜。而这些侵权行为里存在图片侵权、商标侵权等情况。为此，如果卖家不想自己的账号早早挂掉，就需要想办法防止图片侵权。

在亚马逊平台上，常见的侵权行为包括发明专利侵权（如外观侵权）、品牌侵权、商标侵权，甚至是图片，也经常存在侵权情况。为了账户安全，防止图片侵权，在亚马逊开店的卖家不能盗用他人图片，产品自身不能存在侵权行为。

1. 禁止盗用他人图片

一般的情况，在刊登产品图片时，亚马逊平台不会判断你的图片是否存在侵权行为，但如果被图片原创卖家举报了，经亚马逊核实，盗图情况属实，则会被亚马逊冻结账户。只要是盗图，都有被投诉的风险，而且风险还是很大的。所以，为了账号的稳妥安全起见，建议不要盗图，就算是没有 Logo 的图片也建议不要盗用，尽量使用自己制作的图片。

但如果真的存在盗图而且又被举报的情况之下，在亚马逊开店的卖家该怎么办呢？最好的办法是卖家自觉删除侵权图片，并主动诚恳向图片原创卖家道歉以及保证不再使用，尽量想办法让图片原创卖家撤销投诉。但如果对方不接受，卖家只能进行申诉了。如果申诉失败，则会被亚马逊冻结账户。

2. 注意保存原始图片信息

卖家要使用自己的图片时，也要注意对原始图片信息的保存。不排除日后会有别的在亚马逊开店的卖家恶意投诉你所使用的图片存在侵权行为，但如果可以提供图片原始的相关信息，证明图片来源的合理性，相信这种侵权举报，也不会成立的。

3. 产品不能印有其他品牌的商标 Logo、水印

尤其是各种明星头像、卡通动漫（如"Hello kitty" 如图 5-24 所示、"Angry birds"），哪怕是一个小小的 Logo，也不能出现，比如说：你是做香奈儿服装的卖家，在产品图片上挂衣服的衣架上带有 LV 的 Logo，都是不可以的。

图 5-24　Hello kitty

本章小结

亚马逊平台是美国最大的网络电商公司，从经营书籍网络销售起家到现在成为全球商品品种最多的网上零售平台，但是这个平台对于卖家的要求很严格，前几年平台给予中国卖家的入驻名额很少，现在才慢慢开放中国卖家的入口通道。本章主要介绍了亚马逊平台的操作流程（以北美站点为例）、基础的产品上传、物流运输、FBA 物流，以及纠纷处理等内容。通过本章的学习，将会学会如何在亚马逊进行注册、发布产品、订单的处理、提现和纠纷处理等平台操作技能。但是高校内会因为账号和机房 IP 地址等原因受限。

 温故知新

一、选择题（不定项）

1. 亚马逊开店有哪些费用？（ ）

  A. 月租金　　B. 销售佣金　　C. 店铺年费　　D. 直通车费用

2. 亚马逊的物流费用包括（ ）。

  A. 仓储费　　B. 基础服务费　C. 配送费　　D. 海运费

3. 如何获得商品的 UPC 号码？（ ）

  A. 去亚马逊官方指定的供应商购买　　B. 网上购买条码生成器

  C. 申请加入中国商品条码系统　　　　D. 淘宝购买

4. 亚马逊产品主图有哪些要求？（ ）

  A. 最长边必须为 1000 像素　　　　　B. 主图 1 张

  C. 图片格式可以为 JPG，TIFF，GIF　　D. 主图背景必须是白色的

二、判断题

1. 亚马逊的产品主图必须为白色底色。（ ）

2. 亚马逊的图片可以是模特图片。（ ）

3. 亚马逊的类目佣金率是 10%。（ ）

4. 中国卖家个人身份和企业身份都是可以在亚马逊注册开店的。（ ）

5. 在刊登产品图片时，亚马逊平台不会判断你的图片是否存在侵权行为，但如果被图片原创卖家举报了，经亚马逊核实，盗图情况属实，则会被亚马逊冻结账户。（ ）

 能力拓展

【工作任务 1】

请分小组了解亚马逊的主图图片要求，分析如图 5-25 所示的主图，存在哪些缺点？如何优化？

【工作任务 2】

请分小组在亚马逊买家界面 www.amazon.cn 了解"卫浴产品 Bathroom Product"这个类目产品的价格、竞争、订单情况，分析这个类目是否适合国内卖家经营。

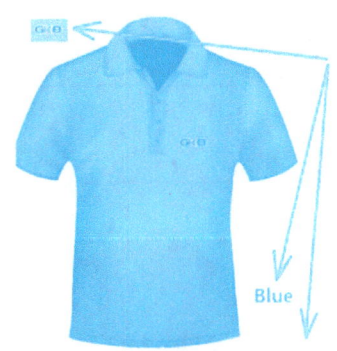

图 5-25　产品主图

反馈表

单元名称	姓名	班级	年 月 日

请思考以下问题：

1. 什么是 FBA？

2. 什么是 A-To-Z 纠纷？卖家应如何应对？

3. 亚马逊的北美站点的注册要求包括哪些？

你认为本单元最有价值的内容是：

你对本单元的教学有何建议，哪些问题是你需要进一步了解或得到帮助的。

教师评价：A. 熟练应用　　B. 掌握　　C. 熟悉　　D. 了解　　E. 没通过

教师签字

第 6 章

敦煌网平台操作

知识目标

▶ 掌握敦煌网平台产品上传的方法与步骤。
▶ 学会优质产品的发布技巧，能掌握敦煌网八达通的物流解决方案。
▶ 掌握基本的纠纷类型及应对。
▶ 掌握产品的基本定价策略及技巧。

6.1 平台认证
6.2 产品上传
6.3 敦煌网的物流
6.4 纠纷处理
6.5 交易账户

故事导入

2011年杨晓锋就做到了敦煌网手机行业老大的地位，2012年依然维持这一地位。原来卖杂货时，一个月销售额只能达到几万美元，而专业做手机业务后每天的订单却增加了很多，现在每月达几十万美元，利率近15%。客户都知道他的店铺专门做手机，卖得非常好。目前，杨晓锋和他的店铺已经声名在外。其实杨晓锋还有很多创新之处，他敢于第一个吃螃蟹，"敦煌网推出来的业务我都会做，敦煌建行E保通我还是第一个尝试的，还成为了E保通的代言人"。

现在他的店铺主要经营品类是国产品牌的手机整机，以走向新兴市场国家为主，如俄罗斯、乌克兰、巴西。

对于未来，杨晓锋的思路很清晰，就是继续做精做专做大手机业务。实际上，2011年他就有了做品牌的意识，眼下他刚刚开始转型做品牌，他的想法是将品牌业务做好做大，让中国的手机品牌可以在全世界销售。

"之前我们是从华强北等市场拿货，改做品牌手机后，我们与一些品牌商签订了协议，拿到了代理权，做品牌商的渠道，像THL、佳域等品牌手机在国内市场做得也很成功，但是他们要开拓国际市场，就会交给我们这些做得比较好的网商去做，也会给我们优势的价格，但要求我们不能窜货，只能发往海外市场，不能发到国外市场。"

 思考题

1. 敦煌网平台的热卖行业有哪些？
2. 敦煌网和前面几章学习的平台有什么区别？

敦煌网成立于2004年，是国内首家为中小企业提供B2B网上交易的跨境电子商务平台。敦煌网在为外贸企业提供信息服务的同时，着力打造融交易、结算、物流、安全、服务为一体的全方位跨境电子商务综合服务平台。本章主要介绍敦煌网平台的操作流程、营销系统、交易账户规则、和纠纷处理等。

 **6.1 平台认证**

1. 进入注册页面

首先完成平台的商户注册，在注册页面，要完整、准确地填写注册信息。首先登录敦煌网首页（网址为：http://seller.DHgate.com/）。单击敦煌网首页左上角的"免费注册"链接或者页面右侧"免费开店"按钮，如图6-1所示，进入注册页面。

2. 填写账户信息

在打开的页面中根据平台提示，填写账户信息，主要包括用户名、登录密码、

第 6 章 敦煌网平台操作

图 6-1 敦煌网登录注册界面

手机号码和常用邮箱,如图 6-2 所示。

3. 手机和邮箱验证

填写商户基本信息并提交后,单击"提交注册信息并继续"按钮,注册界面会显示"请进行手机验证和邮箱验证操作后激活账户",如图 6-3 所示。激活账户后,还要进行身份认证,如图 6-4 所示,根据平台提示提供上传相关资料即可。

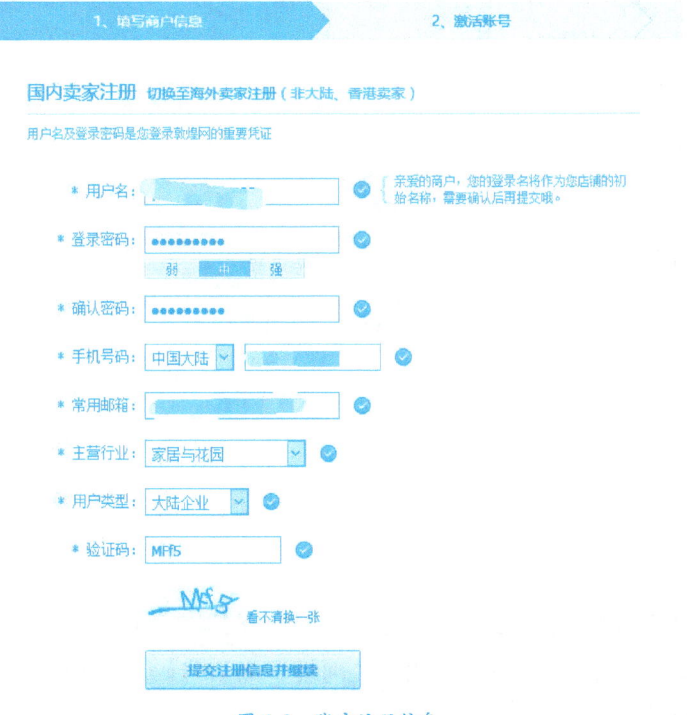

图 6-2 账户注册信息

图 6-3　手机验证界面

图 6-4　身份认证界面

4. 注意事项

（1）卖家注册的登录名不能含有敦煌网官方名称、不文明词汇、品牌词汇、名人姓名、联系方式（包括邮箱地址、网址、电话号码、QQ 号码、MSN 地址）等违反敦煌网规定的词语。

（2）用户名一经注册，则无法修改，用户在敦煌网注册使用的邮箱必须是注册人本人的邮箱。

（3）所有注册信息必须真实填写，为了保障交易安全，填写的姓名将被默认为银行账户的开户人姓名，保证与身份证的姓名相同。

（4）敦煌网规定个人类卖家最多只能注册3个账号，企业类卖家最多可以注册10个账号，如果账号有严重的违规行为而被关闭，那么将不得注册新账号。

5. 银行验证

银行验证服务是一项身份识别服务，除了核实身份信息以外，还核实了银行账户信息。通过验证后，就可以顺利地在资金账户中进行提现操作。卖家在产生第一笔交易之后向敦煌网申请人民币提现银行账户验证，敦煌网收到卖家申请后，将向卖家提交的银行账户申请一笔款项，款项金额在1元以内。款项到账时间因银行而异，一般在1~3个工作日内。卖家在收到该笔款项后，将款项金额回填提交给敦煌网，如与敦煌网支付金额一致，则人民币提现银行账户验证成功。

6.2 产品上传

产品是由文字和图片组成的，详细的文字描述和清晰的图片可以吸引更多买家的眼球。上传图片时需要填写如下信息：产品标题、产品关键词、产品基本属性、销售单位、服务模板、其他信息等。首先登录到"我的DHgate"→"我的产品"→"添加新产品"，然后单击"添加新产品"按钮进入产品上传页面，就可以根据产品填写相关信息了，如图6-5所示。

1. 优质的产品标题

产品标题是匹配关键词搜索、影响产品曝光率的关键，标题要清楚、完整、形象、简洁，最多可以输入140个字符，包括产品基本功能、特征、性能等。一个有效标题所必须具备的内容有：①使用多个描述性的关键字，清楚地表达所卖产品是什么，要充分利用这140个字符；②包括产品的品牌名称、特定属性；③不要过多地使用大写或者小写代码；④包括产品的特殊自带属性，比如不锈钢、铝、铜的材料属性等。

跨境电子商务多平台运营

图 6-5 敦煌的产品上传界面

产品标题决定了一件产品的曝光，含有丰富、精准关键词的产品标题会带来较高的曝光量，但不能滥用关键词，比如 Free Shipping（包邮）和 wholesale（批发）由平台统一填写，卖家无须填在产品的关键词里面，如图 6-6 所示，还有产品的标题不要多次重复堆砌出现。[①]

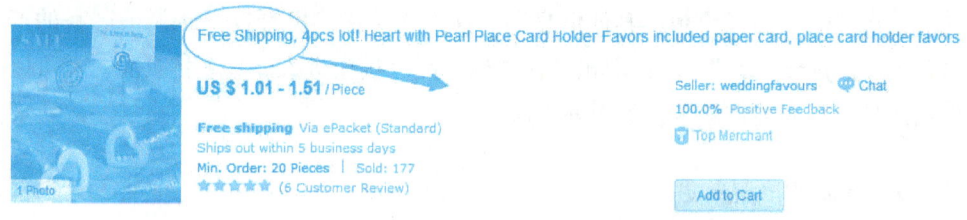

图 6-6 标题中不要出现 Free Shipping 等词

标题最好不要多于 20 个单词，多用形容词去描述产品属性，产品的核心关键词要根据实际情况放在前 5 个单词中，不要放在标题的尾部。比如如图 6-7 所示的一款 304 不锈钢纸巾盒的标题可设置为：304 Stainless Steel Toilet Paper Holder

---

① 堆砌指的是在标题中多次重复使用关键词，这样会使买家的搜索结果变得杂乱。

Tissue Holder With Mobile Phone Storage Shelf（304不锈钢厕所纸巾盒纸巾架手机架子），它的主要核心关键词304不锈钢纸巾盒就是放在标题的前面，能第一时间被买家看到。

2. 产品基本属性

在选择好产品的类目后，页面会出现产品的基本属性编辑页面如图6-8所示。在产品的基本属性中，可能会全部涵盖产品的特有属性，此

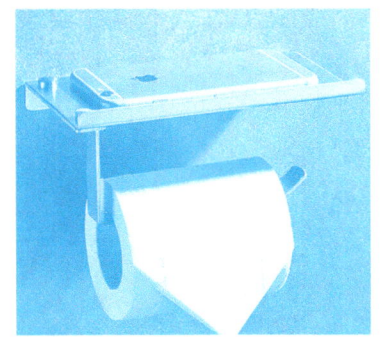

图6-7　304不锈钢纸巾盒

时，可以在"自定义属性"中补充自身产品的特殊属性。"自定义属性"默认显示一行，单击"添加更多"可增加一行，最多可添加10行。单击"删除"，即可删除该行属性值。所添加的自定义属性是对产品特征的补充说明，对产品的说明越详尽越有利于买家下单。自定义属性同样会展示到产品的显示页面，可以促进买家的下单率。

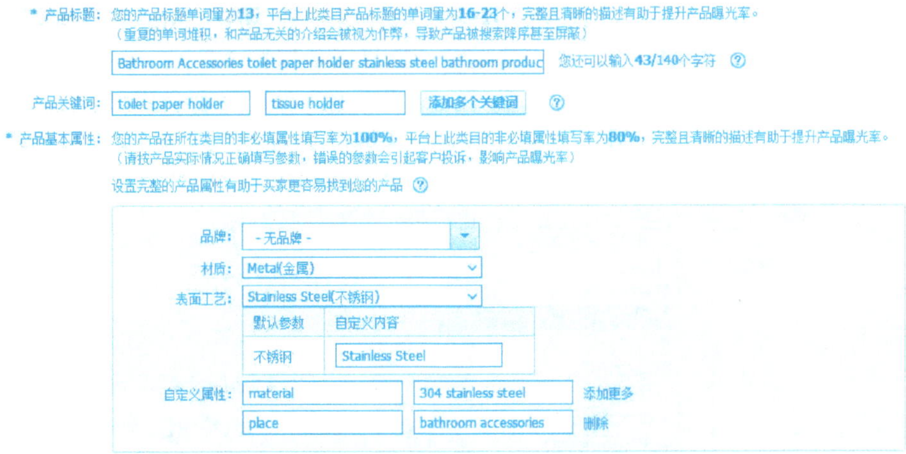

图6-8　产品的基本属性编辑页面

> **注意**：如果系统所提供的属性值不能完全表达销售的产品，可以在选择"添加更多"选项后面进行自主设置。如果希望能在买家页面呈现其他属性（主要是系统未设置的），可以通过"自定义属性"自主添加，如图6-9所示。

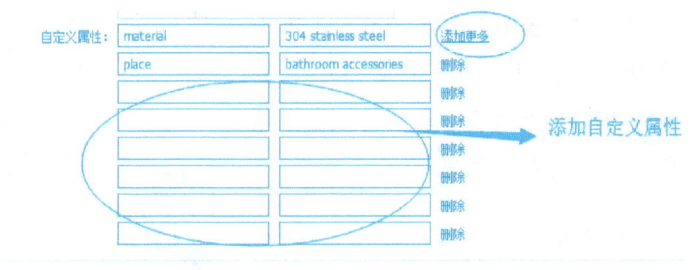

图 6-9　自定义属性

> **备注**：各个跨境电子商务平台的自定义属性的操作方法其实都差不多，具体的自定义属性操作步骤可以参考第 3 章。

3. 产品的计量信息

根据销售方式，选择按件销售包装或按包销售包装，如选择后者，需要输入每包产品的数量，其中单位为"件（Piece）"，如图 6-10 所示，相当于设置打包出售，也可以在下拉框中选择其他销售单位。选择其他销售单位后，会出现"双"、"套"、"打"等单位。

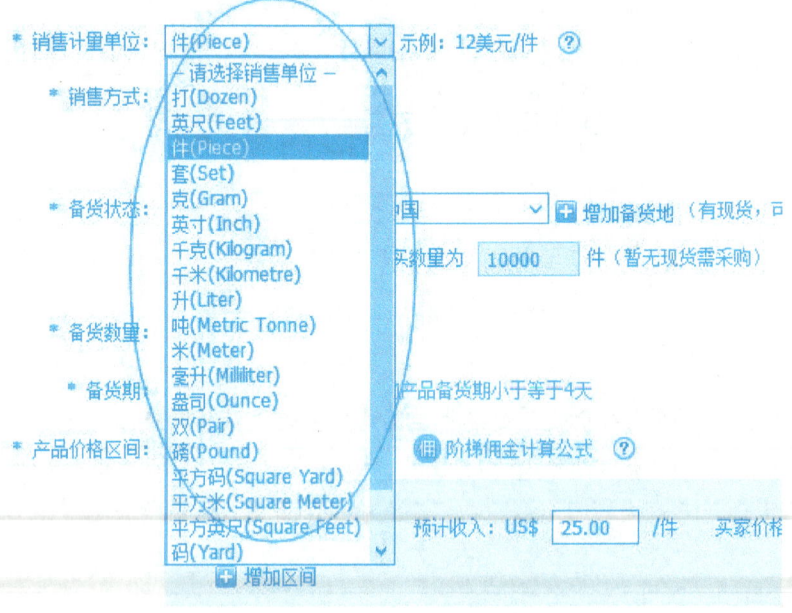

图 6-10　单位

> **注意:**
> - 毛重及尺寸会影响到标准运费的核算;要按照实际的填写。
> - 要填写包装后的毛重及尺寸。
> - 如果要设置免运费,毛重和尺寸也需如实填写。

4. 产品的定价

相同的产品不同的定价会影响产品的搜索排序、曝光以及带来的相应订单。定价是决定产品最终能否出售的关键因素,在这一因素中,包含了很多设置技巧。从平台的角度,敦煌网是定位小额批发的平台,买家群体覆盖了所有讲英语的国家,这些国外的批发商都有个普遍的特点:小批量、高频次、长期稳定。

例如,paper holder(纸巾盒),如图 6-11 所示,如果是不锈钢纸巾盒的卖家,可以在平台搜索出自己类似产品的类目,看看同一个类目下的产品定价范围,一般来讲排序在前 3 页的产品最畅销,价格最具有参考价值,如图 6-11 搜出来的不锈钢纸巾盒,第一款和第三款的价格差不多都在 USD5~USD11。从上面的搜索中可以清晰地看到其他卖家的打包方式、销售模式,以及主图的显示方式,这些对于新手卖家都有很好的参考价值。另外,平台的定价是以美元为单位的,定价时要关注汇率变动,及时调整价格。

可以根据不同的起订量,设置不同的价格区间如图 6-12 所示。这个卖家可以根据自己实际产品的情况进行产品的定价,比如:1 件起订的价格,10 件起订的价

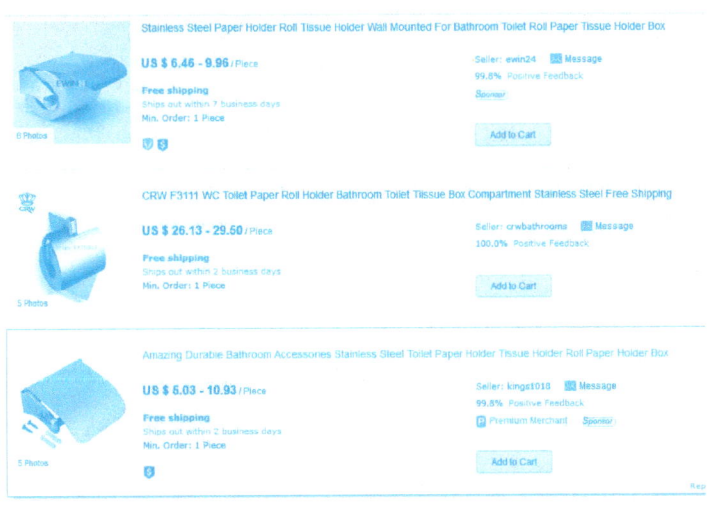

图 6-11 纸巾盒的价格

格，100 件起订的价格，不同的价格区间适合不同的买家类型，一个产品最多可以添加多个价格区间。

图 6-12　不同数量的价格区间

5. 产品主图

产品的主图也要求是 JPG 格式的，文件大小 2MB 以内，切勿盗用别人图片。上传优质的产品图片会获得更多的站内流量。优质产品图片的定义为：产品原图，即无人为修改痕迹、无水印、无修饰边框和文字，如图 6-13 所示。

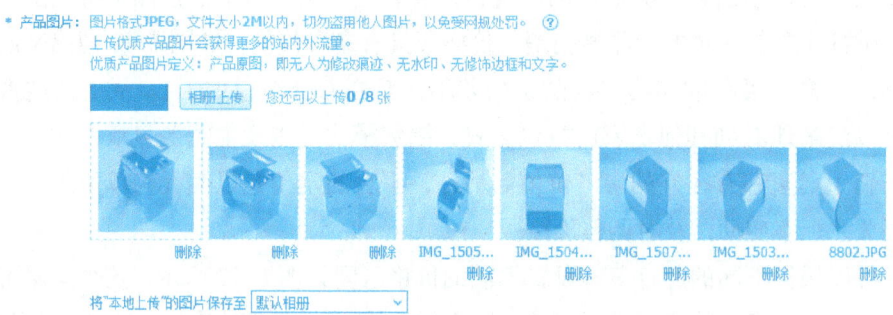

图 6-13　主图

6. 产品详细描述

产品详细描述（如图 6-14 所示）建议包括如下内容：
①产品实物图片。包括整体图片、细节图及使用过程，产品的特点、优势等。
②产品的详细使用说明。
③产品的包装信息、是否有配件等。
④店铺的信誉情况，获得的好评等。
⑤商户的服务承诺。建议对退货、换货、退款及售后的服务进行说明。

图 6-14　详细描述

> **注意**：产品的详细描述中因为每款产品的图片很多，无法在这里一一展示，建议可以去买家界面 www.dhgate.com 任意搜索一款产品，单击进去后，可以看到一款产品从头到尾的详细描述，包括很多图片的展示、英文描述、公司的实力展示图片等。

7. 产品包装信息

产品的包装信息比较简单，卖家只需输入商品的重量（包装后的重量以公斤计算），和包装后的尺寸（长、宽、高，均为厘米），如图 6-15 所示。

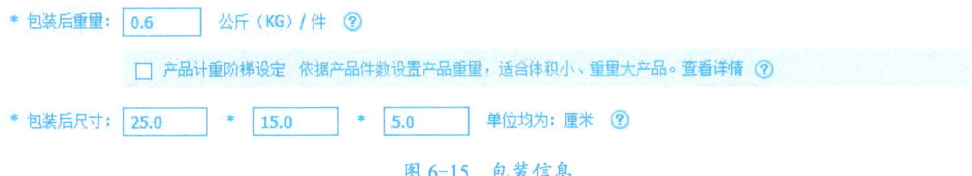

图 6-15　包装信息

8. 物流信息

如图 6-16 所示，这是敦煌网产品上传时卖家需选择的运费模板，这和速卖通的操作方法类似，一般新卖家刚开始经营时可以先使用"新手运费模板"，就是平台会根据卖家定义的产品重量、尺寸自动计算每笔订单的运费。

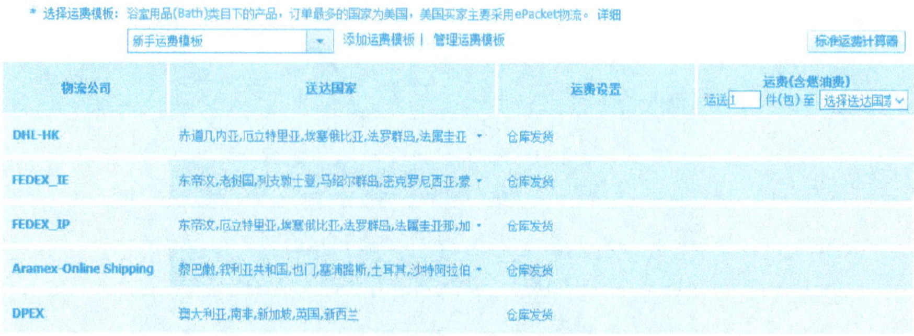

图 6-16 运费模板

9. 其他信息和提交

这是上传产品的最后一步，卖家在图 6-17 中选择"产品有效期"为 90 天、30 天、14 天。产品有效期是指从发布产品信息成功那天开始，到产品信息在平台停止展示那天为止的时间段。一般产品过了有效期，若没有及时上架，产品会自动下架（这个在实际操作中影响不大，因为后台可以一键自动全部上架）。然后选中"同意接受《敦煌网产品发布规则》"。最后，卖家单击"提交"按钮，就完成一款产品的上传过程。

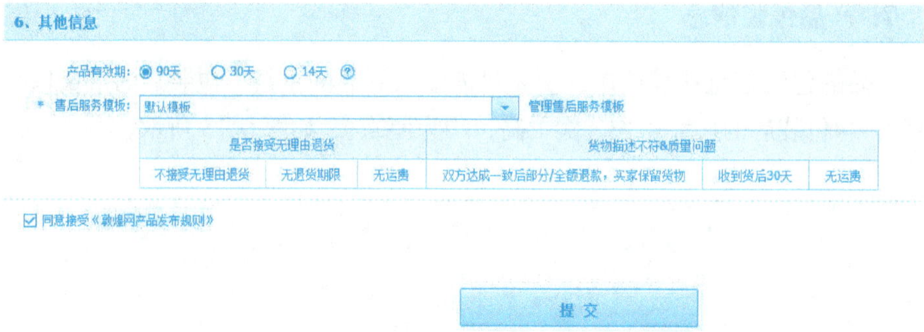

图 6-17 其他信息

6.3　敦煌网的物流

敦煌网目前支持的物流方式有：EMS、UPS、DHL、FedEx、TNT、Ocean

freight、China Post Air、China Post SAL、Hongkong Post、TOLL、HERMES、Singapore post、DPD、TNT Post、ARAMEX、USPS、Equick、DNJ、捷利安专线(JILLION)、佳成专线(JCEX)、欧洲商务包裹、SF顺丰国际、RPX、俄速通(Ruston)、俄速递(XRU)。

6.3.1 物流运费模板基础

卖家可以通过两种方式进入运费模板编辑界面：可以在产品编辑页面单击"管理运费模板"进入，或者在产品频道单击"运费模板管理"进入。进入运费模板编辑页面后，卖家可以添加新的或者编辑已经存在的运费模板。一个运费模板可以包含多种运输方式，一种运输方式还可以针对不同国家或者地区进行不同的运费设定。

目前敦煌网支持的运输方式包括：EMS、UPS、DHL、FEDEX、TNT、中国邮政小包等，运费不同的设置方式包括：免运费、标准运费、自定义运费和不发货4种类型如表6-1所列。

①免运费：是指针对指定的国家或地区免运费。

②标准运费：是指针对指定国家或地区按照各物流服务提供商的官方报价计算运费。

③自定义运费：是指由卖家自行设定指定国家或地区收取的运费。

④不发货：可以针对某几个物流时效不好或者本地海关要求特别严格的国家或地区设置不发货。注意：这些国家的政策是会变动的，卖家要根据实际情况作出相应调整。

表6-1 敦煌网平台运费不同的设置方式

序号	关键词	说明
1	自定义模板页面	由卖家自行设置的运费模板，在该页面中卖家可以管理自定义的运费模板列表、修改、复制、删除运费模板
2	推荐模板页面	根据老卖家已发货的订单分析，在不同行业中使用最多的物流方式TOP排名，供卖家在设置模板中选择物流方式时参考
3	添加模板	创建一个新的运费模板，由卖家自行设置运费
4	标准运费	平台按照物流服务提供商给出的官方报价；卖家也可以为不同国家设置不同的标准运费折扣，平台会在官方报价的基础上加入卖家折扣计算出的运费展示给买家

续表

序号	关键词	说明
5	免运费	免运费表示由卖家自行承担运费,展示给买家的是 Free Shipping
6	仓库运费	仓库运费是指 DHgate 与第三方合作的仓库,仓库提供了较优惠的运费报价
7	自定义运费	由卖家自行定义的运费,可根据买家购买数量设置运费;购买越多运费越优惠
8	不发货	卖家对某些国家或地区设置不发货,该国家或地区内的客户将看不到运用了该运费模板的商品
9	下载报价	只支持下载物流方式含有"仓库运费"的报价,标准运费的报价请通过官网查看

6.3.2 运费模板设置流程

1. 进入运费模板

如图 6-18 所示,单击"产品",然后单击左边的"运费模板"。

2. 选择运费模板

如果是新卖家,并且未设置过运费模板,会看到如图 6-19 所示的内容。运费

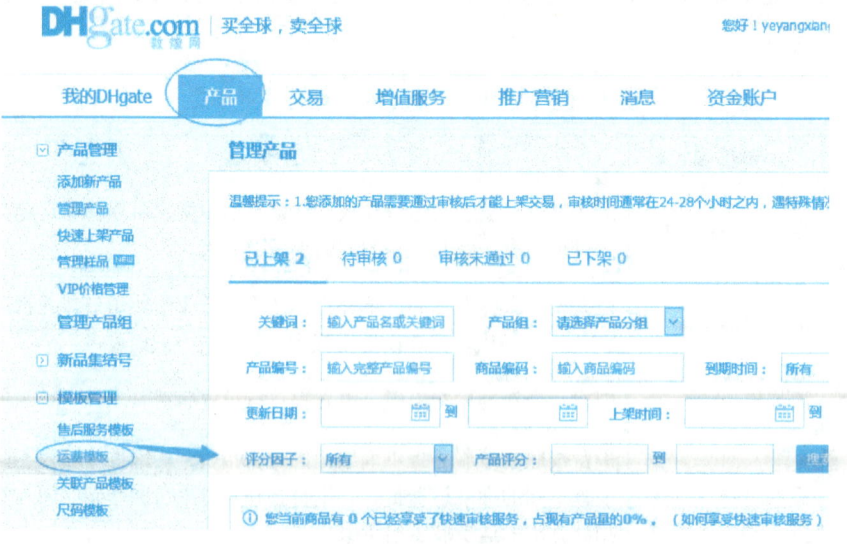

图 6-18 进入运费模板

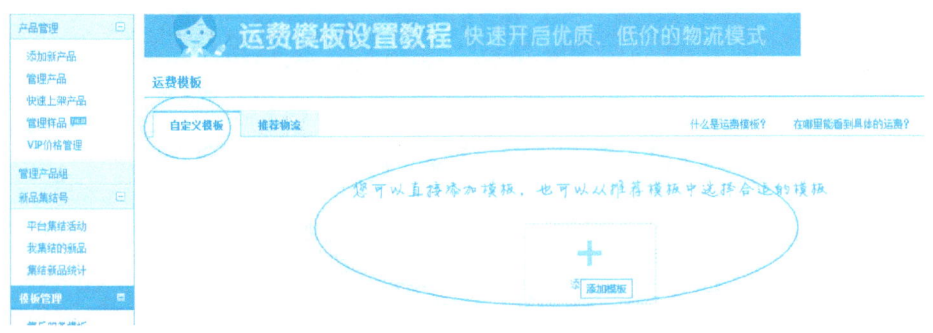

图 6-19　选择运费模板

模板包括自定义模板和推荐物流两个模板,两个模板的操作流程差不多,卖家可以根据自己的实际情况设置"自定义模板"。单击"添加模板"按钮。

3. 输入运费模板名称和选择适合的物流

如图 6-20 所示,在"运费模板名称"文本框中输入运费模板名称。敦煌网的运费模板支持中英文输入,比如输入"服装运费模板"。下面跳出来的运费模板有很多,卖家可以根据自己的实际情况选择。以 China Post Air Mail 中国邮政小包为例(因为小包可以发的国家很多),单击图 6-20 中的"选择并设置"。

4. 运费设置

单击"选择并设置"后,出现如图 6-21 所示页面。图 6-21 中出现 4 个选择项:免运费、标准运费、自定义运费、不发货。免运费是由商家自行承担运费(也就是我们经常说的卖家包邮 Free Shipping);标准运费是平台按照物流服务提供商给出的官方报价;自定义运费是由商家自行定义的运费,可以为不同的国家设置不同的自定义运费(这种运费模板比较复杂,适合老卖家);不发货是商家对于某些国家或者地区设置不发货,例如,卖家可以选择"巴西"不发货,那么这个国家的客户将无法看到运用该运费模板的商品。

下面以"免运费"为例说明操作流程,其他的三种的操作流程也是类似的。如图 6-22 所示,单击"免运费",会出现 1 区～10 区的所有国家,这个区间是中国邮政小包根据全世界不同国家远近的分区,如果卖家要设置所有国家全部包邮,那就选中"全选",然后单击"确定"按钮,这样后台就完成了这个模板设置。

如果卖家要选择部分区间,比如某个销售五金卫浴产品的卖家,因为产品本身重量比较重,不想包邮给 9 区和 10 区的客户(因为这两个区最远)。如图 6-23

跨境电子商务多平台运营

物流方式	物流价格(RMB) 0.5kg到美国为例(含燃油)	运输时效 详情	评论 仅作参考	
SF eParcel 顺丰国际	50.27	7-15天	顺丰国际在线发货，单件限重2KG，时效7-15天，主打美国，支持配置电池货	
DHL DHL线下发货及仓库发货	363.06	2-7天	配送快、不限重、价格较高【同时支持线下发货以及仓库发货】	
EMS EMS	240.0	3-16天	海关通关能力强、无燃油费	
FEDEX 联邦快递	380.59	3-10天	全球网络齐全、配送快、东南亚优势明显	
UPS UPS	411.01	3-7天	配送快、不限重、价格较高	
TNT Post 荷兰邮政挂号小包		10-26天	价格便宜，通关能力强，可提供跟踪信息，限重2KG，可寄电池类货物。温馨提示：到美国、英国、加拿大、澳大利亚、法国、德国停止物流跟踪服务	选择并设置
Hongkong Post 香港邮政		8-30天	国家覆盖面广，海关通关能力强、配送慢。温馨提示：到美国、英国、加拿大、澳大利亚、法国、德国停止物流跟踪服务	选择并设置
Singapore post 新加坡邮政小包		9-30天	价格便宜，海关通关能力强，配送慢，限重2KG。温馨提示：到美国、英国、加拿大、澳大利亚、法国、德国停止物流跟踪服务	选择并设置
China Post Air Mail 中国邮政航空小包	53.22	8-29天	运输时效较慢、限重2KG，有挂号费。温馨提示：到美国、英国、加拿大、澳大利亚、法国、德国停止物流跟踪服务	选择并设置
SPSR Express 俄文SPSR专线		11-14天	配送快可跟踪、价格较优惠、自提柜服务，俄罗斯专线，限重30kg	选择并设置
HMS-UK WH HMS英国海外仓		2-4天	此HMS-UK WH仅适用于海外发货	选择并设置

图6-20　输入运费模板名称和选择适合的物流

所示，单独一个一个勾选，然后单击"确定"按钮，最后结果如图6-24所示，卖家可以看到刚刚设置了包邮的1区~8区的国家列表，这样就完成一个运费模板的操作流程。这里设置了专门针对1区~8区国家包邮的运费模板，其他运费模板的操作流程类似，卖家可以自己根据以上的流程提示操作选择。

第 ⑥ 章　敦煌网平台操作

图 6-21　运费设置

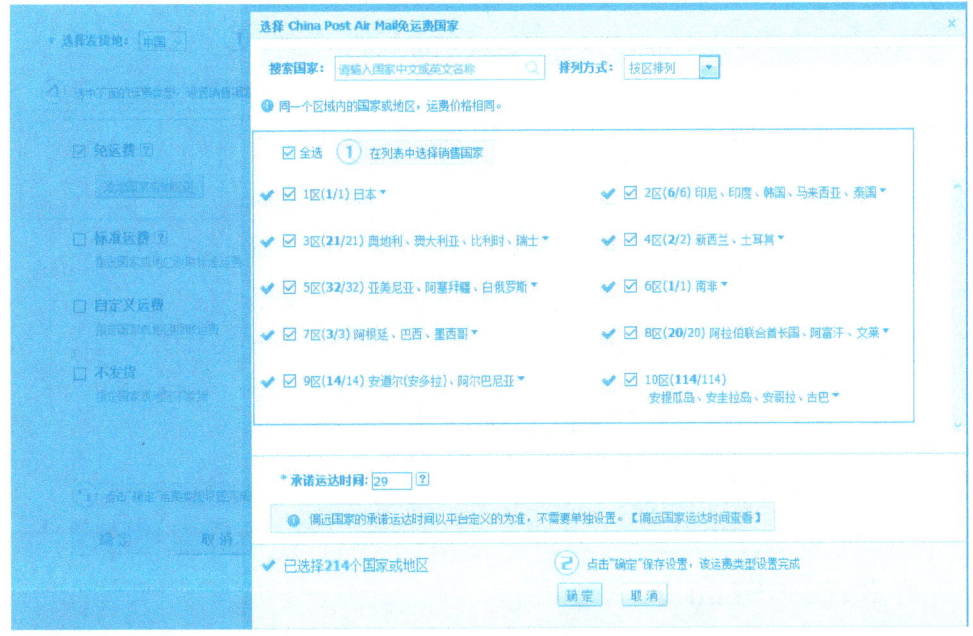

图 6-22　全选免运费国家

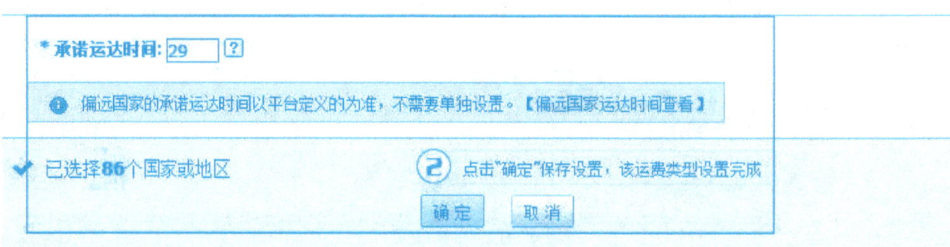

图 6-23 选择部分国家免运费

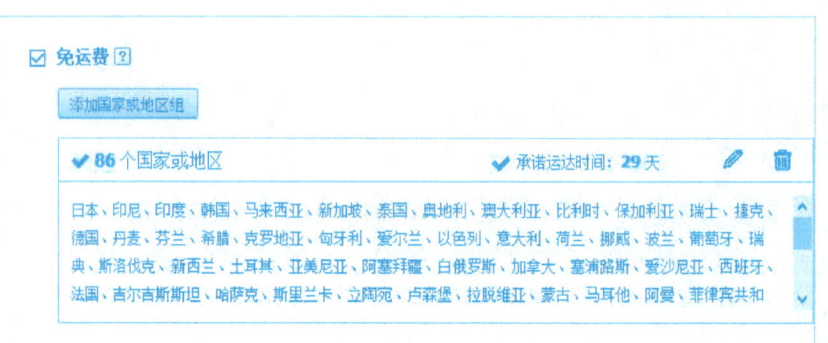

图 6-24 设置部分国家免运费的结果

6.3.3 DHLink 物流

1. 什么是 DHLink？

DHLink 是敦煌网为所有电商卖家推出的，提供更多安全、高效、低价的国际物流运输方式。卖家可以通过在线填写发货申请，线下发货至合作仓库，并在线支付运费，完成国际物流发货，让买卖双方在享受高品质物流服务的同时，大大降低物流成本。如表 6-2 所列的是 DHLink 合作的物流商报价。

表 6-2 DHLink 合作的物流商报价表

目的国	物流商	优势千克段	最低价格（0.5kg）	参考时效（工作日）
美国	Equick 专线	0～10kg	★ 73RMB	5～10 天
	广州 Fedex	10～20kg	78RMB	5～7 天
加拿大	DHL	0～5kg	87 RMB	3～5 天
	广州 FedEx	5～20kg	105 RMB	5～7 天
澳大利亚	UBI 澳洲专线	0～6kg	★ 49 RMB	5～7 天
	顺丰国际	6～20kg	89 RMB	3～7 天
欧洲地区	顺丰欧洲专递	0～20kg	80 RMB	5～8 天
中东地区	Aramex	0～20kg	58 RMB	3～7 天

2. DHLink 的发货流程

（1）立即发货

在订单的交易流程中，选中"DHLink（原仓库发货）"后单击"确定"按钮，订单即进入 DHLink 发货平台，系统会自动把订单的收货国家等信息复制到平台，如图 6-25 所示。卖家只需要输入产品的重量、长、宽、高，系统会自动跳出所有的物流方式。可以根据仓库、价格从高到低的顺序排序，选择适合的物流方式。

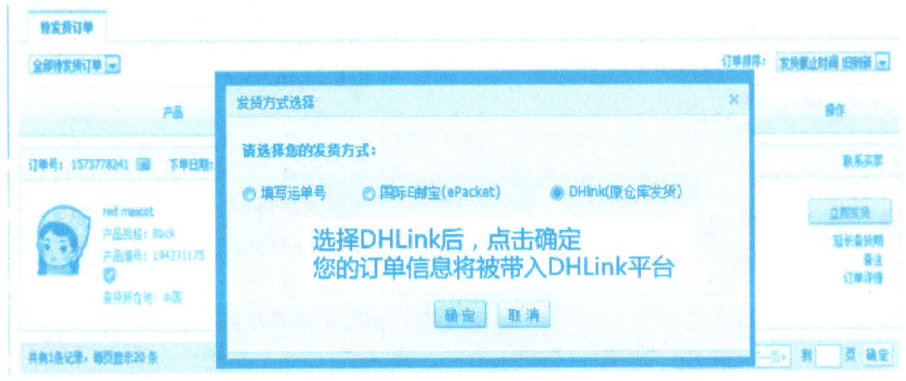

图 6-25 选择 DHLink 发货

（2）选择发货仓库

在全国的华东、华南地区都有收货仓（见表6-3），卖家可以根据自己附近的仓库，把自己的产品打包、国内运输到选择的仓库，单击"发货"按钮后，订单会进入"等待仓库收货"的流程。

表6-3 DHLink的各地仓库

仓库	物流商	仓库地址信息
深圳 RPX 仓库	RPX CKCESA 南美专线 Toll（澳洲、新西兰优势线路，可以发带电带磁产品） 顺丰欧洲专递（欧洲优势路线） 顺丰小包 EMS（不计泡重，适合发毛绒玩具等体积较大产品） UBI（欧洲和新西兰优势线路）	仓库地址：广东省深圳市深圳市宝安区白石厦新塘工业园B7栋1楼（RPX国泰航空有限公司） 收件人：DHG 邮编：518103 电话：0755-36958263
深圳仓库三	八达通荷邮 香港DHL-八达通（可发配套电池产品，不接受纯电池）	仓库地址：广东省深圳市宝安区福永镇下十围福围第二工业区B3栋 收件人：DHG 邮编：518103 客服电话：0755-29192608
广州仓库	FedEx（IE、IP）（美国、欧洲、加拿大优势路线） TNT（经济、全球） 电子烟经济型专线 Toll（澳洲、新西兰优势线路，可以发带电带磁产品） aramax 中外运安迈世（中东地区优势线路） XRU	仓库地址：广东省广州市广州市白云区白云大道北新兴白云花园15栋13号首层 收件人：DHG 邮编：510420 QQ：1489182458 电话：020-29830095
惠州仓库	FedEx（IE、IP） TNT（经济、全球）	仓库地址：广东省惠州市水口镇龙湖区惠龙东路18号茂森第8工业区 收件人：DHG 邮编：516005 QQ：15089346787

续表

仓库	物流商	仓库地址信息
上海浦东仓库	UPS（全球、快捷）（加拿大优势线路） Toll（澳洲，新西兰优势线路） aramax 中外运安迈世（中东地区优势线路） E-quick（快速小包、专线） DHL 顺丰国际快递（美国、澳大利亚优势线路） EMS 东航小包 八达通荷邮 俄速通 中邮小包 TNT	仓库地址：上海市浦东新区祖冲之路2667号一楼 收件人：DHG 邮编：201203 QQ：2837279846 客服电话：021-68795252*8050
无锡仓库	E邮宝	仓库地址：无锡市崇安区兴源北路邮政枢纽中心8楼 收件人：DHG 客服电话：0510-66818389
常熟仓库	E邮宝	仓库地址：常熟市东南开发区黄山路179号 收件人：DHG 客服电话：0512-89886259
厦门仓库	E邮宝	仓库地址：厦门市思明区仙岳路458号松柏邮政大楼2楼 收件人：DHG 客服电话：0592-5529991

在仓库收到卖家的货物之后，后台会显示这笔订单的真实重量、运费，敦煌网支持"国内支付宝"付款。卖家可以在"已发货"订单中查询所有已经正常发货的订单物流信息。

6.4 纠纷处理

6.4.1 纠纷的分类

根据买家发起纠纷的不同阶段,可以分为"协议纠纷"、"平台升级纠纷"、"售后纠纷"。

1. 协议纠纷

协议纠纷是指在卖家填写货运单号后的5~90天内,买家单击"Return & Refund"后,开始和卖家沟通解决货物问题的协商阶段。针对描述不符的投诉,买家需提供证据后才能开启协议纠纷,届时卖家可了解买家所遇到的问题,及时协商解决。在协议纠纷阶段,买家可以提部分退款、全额退款、退货退款、重新发货等,如果卖家同意,则买卖双方协议达成。

卖家收到协议纠纷后,如果对决定不服,可以在10个自然日内登录卖家后台进行申诉,对于卖家申诉成功的,敦煌网将恢复产品状态、清除卖家违规记录以及相关处罚记录。

2. 平台升级纠纷

平台升级纠纷是指买家主动请求平台介入调查或者调解中心在协议纠纷阶段主动介入,是协议纠纷的升级形式。针对一些特殊产品,如婚纱、内衣等,买家必须在收到货后的7个自然日内提起投诉。双方必须在平台升级纠纷开启的5个自然日内提供证据,如有任意一方未如期提供证据,系统将默认此方放弃纠纷。

3. 售后纠纷

售后纠纷是指买家在订单完成放款后的30个自然日内,发起货物与描述不符的质量问题的投诉。针对一些特殊产品,买家必须在收到货后的7个自然日内发起诉讼。

6.4.2 敦煌网纠纷的投诉类型

1. 未收到货

买家没有收到货物存在多方面的原因,包括:虚假运单号、货物运输在途等。

(1)虚假运单号是指在平台所规定的时限内卖家填写了无效的运单号或未按买家订单要求如实发货均为虚假运单号。

可判定卖家"虚假运单号"违规行为,包括但不仅限于:

①运单号无效。即运单号本身错误或不存在或自填写之日起5、7、10个自然日后,在货运公司官方网站无法查询到任何货运信息。

②运单无追踪信息。运单只有第一条收寄信息,但无货运追踪信息。

③运单号查询信息不符。即能在货运公司官方网站查询到货运信息,但与该订单中买家提供的信息(地址和货品)不一致。

④订单的下单时间与货运公司官方网站上显示的发货时间不匹配(例如货运公司官方网站上显示的发货时间早于或明显晚于买家下单时间)。

判定"虚假发货"的情况,平台一般都会判定卖家全责,全额退款。所以卖家要确保发货的物流信息正确,发货时不要发错地址。

(2)货运运输在途,包括物流显示货物仍然在去往买家指定的收货地址途中,买家迟迟没有收货,可能因为当地海关滞留或者物流信息在很长的时间内迟迟没有信息更新,买家都有可能提起纠纷,如果卖家未能提供有效的妥投证明,平台还是会判定卖家负全责的。

"虚假发货"的申诉:如确实已经发货,可以登录到卖家后台,通过"我的DHgate"→"商户管理"→"处罚管理"→"商户管理"→"处罚管理",按照页面提示提交证据,进行申诉。申诉时需要提供货运单号和物流查询信息截图,并说明原因。申诉的有效证据有:真实的物流信息,因此上网信息的截图需要清晰完整。平台不认可的证据有:如果只有货运底单、货运证明等纸质证明,物流官网的无跟踪信息将不予认可。如果确实已经发货,但忘记填写运单号,申诉时要提供与买家沟通有关运单号的聊天记录截图,内容包括买家、卖家、时间、沟通内容等,同时提供物流官网跟踪信息截图和发货底单,缺一不可,并说明原因。

2. 海关扣关

物流显示货物已经递交到当地海关,但是长期处于等待海关清关的状态,原因可能因为货物本身禁运、货物金额报关不真实等,这个和买家进口国海关的当地政策有很大关系,像巴西、冰岛等国家的海关政策都特别严格。

3. 邮政小包

因邮政小包发货方式无法在官网上查询到详细的货运信息，在距离订单发货60天时，如果卖家和货运公司联系无结果而且没有物流信息更新的话，无论订单金额大小，卖家承担全额退款责任。

4. 货物与描述不符

（1）货不对版

买家实际收到的产品与卖家的广告图片描述不符，包括：大小、尺寸、颜色、外观、材质等不符，买卖双方应相互沟通，选择部分或者全额退款。

例如，销售产品的标题为304 Stainless Steel Paper Holder Tissue Box Bathroom Accessories 8801，卖家销售的产品标题和描述中都标明Stainless Steel不锈钢的材质，而实际发货给客户的产品却是铝材质的，在这种情况下买家有权利提起"货不对版"纠纷，至于退款的金额可以双方协商。

（2）数量不符

买家所收到的货物数量少于订单上约定的数量，可能是卖家发货的时候数量短少，也可能是双方对于产品计量单位的理解误差导致的。比如一款产品的描述是10PCS/Lot，卖家定义为一个包装袋里面的10小袋，而买家误认为是10个大袋，这些都会导致这种类型的纠纷投诉。

6.5 交易账户

1. 请款规则

在买家不主动确认收到货物的情况下，卖家可凭运单跟踪信息向平台请款，要求完成订单，得到订单的款项。"请款"按钮在正确填写货运单号5天后出现在订单操作区域，表明订单进入可请款状态，卖家单击该按钮后，将由平台操作人员根据货运信息，审核订单是否可以放款。

2. 提款

提款是指卖家申请将后台交易账户的款项提现到卖家的银行账户上。

首先，买家下单后需要付款到平台，平台会确认这笔款项的安全性，如果没有任何问题，订单会变为等待发货的状态，这时候卖家正常发货，买家收到货后无异议，订单完成后会放款。也就是说，货款是先要打到平台的，如果卖家想要得到货款，需要等到交易正常完成。订单完成后卖家可以直接在后台进行提款，但是其前提条件是需要进行银行验证。卖家账户的不同放款时间如表6-4所示。

表6-4 卖家账户的不同放款时间

卖家账户纠纷率	可放款最早时间
10%≤纠纷率<12%	完全发货后20天
12%≤纠纷率<50%	完全发货后45天
纠纷率≥50%	完全发货后180天

银行验证完成后就可以正常提款，平台在一个工作日内安排结算。如果卖家是外币收款的，香港汇丰银行的用户在支付当日或次日就可以收到款；其他银行需要3~4个工作日收到款。如果卖家是人民币收款的，需要2个工作日可以收到款。如一周后仍未收到款，建议卖家及时去开户行查询原因，如遇特殊情况，可单击"在线留言"给敦煌平台进行咨询。

3. 提现的手续费

（1）外币提款

一般来说外币提款的手续费5 000美元的每笔是15美元，这个是汇丰银行收取的，但是不同的银行卡收取的手续费也是不一样的。如果卖家有汇丰银行的收款账号则是不收取手续费的，同行转账不收取手续费。办理汇丰银行账号的门槛是很高的，一般来说大多数卖家是直接开通国内银行卡的外币业务，手续费最低的是招商银行，针对美元结算中使用招商银行的卖家，敦煌网与合作银行推出新的银行通道——港陆通，其单笔提款5 000美元以下$10/笔，单笔5 000美元及以上$0/笔。如果当地没有招商银行，则可以选择中国工商银行、中国农业银行，其手续费是15美元。平台不建议卖家选择中国银行和中国建设银行，因为这两家银行有第三方中转行手续费，大约30美元左右，再加上14美元/笔，那每笔提款大约到达了40美元左右。

（2）人民币提款

人民币提款需承担提款金额 1% 的手续费，此费用为第三方收取的兑换费用，非敦煌网收取。无论卖家提款金额多少，都需自行承担这笔费用。

 知识链接

一、敦煌网产品的排序规则

根据敦煌网平台的搜索数据统计，在产品水平同等的条件下，产品排序每提高一名就能提升 3%~5% 的曝光量，排序每提高一页，相应的曝光量会增加300%。影响产品搜索排序的因素主要有以下几个：产品相关性、产品质量、卖家服务水平、投放曝光系统和违规惩罚。

①产品相关性：当用户搜索关键词或者类目时，会与产品的多项信息进行匹配，如标题、类目、描述、属性等，匹配度越高的产品，得分也会越高，排序就会越靠前。

②产品质量：产品质量从根本上决定了买家是否会最终下单并支付成功，包括产品销售额、转化率、价格、图片等因素。

③卖家服务质量：包括重复偷卖率、好评率、纠纷率、退款率、卖家等级。

④投放曝光系统：利用投放产品曝光系统，可以获得一定的加分。

⑤违规惩罚：包括类目错放、关键词堆砌、重复铺货、恶意调高调低价格。

二、卖家发布产品时要注意的潜在风险点

发布产品时要注意以下的潜在风险点，做好产品描述，降低纠纷产生的几率。

1. 产品属性

卖家发布产品时，如果一个产品页面有 2 款以上不同型号的产品，且适用的情况不一样时，需要在标题上面清楚地标明，而不能只在标题上面标明型号。

2. 产品标题

产品标题必须与产品属性、详细描述等所有该产品的产品详情页中的描述、打包、数量保持一致，不能前后矛盾。

3. 颜色

如果销售的产品有很多颜色，要在"颜色"选择框中设置不同的颜色，并且上传产品的颜色图。如果卖家选择随机发货的话，需要在产品描述中清晰地写明：The color will be sent by random.

三、物流：EMS 和 DHL、TNT、UPS、FedEx 的比较

选择好了合适的国际快递会让卖家的外贸业务事半功倍，首先说一下各家公司的价格。每家快递公司在不同重量的货物运输费用的定价都有所不同。

如果要走小件的货物又不要求时间的话，则首选 EMS（邮政特快专递，Express Mail Service，它是由万国邮政联盟创办的），因为其价格算起来是最便宜的。要是要求时间要快的话，则要考虑发往的国家，英国、美国、加拿大以及南美地区在这些区域物流最快的是 UPS 和 DHL（中外运敦豪于 1986 年由中国对外贸易运输集团总公司和敦豪环球快递各注资一半成立）。但是还是有所区别的，重量在 5.5kg 以下的货物 DHL 就比较便宜，重量 6～21kg 的货物，则 UPS 就要比 DHL 便宜很多。重量 21～100kg 的货物，DHL 比 UPS 要便宜。

另外，TNT 是荷兰最大的快递公司，在西欧国家的清关能力要比 DHL、UPS、EMS 都要强。但是其价格就要比其他公司要贵出很多。如果有需要发一些比较重要的货物的话，其要求时间快，通关力强，但又不怕贵，则可以选择 TNT。

EMS 的服务质量是相对不太好的，运输时间很不稳定，价格也不稳定。经常出现发到发达国家都要很多天的事来，网上反馈货物配送信息也很慢。上网后显示航班已发往国外后就没有了消息，打 11185 也查询不到。而 TNT、UPS、DHL 这些大公司在时间上就比较准时，货物信息反馈也比较快，一般都是第一时间反馈到自己公司的网站上，所以在这里强烈地向大家推荐在运送贵重物品的时候第一选择 DHL、TNT、UPS。

不过 EMS 到底是我们中国本土化公司，其还有一个最大的好处是其他任何一家公司都比不上的，就是当货物在国外扣关的话，EMS 就可以帮你免费地运回来。其他大公司的话帮你运回来就要收取货物从国外运回来的运费，而且是不打折的，价格高得离谱。最后说一下 FedEx。FedEx 在东南亚一带可以说是四大公司之首，不管是价格还是速度，重量在 21kg 以上的大货 FedEx 的价格等于是 DHL、UPS 的一半，运输速度却是一样的。

四、纠纷处理流程及相应的规则

双方之间达成协议既涉及款项，又涉及货物，系统会以买卖双方执行协议内容的情况进行后续的退款或放款操作，促使订单完成。对于任何协议内容，需要买卖双方积极履行并配合，如在特定时间内，买卖对方未按时履行协议内容，系统将默认拒不执行协议的一方放弃协议，并执行相应的退款放款操作。

在协议阶段，双方可以根据订单的实际情况积极沟通，在账户内达成以下任意协议内容。

1. 退货后，全额退款

如买卖双方达成退货后全额退款的协议，买家需要在 7 个自然日内提供有效的退货单号。在买家提供货运单号后，卖家有 30 天的实际跟踪并查收退件，系统将在买家提供货运单号后的第 15 天、第 20 天与卖家确认收货情况，如卖家确认收到退货，系统将即刻执行全额退款；如卖家未进行收货的确认，同时也未提前反馈消息给 evidence@DHgate.com，系统默认卖家收到退货并执行全额退款。如买家未在 7 个自然日内提供退货单号，系统将默认买家放弃协议并放款给卖家。

2. 重新发货

如买卖双方达成重新发货的协议，卖家需要在 7 个自然日内履行协议内容重新发货并填写有效的重新发货运单号。在卖家提供货运单号后，买家有 120 天的时间跟踪并查收货物，系统将在卖家提供货运单号后的第 10 天和第 15 天与买家确认收货情况，如买家确认收到货物，系统将即刻放款。如买家未进行收货的确认，同时也未反馈信息给平台，系统将默认买家收到货物并放款。如卖家未在 7 个自然日内填写有效的重新发货运单号，系统将默认卖家放弃协议并全额退款。

3. 退货后，重新发货

如买卖双方达成退货后重新发货的协议，买家需要在 7 个自然日内提供有效的退货单号，在买家提供货运单号后，卖家有 30 天的时间跟踪并查收退件，如买家未在 7 天内退货并通过退货单号，系统将默认买家放弃协议内容，并放款给卖家。如买家履行协议退货并在规定 7 天内提供退货运单号，卖家有 30 天的时间跟踪并查收退件。

本章小结

敦煌网是第一家整合在线交易和供应链服务的 B2B 跨境电子商务平台，协助中国广大的中小卖家向海外庞大的中小采购商直接供货的网上批发交易平台，致力于打造一个完整的在线供应链体系。本章主要介绍了敦煌网平台的操作流程、物流模板、物流运输、请款规则和提现以及纠纷处理等内容。通过本章的学习，将会学会如何在敦煌网平台进行注册、发布产品、订单的处理、提现和纠纷处理等平台操作技能。

 温故知新

一、选择题（不定项）

1. 敦煌网对产品的主图有什么规则要求？（　　）
   A. 产品图片需为白色　　　　　　B. 不得加水印
   C. 图片不能加 Free Shipping　　　D. 图片像素不小于 600×600

2. 卖家在上传违反发制品类上传规则的发制品类产品时，敦煌网将会给予卖家哪些处罚？（　　）
   A. 黄牌警告　　B. 期限冻结　　C. 关闭账户　　D. 罚钱

3. 敦煌网的卖家纠纷率高于多少时，平台会限制卖家使用平邮小包？（　　）
   A. 5%　　　　B. 8%　　　　C. 10%　　　　D. 15%

4. 敦煌网平台主要是做（　　）。
   A. C2C　　　B. C2B　　　C. B2C　　　D. B2B

5. 下面哪个物流是敦煌网自己平台的物流方式？（　　）
   A. EMS　　　B. 邮政小包　　C. DHLink　　D. DHL

二、判断题

1. 敦煌网的产品评分系统，通过该系统得出综合分高的产品，可以提升产品的搜索排序结果，获得更多的曝光和订单机会。（　　）

2. 敦煌网是做 C2C 的平台。（　　）

3. 买家开启协议纠纷后，敦煌网的卖家需要通过系统在 5 个自然日内予以相应。（　　）

4. 在产品水平同等的条件下，产品排序每提高一名就能提升 3%～5% 的曝光量，排序每提高一页，相应的曝光量会增加 300%。（　　）

5. 敦煌网平台收取的佣金是 15%。（　　）

6. 速卖通是适合小批量订单的，敦煌网是适合单个订单的。（　　）

7. 敦煌网对主图的像素要求是 800×800 像素。（　　）

 能力拓展

【工作任务 1】

请分小组了解、使用敦煌网平台，并选择一种产品品类进行分析，撰写分析报告。

【工作任务2】

请给如图 6-26 所示图片的产品设置一款适合在敦煌网平台销售的产品标题。

产品：浴室扶手　　材料：铝　　长度：40cm

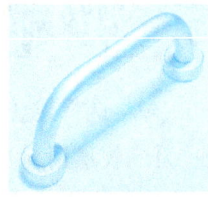

图 6-26　任务产品图片

反馈表

单元名称		姓名		班级		年	月	日

请思考以下问题：

1. 在敦煌网平台上，产品所获得的曝光与哪些因素有关系？

2. 如何设置优质的产品标题，比如一款不锈钢的纸巾盒（方形、抛光）？

3. 敦煌网的客户纠纷包括哪几种？

你认为本单元最有价值的内容是：

你对本单元的教学有何建议，哪些问题是你需要进一步了解或得到帮助的：

教师评价：A. 熟练应用　　B. 掌握　　C. 熟悉　　D. 了解　　E. 没通过

教师签字

第 7 章

多平台运营管理

知识目标

▶ 了解现有其他平台的概况。
▶ 掌握多平台运营的团队内部分工处理。
▶ 掌握多平台运营的基本思路。

7.1 Cdisount 平台
7.2 Lazada 平台
7.3 多平台运营管理
7.4 跨境电子商务多平台管理 ERP

故事导入

针对多平台运营的开展,林福东表示,首先应该在某一平台做出成效后,再发力开展下一个新平台。并且,他建议不同平台以独立的团队分开去做,不要让一个团队通吃所有平台。他们最先是做独立网站的,后来陆续做了亚马逊、eBay、Wish 和速卖通平台。

对于开展路线,他建议每个卖家评估下自己的优势,从最擅长的平台开始切入,然后逐步开展其他平台,他说:"先做一个根据地起来了,再开展其他的,这样会从容很多。"多平台运营也是最大化自己的销售,毕竟同样的产品在哪里卖都是卖,只是策略不同而已。他们的策略是,独立站和亚马逊承担打造利润的位置，eBay 和速卖通做清仓，Wish 作为辅助。

统一品牌的运作是其开展多平台运作的基础，林福东表示，他们只是在选品上会各自平台有不同的侧重点。并且，服装的大体流行趋势是差不多的，只是不同平台客户群体不同，品味不同，因此，这时候就需要更加精准的把握。他谈到，"比如秋冬同样都是穿风衣、羽绒服，亚马逊上可能简约一些的会好卖，速卖通上可能需要价格低、款式新奇特的好卖。"

给希望运营多平台卖家的建议：

（1）一定要抓好一个最核心的平台，作为自己的绝对根据地，保证不管风吹雨打都有利润。

（2）不同平台尽量由不同团队来运营，保证足够专注，专业。

（3）不同平台之间的产品尽量要是关联品类，尽量不要大量开拓 SKU，造成很大的管理难题。

（4）要有一个高效的供应链体系来支撑，可以随时灵活补货。

（5）要有一个强大的智能 IT 系统来支撑整体的运营管理。

思考题

1. 多平台管理的难点在哪里？
2. 多平台运营管理，应以哪个平台为主？

在跨境电子商务卖家中，有的热衷于选择单个平台发展专精，有的则认为多平台运营更易于公司成长。有卖家指出，开展多平台不仅启发电商运营思路，而且前行道路的可能性也更加丰富。

7.1 Cdiscount 平台

7.1.1 平台介绍

在跨境电子商务越来越火热的同时，国外的小语种电商平台逐渐开始展露了头角。小语种平台曾因为语言门槛的关系，让众多卖家望而却步，比如法国最大的电商平台 Cdiscount。

法国是一个非常大的市场，在欧洲是第二大电商国家。2016 年该平台就有 650 亿欧元的销量，仅次于英国。在全世界上，法国也属于第五大电商国家。尽管市场已经很成熟，但发展仍然非常迅速。并且，法国在线购物消费群体巨大，据悉，法国 15 岁以上的上网人群中有 67% 的人参与在线购物。在法国，最让当地人民信任的平台是 Cdiscount，其本土化程度高是一大优势，其中 18000 个自取货点给法国买家带来了极大的便利。据了解，Cdiscount 立足于法国的三大商超集团之一 Casino。在法国，Cdiscount 和家乐福、欧尚齐平。目前在世界上，Cdiscount 有超过 15000 个连锁超市，并且，在巴西、哥伦比亚、非洲都有自己的独立网站。

7.1.2 注册流程介绍

1. 登录后台

登录卖家后台（网址为：https://seller.cdiscount.com/Account_creation.html?referrer=CDS），进行卖家的注册流程。首先，在进入页面后，建议卖家选择右上角的"English"，即将语言选为英语，如图 7-1 所示。然后，根据要求用英语把信息填写完整，需要注意的是，注册邮箱是不可以使用 QQ 邮箱的。另外，其"提交"按钮为"validate"，切勿弄错，以免导致注册多遍。在此之后，将会有客户经理和卖家联系，卖家需把营业执照、法人身份证、收款信息扫描件发给 Cdiscount 进行审核（中国大陆、中国香港、中国台湾的注册公司都可以）。

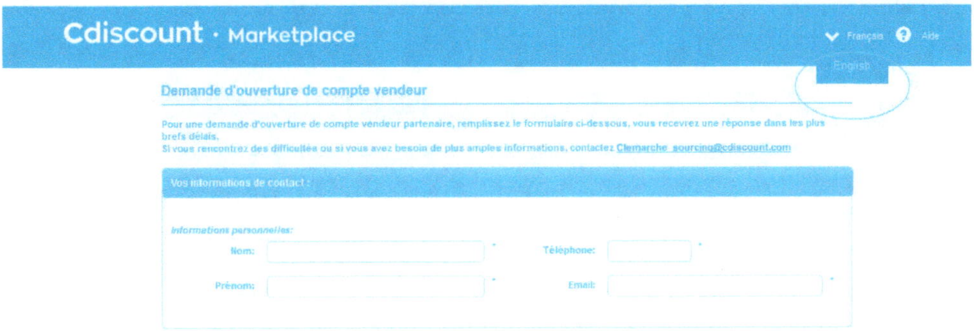

图 7-1 卖家后台

2. 输入基本个人信息

如图 7-2 所示，输入 Personal Information（个人信息），包括：Last name（姓）、First name（名字）（可以输入自己的英文名）、Phone Number（电话号码）、Email

（邮箱地址）（不要输入 QQ 邮箱）。

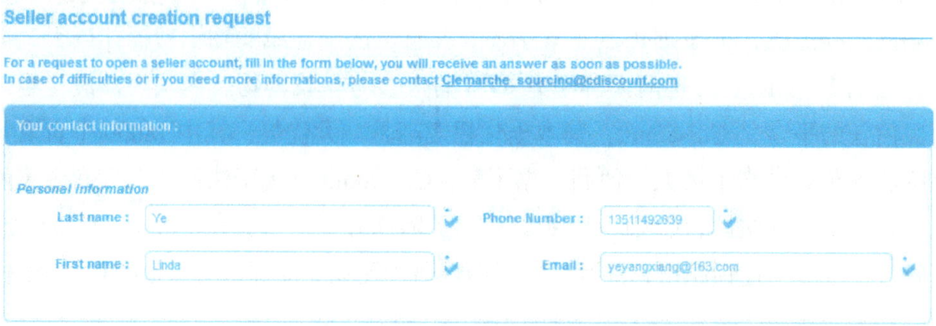

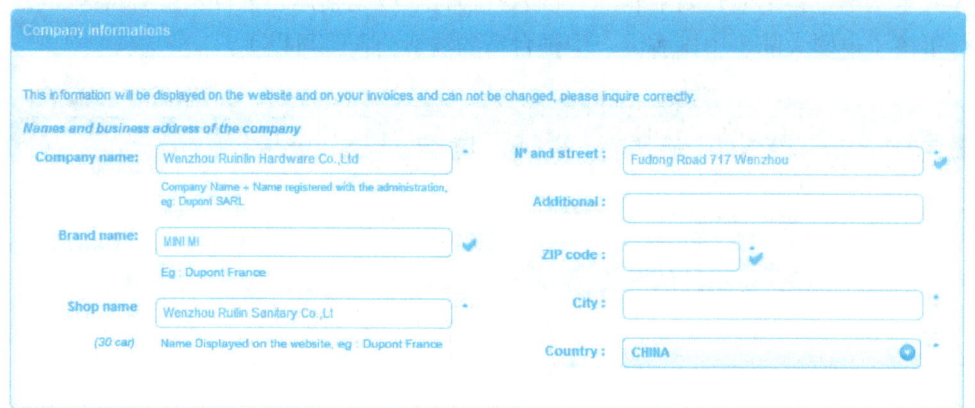

图 7-2　个人信息

3. 输入公司信息

如图 7-3 所示，输入 Company name（公司名字）、N and street（街道和门牌号）、Brand name（品牌名称）、ZIP code（邮政编码）、Shop name（店铺名字）、City（城市）、Country（国家）。这些是卖家注册的公司信息，需要和营业执照上面的信息相符合。

图 7-3　公司信息

4. 输入发送地 Dispatch

如图 7-4 所示，在"Your country of dispatch"（你的发送地（国家））下拉框中找到"CHINA"（中国）并选中。

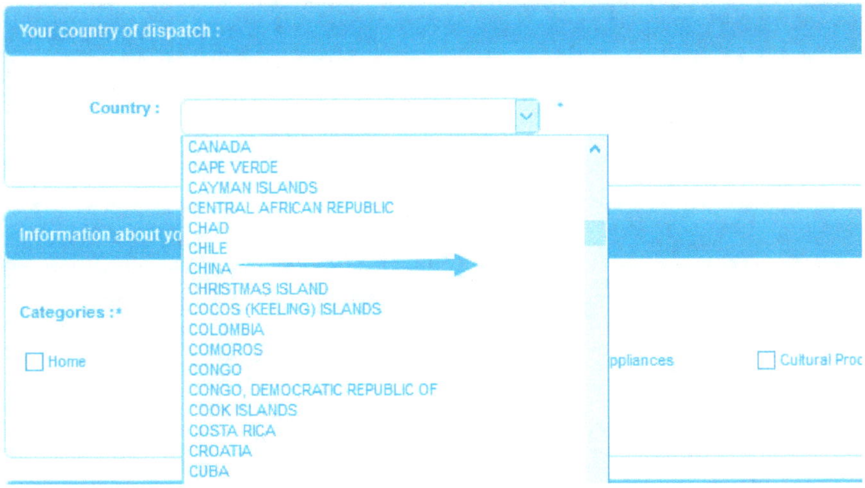

图7-4 选择发送国

5. 选择类目

如图7-5所示的Information about your products to sell（你所销售产品的信息）中，产品信息包括：Home（家居）、Sports/Fashion（运动/时尚）、Electronics（电子产品）、Appliances（家电）、Cultural Products（文化产品）、Other（其他），卖家可以根据自己的货源及销售计划，选择匹配对应的类目。

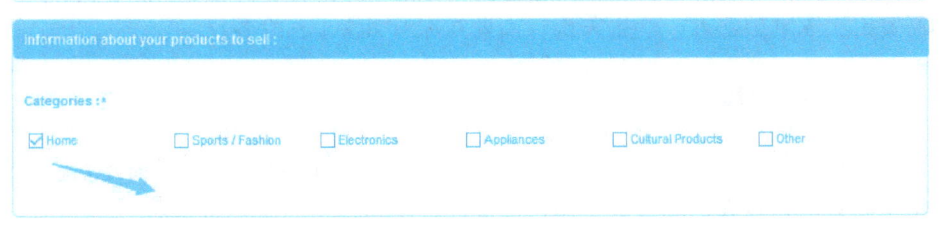

图7-5 销售产品信息

6. 提交

最后输入"Your message"（100 characters）100个字符以内的信息，如图7-6所示。这里卖家可以输入简单的想和平台分享的建议或者信息，然后单击"Send"按钮提交，之后卖家就等待后台招商经理的联系，到时需要提交营业执照、身份证信息这些资料给招商经理审核。

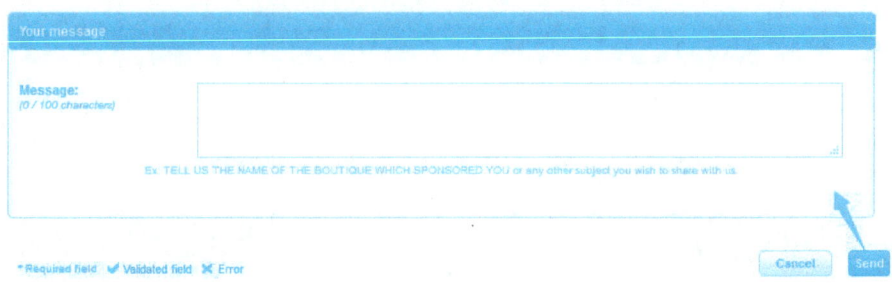

图 7-6　输入建议或信息与平台交流

7.1.3　Cdiscount 卖家须知

1. 关于仿牌

该平台查仿品非常严格，请不要在标题、描述、图片上使用未经授权的品牌以及系列名称，如 nike、converse、air max、dualshock 3、sixaxis、Barbie、LEGO、DISNEY、Pandora、Braun、Babyliss、Scholl、Oral-B、Hello Kitty 等，一旦发现严惩不贷（可能直接关闭店铺）。

2. 关于关税

在法国，货值在 22 欧元以下一般免关税。但一旦产生关税，平台规定这个费用需要由卖家承担。万一产生关税，需要卖家开 ticket 返给客户。

3. 关于客户纠纷处理

对于客户的纠纷，需要卖家在两个工作日内用法语回复实际解决方案，不能只单单回复已收到客户的信息。超过此期限，平台会进行强制性退款。

4. 关于店铺被监管或者关店铺

店铺涉及以下几方面均会遭到被监管或关闭店铺的惩罚。
①店铺的后三项指标满意度 30 天或者 60 天内低于 95% 或者纠纷率超过 1%。
②店铺涉及仿品 / 危险品和质量问题。
③卖家没有正确地及时回复客户。

5. 被警告后店铺有何影响

店铺被警告对排名和曝光以及平台的日常操作没有任何影响，只是提醒卖家需要立即自查,如果情节严重,当期汇款会被拦截。

6. 在什么情况下,店铺会被关闭

①过了警告期后的 30 天内,店铺倒数 30 天或者 60 天的 3 项指标满意度依旧低于 95%。

②纠纷率仍然高于 1%。

③继续出售仿品并且有投诉。

7. 关于发货时效

卖家无须填写物流时间,只需确定一个 1~10 个工作日的备货时间,物流时间由平台统一规定,从欧洲以外的发货物流时效为 5~15 个工作日。

7.2 Lazada 平台

7.2.1 平台介绍

Lazada 是东南亚最为主要的电商平台。网站的产品种类广泛,包括电子产品、时装、家用电器等,网站甚至还出售葡萄酒和烈酒。它的市场包括新加坡、印尼、马来西亚、菲律宾、越南、泰国,目前已公开的融资金额达 6.86 亿美元。

2016 年 4 月 12 日,阿里巴巴以 10 亿美元拿下东南亚第一大电商 Lazada 的控股权,这是阿里巴巴乃至中国电商当时在海外的最大单笔投资,引起了中国、东南亚甚至整个世界的广泛关注。

印度尼西亚和泰国目前是 Lazada 比较看重的市场,前者正处于蓬勃的发展阶段,后者则拥有更完善的生态系统,都具有很大潜力。电子产品、健康美容及时尚产品是该平台去年最热卖的品类。

7.2.2 开店流程

1. 完成申请表格

在 Lazada 平台上(网址为 www.lazada.com/sell),用英文填写在线申请表格,并上传有效的营业执照扫描件,签署电子合同如图 7-7 所示。填写后单击

图 7-7　在线申请表格

"SUBMIT"按钮。

2. 激活卖家中心

卖家会收到题为"Registration for seller Center"的邮件,卖家单击进去后重设密码,激活卖家中心账号。

3. 参加培训

卖家收到题为"Get trained and pass the test"的邮件,卖家可选择:参加线上真人入驻培训或者自行观看入驻视频和课件,并通过 Lazada 的入驻测试。

4. Payoneer 注册对接

卖家收到题为"Sign up to Payoneer to get paid"的邮件,提供所学文件,注册 Payoneer 这个第三方支付账户,等待审核需要 5~7 天,该步骤不影响 Lazada 店铺的上线进度,但建议尽早对接。

5. 1 个 SKU 通过审核

卖家收到题为"Upload your first SKUs"的邮件,根据内容指引上传产品 SKU 到卖家后台,至少需要一个审核通过,审核通常需要 3 个工作日如图 7-8 所示。

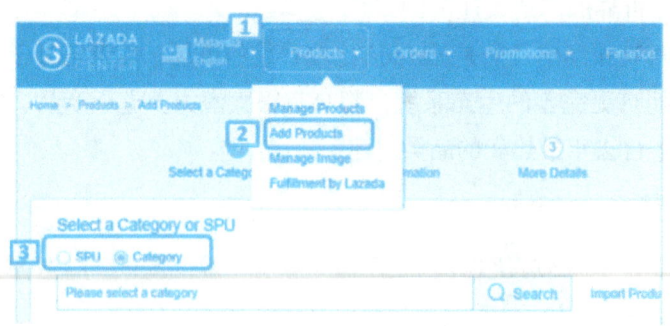

图 7-8　上传产品 SKU 到卖家后台

7.2.3　Lazada 的订单发货流程

1. 打开订单发货页面

如图 7-9 所示，选择 "Orders" → "Manage Orders"，订单创建成功，显示在 "Pending"（待处理）中，如果该款产品的库存不足，订单必须取消，平台不会跟客户联络提供产品或解决方案。

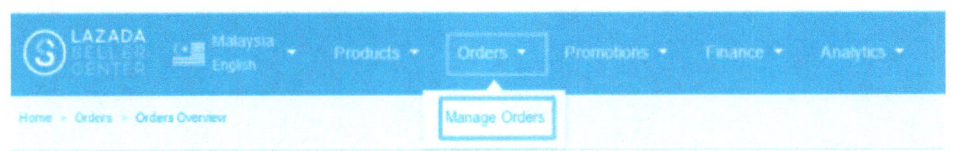

图 7-9　订单处理

2. 准备发货

在订单创建后 48 小时内在 "Pending" 页面的 "Set Status" 下拉列表中选择 "Ready to Ship"（准备发货），不要选择 "Canceled"，除非该款产品的库存不足或未及时发货如图 7-10 所示。

图 7-10　准备发货

3. 打印物流标签

在 "Pending" 页面中的 "Set Status" 下拉列表中选择 "Ready to Ship" 打开如图 7-11 所示页面，卖家要为每个包裹打印单独的物流标签和发票，每个订单后台会生成不同的运单号如图 7-11 所示。系统会自动生成物流单号（Tracking ID），每个物流单号表示经过某个分拣中心的订单。

图 7-11　打印物流标签 1

在图 7-11 中选中具体的订单，再单击"Set Status"→"Print shipping label for selected items"（打印选中产品的标签），打印物流标签（发票），将发票与货品一起放入包裹内，在包裹外贴上完整的物流标签如图 7-12 所示。

备注：

①收到订单后要在 48 小时内发货（不包括星期六、日及法定公众假期）。

②在卖家中心将订单状态从"Pending"更新到"Ready to Ship"，并将包裹发送至分拣中心，否则，订单将有可能被 Lazada 取消，并且会被收取每件产品 5 美元的罚款。

③收到订单后 7 日内，包裹必须抵达分拣中心，否则，订单会被平台取消。

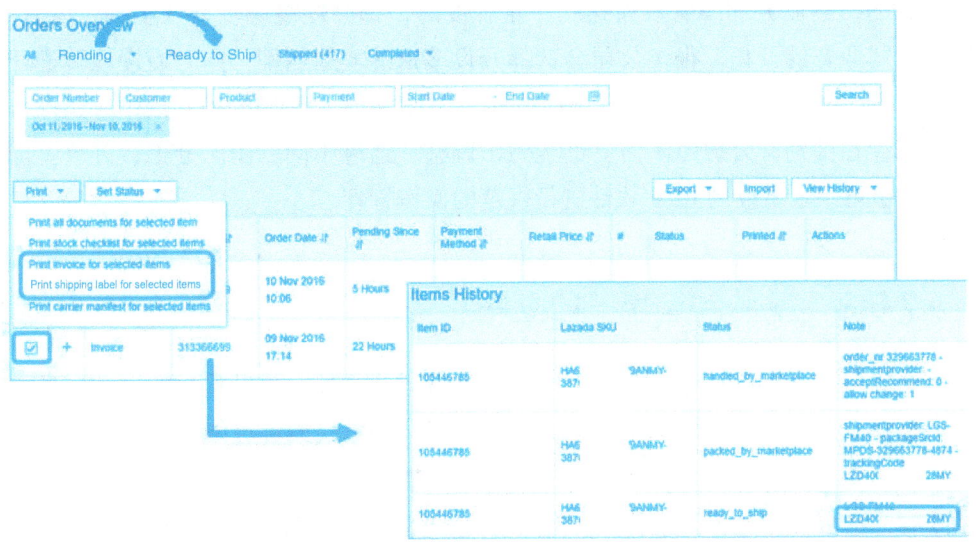

图 7-12　打印物流标签 2

 多平台运营管理

7.3.1　趋势

俗语说，不要把鸡蛋放在同一个篮子里，这是强调分散风险的重要性。将它运用到跨境电子商务行业中就是不要执着于单一的平台，要懂得多平台运营。对于大多数卖家来说，只有坚持多平台运营才能更好地帮助企业成长。

产品放在不同的平台上才会被更多的人看到，购买者才会可能越多。对于大多数卖家来说，引流是一个很大的问题，所以采用多平台运营，借助不同平台进行相互引流也是最大化自己销售的一个可行的办法；其次是风险的分散，现在平台政策更新的速度很快，执着于单一的平台风险太大，抗风险能力也会不断降低；最后，不同平台客户群体不同，品味也不尽相同，不同的产品最好放在不同的平台才能实现收益最大化。所以，在成为一个超级大卖家之前，应该选择多个平台销售。开启多平台运营，不仅启发电商运营新思路，提高企业抗风险能力，而且能丰富公司前行道路的可能性。

目前中国跨境电子商务卖家大多数是从速卖通平台开始入手开展跨境电子商

务业务的，当业务和团队规模达到一定程度时，都会慢慢地转型做多平台运营。随着公司业务的开拓，很多公司会选择开设多家速卖通店铺，同时慢慢地转型开设亚马逊、eBay、Wish 等平台，增加公司的销售渠道。不同的平台规则，其操作流程都存在区别，公司团队需要迅速做出调整，适应不同的团队分工、订单管理方式，也可引入专业的 ERP 软件进行规范的操作管理。

7.3.2　多平台运营＋独立站

开启多平台运营，除了在第三方平台进行运营之外，建设独立站也是一个不错的选择。跨境卖家采用"平台运营＋自建站"的模式或许更能够树立自己的品牌形象，实现销售最大化。第三方平台运营初期成本较低，并且有站内流量。短期来看，平台推广对于卖家有更大的吸引力，但从长期来看，平台规则日益严苛，且迭代升级速度较快，过于依赖平台推广会让卖家的抗政策风险能力逐渐降低，最终沦为任平台宰割的鱼肉。相对来说，经营独立站规则更为自由，而且利用自己的独立站能够利用各种形式充分地展示自己产品独特的一面，所有的营销素材可以得到充分的利用，这样产品留给用户的品牌形象是平台运营所无法企及的。另外，建设独立站还可以收集客户的交易信息，具备再营销的可能，这也是平台运营所做不到的。这样来看的话，平台运营的流量再加上独立站的品牌建设才能让我们走得更远。

但独立站的建设涉及一个相当长的工作链，从网站建设开始就会面临一系列网站维护之类的技术细节，且成本高昂，并不是每个卖家都能负担得起的。

7.3.3　多平台运营管理的注意问题

1．多平台产品的管理

公司在运营多平台时，要考虑到每个平台间的差异化管理，要保持产品信息在多平台间的同步。

比如要更新一款不锈钢纸巾盒 Stainless Steel Paper Holder 的产品详情页面时，要注意各个平台都要更新，但是每个平台的侧重点会不一样。比如速卖通平台是比较重视产品详情页面的，那么公司人员在速卖通的后台就要多上传该款产品的细节图如图 7-13 所示。但是 eBay 平台不是很侧重产品的详情页，很多 eBay 的爆款产品其产品图片和描述都比较简单。所以会要求人员根据具体的平台规则、要求、客户的侧重点去区别处理产品。

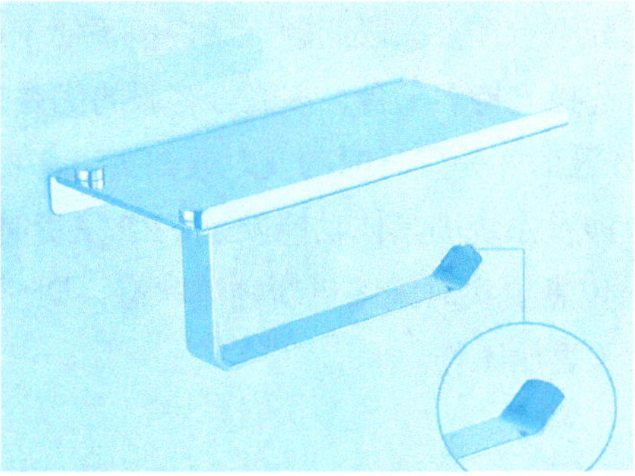

图7-13 不锈钢纸巾盒产品详情页

2. 订单信息管理

通过系统实现不同订单的自动收集、汇总，并区分特殊要求，方便仓库发货人员及时处理，减少错误的发生。当订单状态变化时自动调整和统计，实现不同状态的订单统计，便于团队在处理订单上的工作分配。

跨境电子商务普遍涉及多平台多账号的经营，ERP系统在订单管理方面要求对多平台、多账号有良好的支持，对于涉及关联问题的平台做到绝对的防关联。公司应留意选择与平台官方合作，通过平台官方的API数据接口与平台进行数据交互，这类系统可以完全规避账号关联问题。

跨境电子商务卖家在订单发货时由于订单类别、目的地国家、物流时效、物流价格等因素，通常涉及多种物流方式、多家货代同时使用的情况，因此在选择ERP系统时，跨境电子商务卖家需关注ERP系统是否具备智能高效的物流分配规则，具体而言，物流分配规则要具备多种可供筛选的条件（国别地区、订单金额、重量、具体SKU、商品分类、来源平台、来源账号，等等），多种条件可组合筛选、多种规则可以自由调整优先级。

随着订单量的日益增长，线下发货之后在平台标记发货、录入跟踪号成为一项烦琐且耗时的工作。因此在选择ERP系统时需要留意系统是否具有能自动高效地回传的功能，并且具备绝对的防关联性能。

3. 配套的CRM

跨境电子商务日常很大部分工作是处理售前买家咨询以及售后的"客户关怀"，ERP系统中具备CRM模块十分必要。卖家选择相关的CRM内容时需留意以下几方面：

（1）基础的多平台、多账号站内信、留言沟通要完善——大多卖家都进行多平台、多账号操作，部分平台涉及关联问题，站内信不便于进行有效的集中管理，基于此种状况卖家务必选择支持多平台、多账号客服的优秀的 ERP 系统。

（2）"客户关怀"要及时——发货时的及时通知买家，妥投时的及时通知卖家以便于索取好评。这里涉及系统的具体功能就是 ERP 发货时要能及时通知买家已发货，同时已发货挂号包裹要实时跟踪更新物流状态，即便于卖家及时了解包裹妥投情况，及时跟进相关客服工作。

 跨境电子商务多平台管理 ERP

国内跨境电子商务发展迅速，涌现出大量跨境电子商务卖家。同时，订单量也与日俱增，各种管理问题开始困扰跨境电子商务卖家，于是卖家们开始积极寻求专业 ERP 系统的协助以便于更好地打理生意。ERP（Enterprise Resource Planning），就是一种集成了先进的管理思维、高效运营流程的企业管理软件，通过它可以改善管理、精简流程、提升效率。

跨境电子商务卖家，首先需要明确自己的基本需求，希望寻找一款完善的 ERP 系统来进行整个供应链的管理还是说只是想找一个打单工具、一个查询软件或者一个刊登工具。当卖家只是需要一个简单的打单工具，那么可以直接绕开具备完善管理功能的 ERP 系统。而卖家的需求是找到一款强大适用的 ERP 来管理自己的整个生意时，就需要一类完善的 ERP 系统。

7.4.1 选择 ERP 系统的考虑因素

1. 对于多平台的接入兼容是否良好

具体而言，是否兼容多个主流平台，比如 eBay、Amazon、速卖通、Wish 等主流平台。一个系统兼容多个平台，而不需要单独一个 eBay 订单管理系统、Amazon 订单管理系统、速卖通订单管理系统和 Wish 订单管理系统。对于已经进行多平台经营的卖家而言这是必需的，对于只是单平台经营的卖家也可以就此为多平台的经营做好系统准备。

2. 与平台之间的数据交互是否完善

既要能够从多平台多账号平台调取订单信息又要能反馈发货信息到平台；既要能从平台多账号获取站内信、留言，又要能集中管理回复。

3. 对于第三方物流的接入是否完善

对于 API 完善的物流服务商可以进行高效的数据交互，自动获取准确的面单格式、物流跟踪号等。对于缺乏 API 的物流方式，如邮局直发的中邮小包挂号，内置准确的物流面单并且能够导入相应的跟踪号。

系统能否带给卖家成长，是一个容易被卖家忽视的问题。很多卖家在寻找一款系统的时候，往往更多强调个人使用 Excel 的操作习惯，即其以前用货代系统时的操作习惯与其的区别，而忽视了系统先进于其现有粗放管理的经验。忽视了系统是建立在先进成熟的管理思想和流程上的管理平台，应该认真学习系统的管理逻辑和思维，进而提升自己团队的管理。

7.4.2 店小秘 ERP

1. 店小秘概述

店小秘是国内领先的跨境电子商务 ERP 系统，首家承诺永久免费使用。2014 年年底上线至今，已累积服务超过 120000 跨境电子商务卖家，每天通过店小秘处理的订单量高达 1600000 单。系统已对接 Amazon、eBay、Wish、速卖通、Lazada、等 11 大跨境电子商务平台，同时对接 180 多家物流服务商。店小秘除了提供常规的产品、订单、客服和仓储软件功能以外，还专为跨境商家定制数据采集、数据搬家、一键翻译、仿品检测和自动规则等一系列智能功能，如图 7-14 所示。

店小秘可支持卖家绑定多平台的店铺，包括：速卖通、Wish、亚马逊等，可以很好地解决 IP 多账号关联问题（平台如果认定某几个账号是由同一个企业或者个人操作的话，就会认定为账号关联，就会被封号）。因为如果同个卖家申请多账号盲目铺货的话，买家只要搜索某个关键词就会出现大批量的相同产品，如图 7-15 所示，这样买家体验就会很差。为了避免上述的问题，跨境电子商务卖家可以使用店小秘操作自己的平台，这样就可以避免账号关联的问题，比如可以实现在不同的地方用店小秘登录 Wish 的后台。

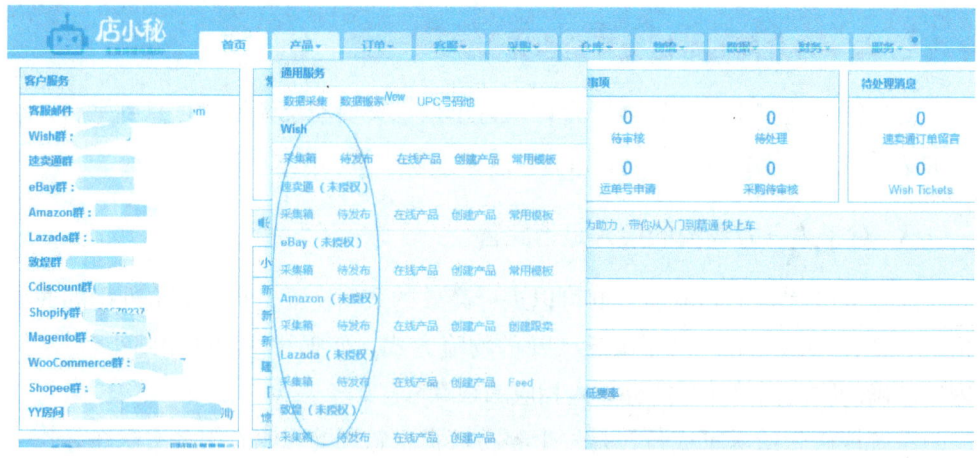

图 7-14　店小秘页面

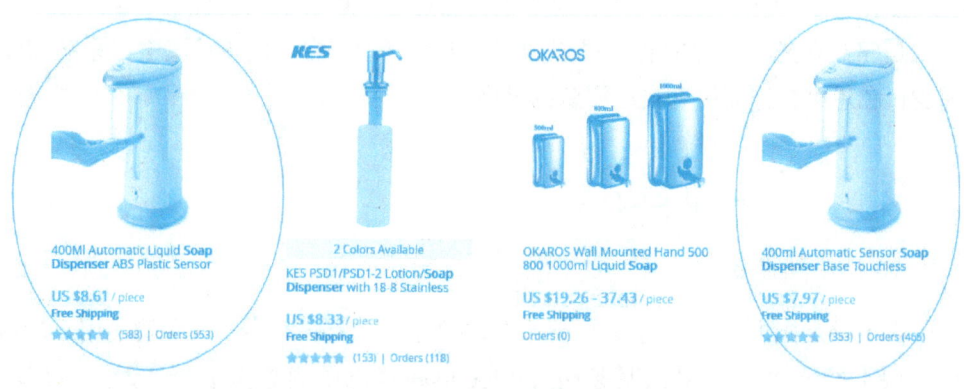

图 7-15　同个关键词搜索出大批量的相同产品

2. 店小秘的授权绑定操作流程

店小秘可支持跨境电子商务卖家实现多平台操作，卖家可以登录店小秘后台，授权绑定自己的平台，比如速卖通、Wish、亚马逊等。

第一步，绑定授权（以速卖通为例）

①先登录店小秘（网址为：www.dianxiaomi.com），如图 7-16 所示，完成注册过程。输入用户名（字母、数字、下划线、4~30 个字符）、密码（字母、数字下划线、6~20 个字符）、您的 Email 地址、QQ 号码、验证码，就可以完成注册流程。

图 7-16 店小秘注册页面

②如上所述,完成注册流程后,进入店小秘后台,如图 7-17 所示。

第二步,绑定后台(以速卖通为例)

①单击图 7-18 中的"产品",进去后,再单击"平台授权"下面的"「速卖通」授权"。店小秘可以支持卖家绑定多平台,如 Wish、速卖通、eBay、Amazon、敦煌等,授权的操作流程都是一样的(这里以速卖通为例演示)。

②进去后,会出现如图 7-19 所示的页面,显示卖家的操作位置:平台授权→速卖通授权。

图 7-17 店小秘后台

图 7-18 平台授权

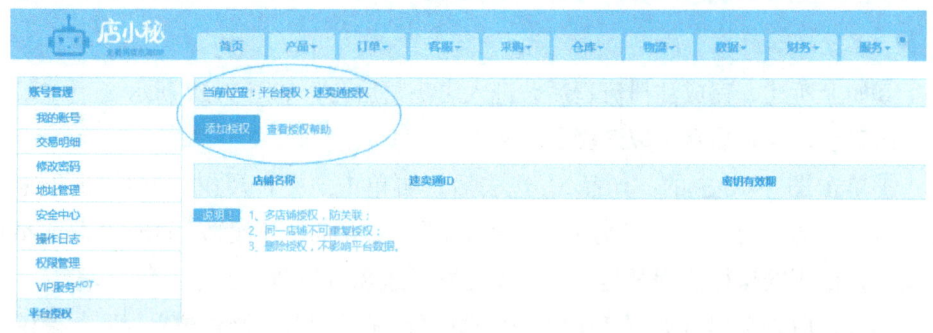

图 7-19 平台授权页面

③单击"添加授权"按钮后,会出现如图 7-20 所示的页面,卖家需要在"店铺名称"文本框中输入自己速卖通店铺的名字(这里的名字卖家自定义就可以,主要是为了多店铺管理,不需要和速卖通的店铺名字保持一致)。

图 7-20 添加速卖通授权

④输入店铺的名字后,单击"授权"按钮,会出现如图7-21所示的页面。这一步系统会调到速卖通的授权页面,卖家需要在文本框中输入自己的速卖通用户名和登录密码,然后单击"授权并登录"按钮。

图 7-21 速卖通的授权页面

⑤单击"授权并登录"按钮后,系统会自动跳入图7-22所示的页面,提示卖家该速卖通店铺授权绑定已经成功,会显示"店铺名称"、"速卖通 ID"、"密钥有效期"(密钥:授权的密码)、"操作"(重新授权、修改、删除)。到这一步,卖家的速卖通绑定店小秘操作就已经成功了,意味着接下来卖家无须登录速卖通后台,只需要在店小秘后台就可以完成所有的订单处理等操作。

图 7-22 授权已经页面

3. 店小秘的多平台订单处理流程

店小秘授权绑定各平台成功后,卖家可以直接在店小秘后台对各个平台的订单进行处理,下面还是以速卖通为例演示店小秘的订单处理流程。

(1)登录店小秘后台,如图7-23所示,单击"订单"→"订单处理"。

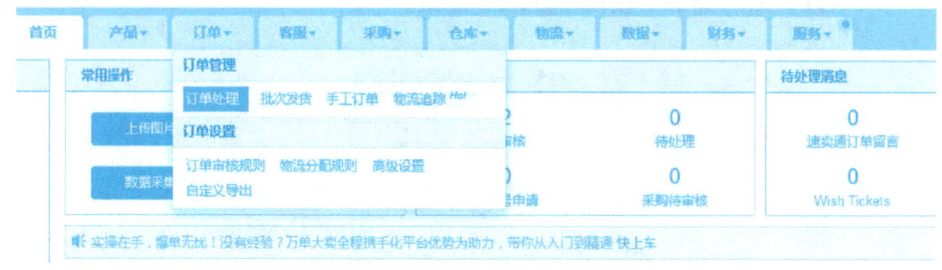

图7-23 店小秘后台处理订单

(2)打开已绑定的速卖通账号的订单处理页面,如图7-24所示,图中显示的订单为:产品是一款皂液器,定价为USD9.99、收件国家为澳大利亚、订单号为84662013832052、下单时间为2017-6-18、付款时间为2017-6-18、买家指定物流为China Post Registered Air Mail(中国邮政挂号小包)。

单击图7-24中的"审核"按钮,产品会自动通过审核(一般情况下都会通过审核,除非平台发现某订单存在信用风险会关闭),会出现如图7-25所示的页面。

图7-24 订单处理页面

图7-25 审核订单后页面

(3)单击图 7-25 中的"申请运单号",会出现如图 7-26 所示的页面,根据"买家指定的邮寄方式"为"China Post Registered Air Mail"(中国邮政挂号小包),"获取单号方式"为"自动获取"(平台自动生成随机的物流单号)和"手动上传"(适合卖家已经从货代拿到了物流单号)两种方式。这两种物流单号本质上没有区别,只是物流单号的获取方式不一样,然后"物流方式"可以选择"温州线上邮局-中国邮政挂号小包"(卖家可以根据自己各地的线上发货点选择,一般遵从就近原则)。

(4)单击图 7-26 中的"保存",会跳出如图 7-27 所示的页面。

单击图中的"申请运单号"按钮,平台会自动给该订单分配物流单号,如图 7-28 所示。显示的物流单号是"RF770947603CN"(温州线上邮局-中国邮政挂号小包-温州仓),单击"移入待打单",连接打印机,打印如图 7-29 所示的面单(贴在打包好的货物外面),然后送货给邮局,完成订单的处理过程。

图 7-26 选择物流方式

图 7-27 物流信息页面

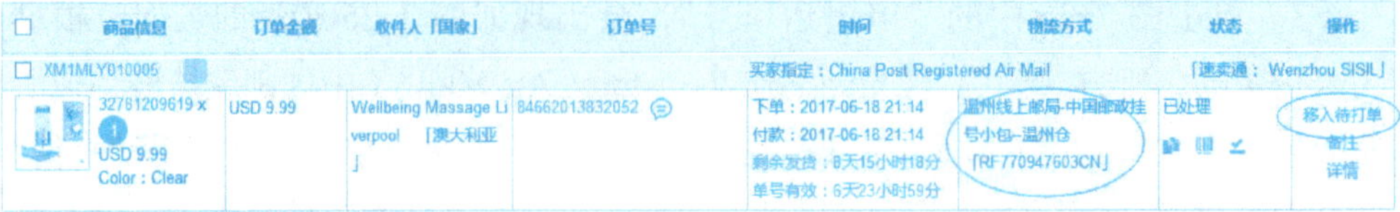

跨境电子商务多平台运营

图 7-28 分配订单号

图 7-29 面单

4. 子账号管理

在店小秘上,一个主账号可以分配多个子账号,用于不同的管理权限,可以支持授权产品、订单、客服、物流等不同模块。操作方法很简单,单击主页面右上角的"创建子账号"按钮,打开"创建子账号"对话框。在该对话框中,可以输入"子账号名称"和"密码",并完成不同的授权,可在"授权可用的模块"中选中相关模块,如图 7-30 所示。

店小秘特别适合多平台运作的卖家,能够让卖家用第三方的 ERP 软件来运营多家店铺,避免账号关联的问题以及统一高效率的处理订单等。但是因为每个平台对于产品的属性信息要求不一致,所以卖家在店小秘创建产品时,要分开平台操作,不同平台创建产品的信息和流程会略有不同。

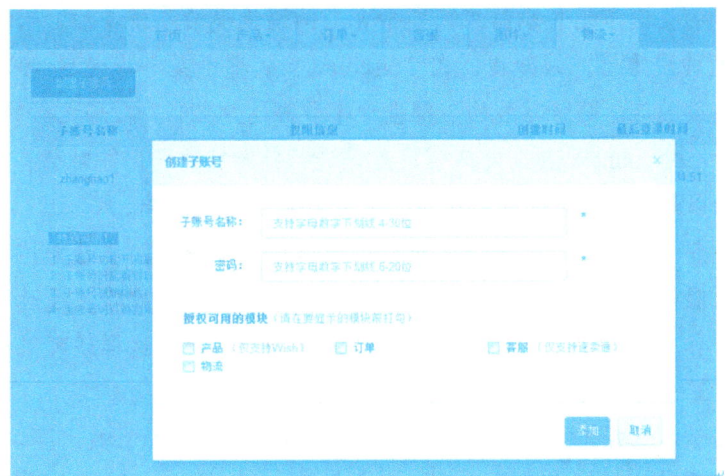

图 7-30 "创建子账号"对话框

卖家故事

卖家六六在跨境电子商务圈闯荡了多年，但真正开始自己创业则是在 2015 年的年初。那时她和大学的闺蜜两人选择从小语种电商平台开始创业。从一开始只有两个人，到组建团队；从一开始经营一个平台，到多个小语种平台同步开花。

凭借过往的工作经验，开始创业的六六瞄准了第三方平台。她选中的正是法语电商平台 Cdiscount，虽然对这个全然陌生的小语种平台也曾抱有疑虑，但 Cdiscount 后台可以法英切换语言的系统设置，给了她很大帮助。

在一无所知、不通法语、平台规则也不甚清楚的情况下，她花费大量时间和精力逐一摸索门道。这时，曾在外贸公司待过的经历帮了大忙，没有走弯路，不管是关键词还是标题、描述等方面，她都遵循平台的要求以及搜索引擎规律操作；同时，结合自己的观察对产品进行分析，店铺生意逐渐稳定并且获得发展。

在创业初期，六六和闺蜜两个人包揽了所有的活。当时她们同期启动的项目比较多，包括国内的淘宝和阿里巴巴店铺，还有国外的 Cdiscount 和 Wish 等平台。"两个女孩天天挽着袖子打包打单，活生生变成两个女汉子。"而且这样的日子一干就是大半年。

为了迎战 2015 年的圣诞节销售旺季，同年 9 月，六六和闺蜜两人决定组建团队，但因为没有招到熟手，所以整个团队除了她俩，都是新人，配合也不够默契。当圣诞节销售旺季开始的时候，六六才有点后悔："那时候跟打仗似的，一些平台都没空处理订单，只能放任不管，甚至下架正在售卖的产品。"而且，因为应战仓促,这一年的圣诞季销售刚结束,各平台上的消极反馈不断增加。六六这时候才意识到问题的严重性,她知道,在 Cdiscount 上,账号差评率超过 10% 就会被冻结,甚至会被关店;而当时她的店铺差评率曾高达 9.52%。在那之后的一段时间,她都专注于 Cdiscount 平台,对店铺的差评进行针对性处理,并对所有的投诉进行数据分析,以最快的速度一一解决,这才一步步挽救了账号。

店铺开起来以后,六六遭遇的更大的难题是关于货源的质量把控问题。初期由于产品质量不到位,投诉接踵而至。于是,她开始调整战略,通过和一些小的本地厂家合作来达到定制产品和把控质量的目的。同时,这样还可以保证所有的产品能严格遵循 Cdiscount 平台的要求。

六六表示,选择本地的厂家合作,也许会花费更大的成本;但和当地的厂家合作,不管是对产品款式还是质量,商家都能做到更好的把控。她一再表示,把产品质量做好是关键。

知识链接

2016 年,阿里巴巴向东南亚电商 Lazada 投资 10 亿美元在业内引起了轰动,其中 5 亿美元收购 Lazada 新发行的股本,另外 5 亿美元收购 Lazada 股东的持股——包括 Rocket Internet 的 9.1%、Tesco 的 8.6%、Kinnevik 的 3.8% 以及其他股东 12% 的股权。

阿里巴巴花的这个钱到底值不值?包括阿里巴巴的投资,Lazada 共经过 7 轮融资,融资额达 17.1 亿美元。Rocket 以 1.37 亿美元(约 1.21 亿欧元)的价格向阿里巴巴出售 9.1% 的股份,意味着 Lazada 的市值大约为 13 亿欧元(约 15 亿美元),Lazada 上一次融资是在 2014 年 11 月,当时它的市值为 10 亿欧元。

Lazada 的成长潜力有多大呢?Lazada 在东南亚 6 个国家运营,包括印度尼西亚、菲律宾、越南、泰国、马来西亚和新加坡。东南亚地区的人口总量在 2015 年已经增长到了 5.56 亿。印度尼西亚人口最多,其次是菲律宾、越南,新加坡人口最少。

东南亚的电商仍然处于萌芽状态,但正迅速成长。2015 年的电商零售额为 52 亿美元,增长了 63.8%。其中印度尼西亚和泰国是主要的电商市场,电商零售额的年复合增长率为 49.5% 和 23.2%。越南电商也很有潜力,年复合增长率为 40%。马来西亚和新加坡市场似乎更加成熟,电商年复合增长率分别是 8.7% 和 12%。

回到 Lazada,它已经在东南亚市场建立了主导地位,2015 年的活跃用户数量达 1040 万,总用户数量的年复合增长率为 278%,活跃用户年复合增长率是

268%。但是 Lazada 活跃用户的数量仅占东南亚总人口的 1.9%，所以还有增长的空间。订单数量从 2013 年的 120 万增长到 2015 年的 470 万，交易量从 130 万增长到 1900 万。

所以虽然 Lazada 的估值不符合它目前的财政状况，但是它在东南亚有很大的潜力，一是东南亚人口处于增长当中，二是东南亚电商开支存在发展空间，而且 Lazada 已经证明了自己在这些市场的执行能力，另外有很多方式降低成本和扩张支出。

本章小结

在跨境电子商务卖家中，有的热衷于选择单个平台集中发展，有的则认为多平台运营更易于公司成长，比如同时运营速卖通、eBay、亚马逊、Wish 等多平台。本章主要介绍了其他主流的跨境电子商务平台，比如东南亚的 Lazada 平台、法国的 Discount 平台；同时从公司多平台运营的角度，概括分析了多平台运营需要注意的问题，包括选品策略、订单信息管理、物流跟踪等，综合选择适合自己公司长远发展的道路。

温故知新

一、选择题（不定项）

1. 适合在全球速卖通平台销售的产品的特征包括（　　）。
   A. 体积小　　　　　B. 价值较高
   C. 有特色　　　　　D. 价值低
2. 中国邮政小包的包裹重量一般不超过（　　）。
   A. 1kg　　B. 2kg　　C. 2.5kg　　D. 1.5kg
3. 跨境电子商务的英文名称是（　　）。
   A. Cross-border commerce　　　　B. Cross-border trade
   C. Cross-border electronic commerce　　D. Cross-border communication
4. 专注于移动端的跨境电子商务第三方平台是（　　）。
   A. 速卖通　　B. eBay　　C. Wish　　D. 亚马逊

5. 下面哪个跨境电子商务平台适合在法国销售？（　　）

　　A. 速卖通　　　B. eBay　　　C. Wish　　　D. Cdiscount

二、判断题

1. 高仿 A 货 LV 手包可以在 Wish 平台销售。（　　）

2. 保健食品和保健用品可以在全球速卖通平台发布。（　　）

3. 买家开启协议纠纷后，敦煌网的卖家需要通过系统在 5 个自然日内予以响应。（　　）

4. 在产品水平同等的条件下，产品排序每提高一名就能提升 3%～5% 的曝光量，排序每提高一页，相应的曝光量会增加 300%。（　　）

5. 店小秘只能绑定一个速卖通店铺和一个 Wish 店铺。（　　）

能力拓展

【工作任务 1】

有一个 Bulgaria 保加利亚的客户在速卖通后台拍下了一个皂液器，但迟迟未能付款，如图 7-31 所示，请你给客户写一封邮件，刺激客户付款。

邮件要点如下：

1. 感谢客户的关注与下单。

2. 由于她是新客户，给予调价 0.5 美元，且有效期为 3 天。

3. 以该产品为新品受青睐、库存紧张为由，催促客户付款。

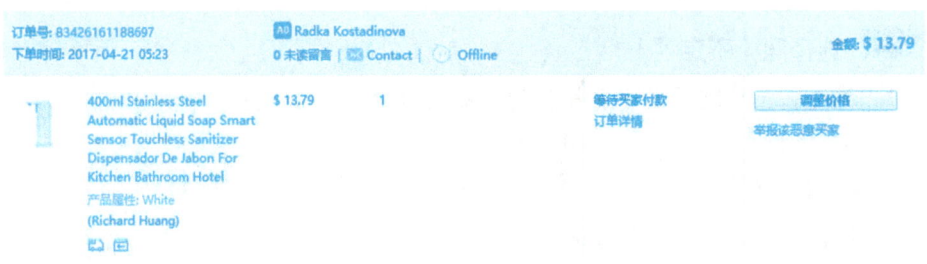

图 7-31　客户订单

【工作任务 2】

分组注册一个店小秘账号，完成绑定速卖通的流程。

反馈表

单元名称	姓名	班级	年　月　日

请思考以下问题：

1. Ladaza 平台对于新注册卖家有哪些基本要求？

2. Cdiscount 平台的主要客户来自于哪里？和速卖通的客户群体有什么区别？

3. 公司在运营多平台时，会容易出现哪些问题？

你认为本单元最有价值的内容是：

你对本单元的教学有何建议，哪些问题是你需要进一步了解或得到帮助的：

教师评价：A. 熟练应用　　　B. 掌握　　　C. 熟悉　　　D. 了解　　　E. 没通过

教师签字

参考文献

1. 丁晖. 跨境电商多平台运营【M】. 北京：电子工业出版社，2016.
2. 肖旭. 跨境电商实务【M】. 北京：中国人民大学出版社，2015.
3. 叶杨翔，朱杨琼. 和我一起学做速卖通【M】. 北京：电子工业出版社，2017.
4. 速卖通大学：http://daxue.aliexpress.com
5. 雨果网：http://www.cifnews.com
6. 亚马逊后台. https://gs.amazon.cn/
7. Lazada 后台. https://www.lazada.com/sell
8. Wish 后台. https://www.merchant.wish.com/